AF105547

Kohlhammer

Judith Hack

Eltern mit autistischen Kindern unterstützen

Möglichkeiten, Herausforderungen, Absurditäten des Hilfesystems

Verlag W. Kohlhammer

Dieses Werk einschließlich aller seiner Teile ist urheberrechtlich geschützt. Jede Verwendung außerhalb der engen Grenzen des Urheberrechts ist ohne Zustimmung des Verlags unzulässig und strafbar. Das gilt insbesondere für Vervielfältigungen, Übersetzungen, Mikroverfilmungen und für die Einspeicherung und Verarbeitung in elektronischen Systemen.

Die Wiedergabe von Warenbezeichnungen, Handelsnamen und sonstigen Kennzeichen in diesem Buch berechtigt nicht zu der Annahme, dass diese von jedermann frei benutzt werden dürfen. Vielmehr kann es sich auch dann um eingetragene Warenzeichen oder sonstige geschützte Kennzeichen handeln, wenn sie nicht eigens als solche gekennzeichnet sind.

Es konnten nicht alle Rechtsinhaber von Abbildungen ermittelt werden. Sollte dem Verlag gegenüber der Nachweis der Rechtsinhaberschaft geführt werden, wird das branchenübliche Honorar nachträglich gezahlt.

Dieses Werk enthält Hinweise/Links zu externen Websites Dritter, auf deren Inhalt der Verlag keinen Einfluss hat und die der Haftung der jeweiligen Seitenanbieter oder -betreiber unterliegen. Zum Zeitpunkt der Verlinkung wurden die externen Websites auf mögliche Rechtsverstöße überprüft und dabei keine Rechtsverletzung festgestellt. Ohne konkrete Hinweise auf eine solche Rechtsverletzung ist eine permanente inhaltliche Kontrolle der verlinkten Seiten nicht zumutbar. Sollten jedoch Rechtsverletzungen bekannt werden, werden die betroffenen externen Links soweit möglich unverzüglich entfernt.

1. Auflage 2025

Alle Rechte vorbehalten
© W. Kohlhammer GmbH, Stuttgart
Gesamtherstellung: W. Kohlhammer GmbH, Heßbrühlstr. 69, 70565 Stuttgart
produktsicherheit@kohlhammer.de

Print:
ISBN 978-3-17-045056-1

E-Book-Formate:
pdf: ISBN 978-3-17-045057-8
epub: ISBN 978-3-17-045058-5

Inhaltsverzeichnis

Einleitung 9

1	**Die Ausgangssituation von Familien mit autistischen Kindern**	**15**
1.1	Auf dem Weg zur Diagnose	17
1.1.1	Mögliche Stolpersteine	18
1.1.2	Handlungsempfehlungen	20
1.2	Besonderheiten in der Erziehung autistischer Kinder	25
1.3	Über Auswirkungen auf die familiäre Situation und die Notwendigkeit der Inanspruchnahme von Hilfen	28
2	**Darstellung des (öffentlichen) Hilfesystems**	**32**
2.1	Leistungen der Pflegeversicherung	35
2.1.1	Pflegegrad und Pflegegeld	35
2.1.2	Verhinderungs- und Kurzzeitpflege	39
2.1.3	Entlastungsbeitrag	41
2.1.4	Familienentlastende und Familienunterstützende Dienste	42
2.2	Schwerbehindertenausweis	44
2.3	Leistungen der Eingliederungshilfe	45
2.3.1	Leistungen zur Teilhabe an Bildung	47
2.3.2	Leistungen zur sozialen Teilhabe	53
2.3.3	Das Persönliche Budget	59

2.3.4	Unterstützung durch einen Verfahrenslotsen	60
2.4	Hilfe zur Erziehung	61
2.4.1	Erziehungsberatung	62
2.4.2	Intensive sozialpädagogische Einzelbetreuung	62
2.4.3	Sozialpädagogische Familienhilfe (SPFH)	63
2.4.4	(Sozialpädagogische) Tagesgruppen	64
2.5	Weitere Maßnahmen, Anlaufstellen und Hilfsangebote	65
2.5.1	Unabhängige Beratungsstellen	65
2.5.2	Nachteilsausgleich in der Schule	67
2.5.3	Ambulante Therapieangebote	70
2.5.4	Mutter-/Vater-(Kind)-Kur oder Familienkur	73
2.5.5	Bundesverband und Regionalverbände	75
2.5.6	Elterninitiativen und Selbsthilfegruppen	76

3	**Die Tücken des Hilfesystems – Wenn Hilfe zur Herausforderung wird**	**78**
3.1	Auf der Suche nach einem System, das wirklich funktioniert	81
3.1.1	Ist das System für das Kind da oder das Kind für das System?	85
3.1.2	Vertrauen aufbauen, Hilfe annehmen können	90
3.1.3	Defizitorientierung und Wortwahl	93
3.1.4	Hohe Personalfluktuation	96
3.1.5	Erfolglose Therapien	100
3.2	Strategien der Kostenträger	106
3.2.1	Strukturen der Behörden	108
3.2.2	Beratungspflicht	117
3.2.3	Bedarfsermittlung im Hilfeplanverfahren	119

3.2.4	Überformalisierung und Verschleierung der Hilfeprozesse	139
3.2.5	Die Mühlen der Justiz	143
3.3	Autismus-Spektrum ist keine befristete Teilzeit-Behinderung	146
3.4	Die Macht des Schweigens	150
3.5	Kooperationen und Abhängigkeiten	154
3.5.1	Zur Personalsituation von Leistungserbringern	158
3.5.2	Zu viele Köche verderben den Brei	162
3.6	Expertengerangel und mangelndes Fachwissen	168
3.6.1	Eltern als Therapeuten?	172
3.6.2	Die Schuldfrage	175
3.7	Unterstützungssystem Familie und andere Bezugspersonen	178
3.8	Wenn Hilfe eine Neiddebatte auslöst	183
4	**Lösungsansätze – Wie Hilfe gelingen kann**	**186**
4.1	Wirkungsvolle Hilfen von Anfang an	188
4.2	Eine (adäquate) Definition von Erfolgen	191
4.3	Wünsche von Eltern autistischer Kinder	196
4.3.1	Verständnis und Aufklärung	196
4.3.2	Respekt, Wertschätzung und Anerkennung	197
4.3.3	Toleranz und Akzeptanz	198
4.3.4	Offenheit, Transparenz und Kooperation auf Augenhöhe	199
4.3.5	Fachlich kompetente Unterstützung	201
Schlussbemerkung		**203**
Dankesworte		**205**

Inhaltsverzeichnis

Nachwort der Autorin   **206**

Literaturverzeichnis   **208**

Fachliteratur/Fachartikel   208
Internetquellen   211
Broschüren   211
Weitere nützliche Internet-Links   212

Einleitung

Das Familienleben mit autistischen Kindern stellt alle Beteiligten immer wieder vor besondere Herausforderungen, die sie im Alltag nicht selten an die Grenzen ihrer emotionalen und praktischen Belastbarkeit führen. Wenn das Verhalten ihrer Kinder im öffentlichen Raum wiederholt auf Unverständnis stößt und sich Eltern den Vorwürfen über fehlgeschlagene Erziehung, mangelnde Erziehungskompetenzen oder auch fehlende Kooperationsbereitschaft ausgesetzt sehen, kommen sie oftmals (ungewollt) in Erklärungs- und Rechtfertigungsnöte gegenüber den Kritiker/innen und Fachleuten, die sie im Alltag enorme Kräfte und Ressourcen kosten und sie zusätzlich in die Enge treiben.

Nach Erhalt der Diagnose setzen sich Eltern häufig intensiv mit der Autismus-Thematik auseinander und werden – nicht zuletzt auch aufgrund ihrer zahlreichen Erfahrungen im Familienalltag – auf lange Sicht zu Expert/innen ihres autistischen Kindes. Sie verstehen infolgedessen im besten Fall dessen Besonderheiten, vermögen auch die Motive und Bedürfnisse dahinter zu erkennen und die daraus resultierenden Bedarfe und Notwendigkeiten zu identifizieren. Auf der anschließenden Suche nach passgenauen Hilfen und Unterstützungsmaßnahmen stoßen Familien mit autistischen Kindern jedoch nicht selten auf Systemgrenzen, sei es unter anderem im Kampf um deren (dauerhafte) Finanzierung oder auch bei der Installation und praktischen Umsetzung derselben. In diesem Kontext machen sie und ihre autistischen Kinder unter Umständen die groteskesten Erfahrungen, die sie nicht selten sukzessive und dauerhaft an den Rand der Verzweiflung bringen und/oder ihren Glauben und ihre Hoffnung auf ein »funktionierendes« Unterstützungssystem verlieren lassen. Neben der häufig in der Öffentlichkeit geführten (Neid)Debatte um die Gewährung zwingend erforderlicher Hilfen treffen Familien zudem wiederholt auf rigide, (scheinbar) veränderungsresistente

Hilfesysteme, welche für viele von ihnen bei genauerer Betrachtung am Ende zu einer zusätzlichen Herausforderung werden und damit das Wort »Hilfe« im Namen schlichtweg nicht verdienen.

Überdies geht in Zeiten schrumpfender Wirtschaft und leerer Staatskassen der zunehmende Kostendruck und der daraus resultierende Sparzwang auch an vielen Kostenträgern nicht spurlos vorbei. Statt in die Inklusion und die individuelle Versorgung autistischer Menschen nachhaltig zu investieren, scheint sich in den letzten Jahren eine Art »Parallelsystem« entwickelt zu haben, welches am Ende mehr Geld in die Verwaltung, Infragestellung und/oder Verhinderung von Hilfen als tatsächlich in deren Gewährung und Umsetzung und damit in die Anspruchsberechtigten selbst fließen lässt.

Gerade im Bereich Autismus-Spektrum, wo die damit einhergehenden individuellen Beeinträchtigungen der Menschen nicht selten auf den ersten Blick unsichtbar erscheinen, fällt es Kostenträgern häufig offenbar leicht(er), den Umfang bewilligter und installierter Hilfen frühzeitig wieder zu reduzieren oder diese auch komplett aus dem System zu entfernen, da sich der Mensch vermeintlich »so gut entwickelt hat«. Ferner führen mangelhaftes Wissen bzw. eine nicht vorhandene Autismus-Kompetenz bei Entscheidungsträgern sowie die fehlende gesellschaftliche Lobby autistischer Menschen in vielen Fällen dazu, dass dringend erforderliche Hilfen nicht bzw. nicht ausreichend bewilligt werden und sie infolgedessen früher oder später innerhalb der Gesellschaft zu scheitern drohen.

So vermag jeder frühzeitig und langfristig investierte Euro in diesem Bereich, sowohl für die erbringenden Leistungsträger als auch für die bedarfsdeckende Ausgestaltung und Umsetzung der Hilfen für die Betroffenen, immense Folgekosten im sozialen Bereich verhindern. Gerade hier sollte im Zuge von nachhaltigen Einsparpotenzialen der öffentlichen Hand auch immer langfristig gedacht werden. Eine umfassende Schulung von Fachkräften und fallzuständigen Sachbearbeitenden erscheint in diesem Kontext unumgänglich, damit die vorhandenen Unterstützungsmaßnahmen adäquat und bedarfsgerecht eingesetzt und gesetzlich verankerte Leistungsansprüche innerhalb der Kostenträger korrekt und fristgerecht umgesetzt werden können.

Dieses Buch hat deshalb zum Ziel, die individuellen Herausforderungen und Belastungen von Familien mit autistischen Kindern aufzuzeigen, Verständnis für diese zu entwickeln und daraus resultierende Bedarfe zu identifizieren. Da betroffene Familien aus verschiedensten Gründen über diese Aspekte oftmals nicht offen oder auch umfassend kommunizieren, bleiben diese Problematiken meist innerfamiliär im Verborgenen und erscheinen damit für Außenstehende unsichtbar. Externe Personen sehen im Gegenzug wiederum häufig nur die sichtbaren Resultate aus den mitunter langanhaltenden, kräftezehrenden Kämpfen der Eltern um die gesellschaftliche Teilhabe und Akzeptanz ihrer autistischen Kinder, die gewährten Hilfsmittel und Unterstützungsmaßnahmen sowie ihre damit verbundene »Sonderrolle«. Dies kann dann schlimmstenfalls noch in eine gesellschaftliche Neiddebatte münden, die am Ende jedoch niemandem hilft. Denn Tatsache ist, dass das Thema Autismus-Spektrum von vielen Menschen nach wie vor nicht richtig verstanden wird und die zahlreichen Auswirkungen auf das Familiensystem demzufolge auch häufig völlig unterschätzt oder gar bagatellisiert werden, so dass in diesem Bereich noch viel Aufklärung notwendig ist.

Neben dem Aufklärungsaspekt dient das Buch der Informationsvermittlung und als »Hilfekompass«, indem es eine Vielzahl vorhandener (öffentlicher) Hilfe- und Unterstützungsmöglichkeiten dieser Zielgruppe aufzeigt, die vielen Familien (und Fachkräften) – zumindest zum Zeitpunkt der Diagnose – nicht zwingend bekannt sind und infolgedessen von ihnen aufwändig recherchiert werden müssen.

Darüber hinaus soll das Buch auch zum Nachdenken anregen, indem es offensichtliche Missstände und Widersprüche innerhalb der vorhandenen Systeme aufdeckt und explizit für Stolpersteine und Barrieren bei der Inanspruchnahme von Hilfen sensibilisiert. Familien mit autistischen Kindern berichten selten in der Öffentlichkeit über ihre (negativen) Erfahrungen, aus Scham, Macht- oder auch

Hilflosigkeit bzw. aus Angst und Sorge, dass eine offene Systemkritik auch weitgehende Konsequenzen für ihre Kinder – gerade im Hinblick auf die Gewährung zukünftiger Hilfen – mitbringen und ihren eigenen Standpunkt damit »verschlechtern« kann.

Durch das Aufzeigen potenzieller Lösungsansätze erhofft sich die Autorin langfristig ein generelles Umdenken innerhalb des Hilfesystems, insbesondere bezogen auf die konkrete Umsetzung und Prozessgestaltung, so dass die individuell erforderliche Unterstützung auch tatsächlich ankommt bzw. angenommen werden kann und alle Beteiligten nachhaltig davon profitieren können. Zudem möchte sie durch ihren fachlichen und persönlichen Hintergrund eine Brücke zwischen Eltern, autistischen Menschen und der Fachwelt schlagen, um damit eine wesentliche Voraussetzung für eine erfolgreiche, vertrauens- und verständnisvolle Zusammenarbeit schaffen.

Somit richtet sich das vorliegende Werk insbesondere an Autist/innen sowie Familien mit autistischen Kindern, deren Verwandte, Bekannte und Freunde, die auf der Suche nach geeigneten Hilfs- und Entlastungsmöglichkeiten sind oder selbst wirkungsvolle Unterstützung leisten wollen. Weiterhin ist es unter anderem an Psycholog/innen, Therapeut/innen, Berater/innen, Schulbegleiter/innen, Behördenmitarbeiter/innen, sonstige (pädagogische) Fachkräfte, Laienhelfer/innen und andere am Thema Interessierte adressiert, die sich manchmal darüber wundern, aktiv hinterfragen bzw. nach möglichen Erklärungsmodellen suchen, weshalb (mitunter umfangreich) installierte Hilfen scheinbar dauerhaft keinen (sichtbaren) Erfolg bzw. keine nachhaltige Veränderung erzielen und im Gegenzug für alle Beteiligten schlimmstenfalls noch zu einer weiteren Herausforderung werden.

Ein wichtiger Aspekt sollte am Ende dieses Buches deutlich werden: Familien mit autistischen Kindern wird (im Regelfall) nichts geschenkt bzw. werden ihnen erforderliche Hilfen prinzipiell nicht »auf dem Silbertablett« bereitgestellt/präsentiert. Ganz im Gegenteil, Eltern kämpfen häufig vielmehr ein Leben lang für die Anerkennung der (unsichtbaren) Hilfebedarfe und für die Rechte ihrer autistischen Kinder. Denn nur ein besseres Verständnis der Thematik und ein offenes, wertschätzendes Miteinander vermag das Leben vieler Familien mit autistischen Kindern erheblich zu vereinfachen, für Entlastung zu sorgen, nachhaltige Veränderungen bewirken und ihnen letztlich eine wahrhafte Teilhabe am Leben innerhalb der Gesellschaft zuteilwerden lassen.

In diesem Kontext beschäftigt sich Kapitel 1 (▶ Kap. 1) einleitend mit der Ausgangssituation von Familien mit autistischen Kindern, indem es zunächst auf den Weg zur Diagnose (▶ Kap. 1.1), mögliche Stolpersteine (▶ Kap. 1.1.1) und Handlungsempfehlungen (▶ Kap. 1.1.2) und anschließend auf Besonderheiten in der Erziehung (▶ Kap. 1.2), mögliche Auswirkungen und die daraus resultierende Notwendigkeit der Inanspruchnahme von Hilfen (▶ Kap. 1.3) näher eingeht.

Kapitel 2 (▶ Kap. 2) beschäftigt sich dann ausführlich mit der Darstellung des (öffentlichen) Hilfesystems. Neben Leistungen der Pflegeversicherung (▶ Kap. 2.1), dem Schwerbehindertenausweis (▶ Kap. 2.2), Leistungen der Eingliederungshilfe (▶ Kap. 2.3) und Hilfen zur Erziehung (▶ Kap. 2.4) werden auch weitere Maßnahmen, Anlaufstellen und Hilfsangebote (▶ Kap. 2.5) dargestellt und erläutert.

Kapitel 3 (▶ Kap. 3) rückt anschließend die Tücken des Hilfesystems in den Mittelpunkt, die potenzielle Hilfen für viele Familien am Ende mitunter zu einer Herausforderung werden lassen. Dabei werden zunächst verschiedene Aspekte bei der Suche nach einem funktionierenden System (▶ Kap. 3.1) sowie diverse Strategien der Kostenträger (▶ Kap. 3.2) betrachtet und sich nachfolgend unter anderem mit der Macht des Schweigens (▶ 3.4), Kooperationen und Abhängigkeiten (▶ Kap. 3.5) sowie mit dem Unterstützungssystem Familie und anderer Bezugspersonen (▶ Kap. 3.7) näher befasst.

Kapitel 4 (▶ Kap. 4) stellt schließlich Lösungsansätze dar, die zu einem Gelingen der Hilfe beitragen können, indem es sich mit wirkungsvollen Hilfen von Anfang an (▶ Kap. 4.1) und einer (adäquaten) Definition von Erfolgen (▶ Kap. 4.2) auseinandersetzt. Abschließend wird dann noch auf Wünsche von Eltern autistischer Kinder (▶ Kap. 4.3) eingegangen und die Gesamtthematik damit abgerundet.

1 Die Ausgangssituation von Familien mit autistischen Kindern

Das Leben mit autistischen Kindern stellt alle Familienmitglieder im Alltag immer wieder vor zahlreiche Herausforderungen, die sie nicht selten auf die Dauer an die Grenze ihrer emotionalen und praktischen Belastbarkeit führen und dabei für Außenstehende häufig unsichtbar erscheinen.

Wenn das Verhalten ihrer autistischen Kinder in der Öffentlichkeit auf Unverständnis und Ablehnung stößt und sich Eltern den Vorwürfen über fehlgeschlagene Erziehung, mangelnde Erziehungskompetenzen und/oder auch fehlende Kooperationsbereitschaft ausgesetzt sehen, kommen sie oftmals gegenüber Kritiker/innen und potenziellen Unterstützer/innen (ungewollt) in Erklärungs- und Rechtfertigungsnöte, obwohl sie im Hinblick auf ihr autistisches Kind am Ende selbst eine Expert/innenrolle innehaben.

Um ihren Kindern eine Teilhabe am gesellschaftlichen Leben zu ermöglichen, wird die Alltagsorganisation aller Familienmitglieder meist vom Verhalten, den Bedürfnissen, den Ressourcen und dem Stressniveau des autistischen Kindes bestimmt. Das Aushalten eigener Macht- und Hilflosigkeit verbunden mit ambivalenten Gefühlen gegenüber ihren Kindern in Konflikt- und Spannungssituationen lassen Eltern phasenweise an sich selbst verzweifeln und ihre eigenen Erziehungskompetenzen dauerhaft in Frage stellen. Dies wird durch die anhaltende Kritik Außenstehender häufig noch verstärkt.

Dabei verstehen Eltern im Laufe der Zeit im besten Fall zunehmend die Besonderheiten ihres Kindes und erkennen meist auch dessen Motive und Bedürfnisse, weshalb sie viele Dinge im Alltag bewusst »anders« handhaben und immer wieder auch mitunter zu »ungewöhnlichen« Maßnahmen greifen, die von Dritten nicht immer auf den ersten Blick logisch nachvollzogen werden (können). Nicht selten gehen sie in diesen Zusammenhängen auch mit Kritiker/innen direkt in Konfrontation, um ihre Kinder z.B. vor Übergriffen zu schützen, für dessen Rechte zu kämpfen und/oder die – aus ihrer Perspektive – erforderlichen Ansprüche durchzusetzen, was sie dazu noch sehr viel Kraft kostet. Eltern autistischer Kinder werden deshalb im Kontakt mit der Außen- und Fachwelt nicht selten als »schwierig«, »widerständig«, »unverschämt«, »grenzüberschreitend«, »feindselig« oder »unbelehrbar« wahrgenommen, ihre Verhaltens- und Reaktionsweisen erscheinen »verwunderlich«, werden (schonungslos) kritisiert, mitunter falsch gedeutet oder zumindest in Frage gestellt, was die Familien im Alltag noch zusätzlich belastet und herausfordert.

Aus Mangel an zeitlichen und persönlichen Freiräumen und Ressourcen kommen Eltern und Geschwisterkinder im Familienalltag dabei selbst häufig zu kurz und verlieren ihre individuellen Bedürfnisse völlig aus dem Blick. Statt sich hin und wieder um sich selbst kümmern, schlucken sie eigene ambivalente Gefühle herunter, um für das autistische Familienmitglied (vermeintlich) funktionsfähig zu bleiben und der Außenwelt nicht zur Last zu fallen.

> *Hinzu kommt, dass sie im Alltag hinter verschlossenen Türen oftmals als »Prellbock«, »Blitzableiter« oder auch als »Tankstelle« des autistischen Kindes fungieren, um es für das Leben da draußen »betriebsbereit« zu halten. Dies kostet sie eine Menge Nerven und Kraft, wird jedoch – aus Angst vor weiterer Kritik, vor Ablehnung oder auch davor, das Gegenüber schlichtweg zu überfordern – selten nach außen hin offen kommuniziert. Im Gegenzug dazu verbringen sie ihre Zeit eher damit, ein Lächeln aufzusetzen und anderen auf Nachfrage hin zu versichern, dass sie alles im Griff haben und alles in Ordnung ist* (Hack, 2023, S. 11).

Um die Ausgangssituation vieler Familien mit autistischen Kindern anhand konkreter Alltagsphänomene näher zu verdeutlichen, beschäftigt sich der nachfolgende Abschnitt zunächst exemplarisch mit den Herausforderungen der Diagnostik, um sich anschließend mit den Besonderheiten in der Erziehung autistischer Kinder sowie potenziellen Auswirkungen auf das Familiensystem auseinanderzusetzen.

1.1 Auf dem Weg zur Diagnose

Entwickelt oder verhält sich das eigene Kind (dauerhaft) außerhalb der Norm und steigt dabei noch der individuelle Leidensdruck aller Beteiligten – insbesondere des betroffenen Kindes und seines familiären Umfelds – wird früher oder später auch der Ruf nach einer potenziellen Diagnostik immer lauter.

Eltern tun sich in dieser Entscheidung häufig sehr schwer, da es dabei ja schließlich um viel mehr als »nur einem Schnupfen« geht und eine Diagnose womöglich weitreichende Konsequenzen für das Kind mit sich bringen, potenziellen Zukunftsplänen/-wünschen des betroffenen Kindes entgegenstehen und/oder auch dauerhaft als ein vermeintlicher Makel angesehen werden kann, den das Kind nicht mehr loswird und sich damit auch auf dessen Entwicklung und Selbstwert nachhaltig auszuwirken vermag.

> *Die Entscheidung für oder gegen eine Diagnostik des Kindes ist für Eltern immer auch ein innerlicher, individueller Prozess, der entsprechend Zeit braucht. Demzufolge wird diese nicht spontan oder leichtfertig getroffen, sondern immer wieder genauestens abgewogen, vielleicht auch in der Hoffnung, dass die Auffälligkeit nur eine »Phase« ist und sich »das Problem« mit zunehmendem Alter und Reife des Kindes doch noch von selbst auflöst* (Hack, 2023, S. 12).

Da es ohne verifizierte Diagnose in Deutschland jedoch auch keine Hilfsmöglichkeiten oder keinen Anspruch auf Förderung gibt, führt am Ende meist kein Weg an dieser vorbei, so dass sich Eltern und deren Kinder diesem Prozedere letztlich fügen müssen. Auf mögliche »Stolpersteine« auf dem Weg zur Diagnose soll nun im nachfolgenden Kapitel näher eingegangen werden.

1 Die Ausgangssituation von Familien mit autistischen Kindern

1.1.1 Mögliche Stolpersteine

Haben sich Eltern (womöglich auch gemeinsam mit dem betroffenen Kind) schließlich für eine Diagnostik entschieden, sind auf dem Weg dorthin zahlreiche (neue) Hürden und Stolpersteine zu bewältigen, die nicht selten dazu führen können, dass der Prozess zwischenzeitlich unterbrochen und/oder auch vorzeitig »ergebnislos« beendet wird, da allen Beteiligten schlichtweg die notwendigen Ressourcen fehlen und sie die damit einhergehende (Zusatz-)Belastung auf die Dauer nicht bewältigen können.

Stolpersteine auf dem Weg zur Diagnose sind u. a.

- Kinderärzte, die im Rahmen von Vorsorgeuntersuchungen (offensichtliche) (Entwicklungs-)Auffälligkeiten des Kindes nicht erkennen (können/wollen), ggf. diese (wiederholt) bagatellisieren (»*Sie müssen Geduld haben, er/sie ist halt ein Frühchen und braucht einfach noch etwas mehr Zeit!*«) und/oder nicht ordnungsgemäß dokumentieren;
- fehlende/mangelhafte (familiäre) Unterstützung und adäquate Beratung und Begleitung verbunden mit offenem Anzweifeln, Warnungen vor und anhaltender Kritik an der Entscheidung der betroffenen Eltern bzgl. einer Diagnostik, welche diese zusätzlich verunsichern und belasten;
- »Masking« bzw. die eventuell vorhandene hohe Anpassungsfähigkeit des betroffenen Kindes, die dazu führt, dass dessen Besonderheiten und Auffälligkeiten im Rahmen der Diagnostik – je nach Intensität, Qualität und auch Häufigkeit der Behandlungskontakte sowie je nach individueller Tagesform und Reizschwelle des Kindes – mitunter kaum auftreten und damit auch nur sehr eingeschränkt wahrgenommen werden (können);
- die – mitunter durch jahrelange Förderung und Therapie – (un-)bewusst angeeigneten und auf den ersten Blick auch funktionierenden (Kompensations-)Strategien des Kindes/Jugendlichen zum Zeitpunkt der Diagnostik, welche bestehende Defizite und Einschränkungen überdecken/überlagern, damit durchaus zu Fehl-

diagnosen führen können und den Betroffen dazu noch im Alltag sehr viel Kraft kosten und nicht immer zur Verfügung stehen;
- die hohe Stressbelastung sowie Scham- und Schuldgefühle der Eltern, die es ihnen (phasenweise) erheblich erschweren, die erlebten Herausforderungen und die eigentliche Problematik dezidiert darzustellen. Auch lässt sie die damit verbundene Anspannung eventuell wichtige Details zum Zeitpunkt des Gesprächs schlichtweg »vergessen« oder diese nicht für »erforderlich« einstufen, so dass diese Aspekte ihrem Gegenüber in der Beurteilung bzw. Diagnostik verborgen bleiben, insbesondere dann, wenn ihnen das betroffene Kind diese Auffälligkeiten im Kontakt nicht unmittelbar offenbart;
- Kliniken und Fachärzt/innen, die einer möglichen (oder auch bereits vorhandenen) Autismus-Diagnostik per se eher skeptisch gegenüber eingestellt und fachspezifisch hier nicht gut aufgestellt scheinen, so dass es bereits nach einem kurzen Anamnesegespräch mit den Eltern zu einem Ausschluss der Diagnose »Autismus-Spektrum« kommen kann, da z.B. »[...] *das Kind ja offensichtlich Blickkontakt halten kann!*«. Andere wiederum ziehen eine bereits vorhandene Diagnose in Zweifel oder erkennen diese ab, da die Patient/innen beispielsweise (nach jahrelanger Förderung und/oder Autismus-Therapie) zum aktuellen Zeitpunkt scheinbar nicht mehr den sogenannten »Cut-Off Wert im ADOS« erhalten würden;
- etc.

Negative Erfahrungen im (medizinischen) System, wie unter anderem lange Wartezeiten, viele Termine, (fachlich) inkompetente Anlaufstellen, der anhaltend defizitäre Blick auf das eigene Kind, potenzielle Fehldiagnosen, das wiederholte Offenbaren der eigenen Ohnmacht und Hilflosigkeit im familiären System verbunden mit dem ständigen in Frage stellen der eigenen Erziehungskompetenzen und damit auch der Bagatellisierung der geschilderten Auffälligkeiten und Problematiken des Kindes, sind dabei keine Seltenheit [...] (Hack, 2023, S. 13).

Aus diesen Stolpersteinen heraus eventuell resultierende »Fehldiagnosen« verbunden mit dysfunktionalen und/oder auch kontraproduktiven Behandlungsansätzen und Interventionsmaßnahmen können häufig (wenn überhaupt) erst viele Jahre später im Rahmen einer erneuten Diagnostik revidiert und aufgelöst werden, was für alle Beteiligten sehr belastend sein kann.

Ferner sind Eltern auf diesem Weg bzw. in diesem Prozess, der mitunter auch mehrere Jahre andauern kann, oftmals auf sich allein gestellt und werden mit ihren Sorgen und Nöten schlichtweg allein gelassen. Hinzu kommt, dass ihnen meist – auch zum Zeitpunkt einer Verdachtsdiagnose – noch keine geeigneten Hilfen, Entlastungs- und/ oder Unterstützungsmaßnahmen zur Verfügung stehen, so dass sie diese Zusatzbelastung – neben den bereits bestehenden Alltagsherausforderungen – nicht selten an die Grenze ihrer persönlichen Belastbarkeit und Leistungsfähigkeit führt.

1.1.2 Handlungsempfehlungen

Wurde die Entscheidung für eine Diagnostik des Kindes getroffen, erscheint es nunmehr unumgänglich, den Fokus im Alltag auch explizit auf dessen Auffälligkeiten und Defizite zu legen, was Eltern mitunter vielleicht in der Vergangenheit aus Selbstschutz eher vermieden haben, in der Hoffnung, dass sich die Besonderheiten doch noch »auswachsen« würden oder doch nicht »so schlimm« seien.

Bereits die Suche nach einer geeigneten Praxis, einer Klinik oder auch eines Sozialpädiatrischen Zentrums (SPZ), in dem die Diagnostik vorgenommen werden soll, kann Eltern dabei schon stark verunsichern, da die Erfahrungen mit den verschiedenen Systemen sehr variieren und letztlich stark personenabhängig erscheinen. Dennoch lohnt es sich für Eltern auch bei mehreren Anlaufstellen anzufragen, sich dort auf die Wartelisten setzen zu lassen und erst dann abzusagen, wenn sie einen für sich passenden Diagnoserahmen gefunden, den Diagnoseprozess begonnen und schließlich den Eindruck haben, dass sie sich in der ausgewählten Institution ernst genommen und gut aufgehoben fühlen. Für eine gute Diagnostik müssen Eltern zu ihrem Gegenüber zügig Vertrauen aufbauen, um sich zu öffnen und die bestehende Scham über das vermeintliche innerfamiliäre Ver-

1.1 Auf dem Weg zur Diagnose

sagen überwinden zu können. Sollten Eltern hier innerhalb des Prozesses zunehmend Zweifel verspüren, da sie z. b. fortwährend vermittelt bekommen, dass man ihren Angaben nicht glaubt oder ihnen insgeheim die »Schuld« am Verhalten des Kindes anlastet, sollten Eltern auch nicht davor zurückschrecken, die »Reißleine zu ziehen« und ggf. auch zu einer anderen Institution/Praxis zu wechseln, auch wenn dies wiederum mit erneuter Wartezeit verbunden sein kann. Letztlich tun sie sich und ihrem Kind keinen Gefallen, wenn sie den Prozess bis zum Ende »durchstehen« und mit dem Ergebnis, womöglich auch einer Fehldiagnose, nichts anzufangen wissen. Die Hoffnung auf eine zeitnahe Besserung und adäquate Hilfestellungen kann in diesen Momenten schwinden. Dazu kann die Hürde, sich zukünftig für eine Zweitmeinung erneut an eine alternative Institution zu wenden, umso unüberwindbarer erscheinen, da die Belastungen und Herausforderungen, die damit einhergehen, schlichtweg zu groß sind.

> Im Zuge der verschiedenen Diagnostiktermine unseres Kindes wurden wir als Eltern immer auch ausführlich zu den letzten Entwicklungen befragt, die wir anhand von zahlreichen Alltagsbeispielen, aktuellen Herausforderungen und Ereignissen aus unserem Familienalltag offen schilderten. Unser Sohn spielte währenddessen leise, verhielt sich unauffällig, angepasst und höflich, was durchaus den Eindruck hinterließ, als berichteten wir von einem völlig anderen Kind als dem, welches sich zu diesem Zeitpunkt mit im Raum befand.
>
> Als es dann jedoch bei einem der Termine zu einer »ungeplanten« Veränderung (unter anderem ein Bürowechsel) kam, zeigte unser Sohn plötzlich deutliche Überforderungstendenzen und seine Anpassungsstrategien versagten umfassend. Für einen kurzen Augenblick zeigte sich annähernd das Kind, von dem wir in den letzten Monaten so häufig berichteten.
>
> Mir kamen in diesem Moment die Tränen und ich war sehr »dankbar« für diese »herausfordernde« Situation, was ich dem Psychologen auch schilderte. Er antwortete darauf, dass er von

Beginn an keine Zweifel an unseren Erzählungen hatte, auch wenn unser Sohn dieses Verhalten oder seine Auffälligkeiten in diesem Kontext nicht ansatzweise zeigte.

Dies war am Ende wahrscheinlich auch der Grund, warum wir uns als Eltern bei ihm so gut aufgehoben gefühlt hatten, da er unsere Angaben zu keinem Zeitpunkt in Frage gestellt hatte.

Aus diesem Grund erscheint eine gute Vorbereitung des Diagnoseprozesses unumgänglich, da sie Eltern in ihrer Entscheidung über dessen Notwendigkeit nochmals bestärkt und ihnen in ihren Argumentationen und Schilderungen der Besonderheiten ihres Kindes bzw. dessen Quantität, Qualität und ggf. auch Komplexität dabei hilft, dass sich das Gegenüber ein umfassendes Bild über das Kind machen kann. In den Gesprächen vor Ort überwiegt in vielen Fällen häufig die Scham, die Aufregung bzw. auch das hohe Belastungsniveau aller Beteiligten, so dass es phasenweise unmöglich erscheint, »spontan« auf die zum Teil umfangreichen Fragen der/des Diagnostizierenden eine vollumfassende, realitätsnahe Antwort zu geben und nicht eine Vielzahl wichtiger Informationen schlichtweg zu vergessen und/oder unter den Tisch fallen zu lassen, da sie in diesem Moment von den Eltern als irrelevant eingestuft wurden. Ferner gilt hier zu berücksichtigen, dass viele potenzielle »Auffälligkeiten« auch zur »Normalität« dieser familiären Systeme gehören, so dass z.B. bestimmte Verhaltensweisen aus ihrer Betrachtung gar nicht erwähnenswert erscheinen, obwohl diese ggf. ein wichtiger Aspekt für die Diagnostik darstellen können (z.B. in Bezug auf vorhandene Stereotypien).

Folgende Punkte/Fragestellungen können dabei für die Vorbereitung auf die Termine sehr hilfreich sein:

- Beobachtungsbogen/Tagesprotokoll über einen klar definierten Zeitraum (z.B. 1–2 Wochen) erstellen – eignet sich vor allem bei immer wiederkehrenden Verhaltensbesonderheiten/-mustern des Kindes:
   Welches Verhalten zeigt das Kind zu welchem Zeitpunkt (Datum, Uhrzeit, etc.)? In welcher Situation tritt das Verhalten auf? Welche Per-

sonen waren beteiligt/anwesend? Was ging der Situation voraus? Was passierte kurz danach? Wie war meine Reaktion? Was war hilfreich? Was hat die Situation verschlimmert?
- Sachliche (ungeschönte) Dokumentation der beobachteten Auffälligkeiten, z. B. durch detaillierte/konkrete Verhaltensbeschreibungen anhand von Alltagsbeispielen (z. B. Kind dreht sich bei Aufregung im Kreis und flattert mit den Händen):
  Welches (konkrete) Verhalten erscheint ihnen im Vergleich zu anderen Kindern auffällig/ungewöhnlich? Welches (konkrete) Verhalten verunsichert sie oder sorgt bei ihnen für Fragen/Unverständnis/Irritationen? Was berichten andere Menschen in ihrem Umfeld? Worauf werden sie explizit angesprochen, obwohl sie es bisher vielleicht als »normal« eingestuft haben?
- Aussagen des Kindes protokollieren:
  Wie sieht es die Welt? Welche Sprache/Erklärungsmodelle nutzt es? Wo sieht es selbst das Problem? Was fällt ihm/ihr schwer? An welcher Stelle zeigt sich sein/ihr Leidensdruck (besonders)?
- Stellungnahmen anderer Institutionen oder weiterer (enger) Bezugspersonen des Kindes:
  Was fällt anderen Bezugspersonen auf, mit denen das Kind engeren Kontakt hat? Was berichtet der Kindergarten oder die Schule? Gibt es bereits installierte Fördersysteme (Frühförderung, Ergotherapie, etc.)? Welche Einschätzung gibt es von hier?
- Für Folgetermine:
  Gibt es noch »Reste« bzw. ergänzende Informationen/Gedanken zum letzten Termin? Welche Fragen sind aufgetaucht?

Einige Diagnosezentren stellen auf ihren Homepages ausführliche Anamnesebögen und/oder Fragenkataloge zum Download zur Verfügung, die als Richtschnur genutzt werden können, um sich beispielsweise im Vorfeld nochmals über wesentliche Fakten zur Entwicklung des Kindes Gedanken zu machen bzw. diese in Erfahrung zu bringen und hier bereits zu Beginn der Untersuchung nicht (vermeintlich) in Verlegenheit zu geraten. Weiterhin sollten sich Eltern ggf. während oder im Anschluss der einzelnen Diagnosetermine offene Punkte und Fragestellungen zeitnah notieren, die dann beim Folgetermin ggf. ergänzt oder auch geklärt werden können. Auch sollten sie sich währenddessen niemals scheuen, immer wieder Rückfragen und Verständnisfragen zu stellen, bis sie als Eltern den Eindruck haben, dass sie alles verstanden haben und für sie die Abläufe klar und nachvollziehbar erscheinen. Dies gilt für Eltern insbesondere in Bezug auf die Äußerung von Verdachts- und/oder Ausschlussdiagnosen, um sich hier einen guten Überblick über die nächsten Schritte zu verschaffen und womöglich aufkeimende Ängste, Befürchtungen und Unsicherheiten zu reduzieren.

Ist die Diagnose »Autismus-Spektrum-Störung (ASS)« am Ende des Weges dann verifiziert, beginnt für Eltern häufig die konkrete Auseinandersetzung mit und Verarbeitung derselben, ein Prozess, der mitunter für alle Beteiligten unterschiedlich verlaufen und (emotional) sehr kräftezehrend sein kann.

> *Neben zahlreichen Diskussionen, Zweifeln an der Richtigkeit der Diagnose, guten »Rat-Schlägen« und anhaltenden Kritiken an der eigenen Erziehungskompetenz, sehen sich die Eltern im Alltag - trotz Diagnose - damit weiterhin mit Unverständnis, Intoleranz und dem Halbwissen Dritter konfrontiert, was sie wiederum in Erklärungs- und Rechtfertigungsnöte bringt, obwohl sie sich in der Anfangsphase selbst noch auf »neuem Terrain« befinden und nicht auf jede Frage unmittelbar eine Antwort oder gar eine Lösung parat haben. Nur weil es nun eine Diagnose gibt, ändert sich damit nicht automatisch auch das Verhalten des Kindes, so dass dieses weiterhin in seinem Umfeld auf Irritation und Ablehnung stößt. Eltern sehen sich deshalb spätestens zu diesem Zeitpunkt mit der Forderung zum sofortigen Handeln konfrontiert und werden dabei noch zusätzlich von ihrem Umfeld unter Druck gesetzt, was die Situation für alle Beteiligten sicherlich nicht einfacher macht (Hack, 2023, S. 14 f).*

Eltern sollten sich in diesem Kontext vor allem die Zeit nehmen, die sie für sich individuell benötigen, sich dabei nicht unter Druck setzen lassen und von den Erwartungen Dritter gut abgrenzen, um die nächsten Schritte für sich und ihr Kind adäquat zu planen, zu organisieren und umzusetzen. Bereits zu diesem Zeitpunkt sollten sie sich auch nicht davor scheuen, konkrete (psychosoziale/therapeutische) Unterstützung in Anspruch zu nehmen, die insbesondere der persönlichen Entlastung, Trauerarbeit und familiären Neuausrichtung dienen kann. Diese Anlaufstellen müssen nicht in erster Linie zwingend Autismus-spezifisch ausgerichtet sein, da es im ersten Schritt um die individuelle Stärkung und Stabilisierung der Eltern geht, um einen konstruktiven Umgang mit der neuen Ausgangssituation zu ermöglichen und kreative Lösungswege zu entwickeln. Das Einholen von Informationen sowie die Kontaktaufnahme beispielsweise zu Regionalverbänden (▶ Kap. 2.5.5), Selbsthilfegruppen (▶ Kap. 2.5.6) und/oder sozialen Netzwerken kann für viele Familien ein weiterer möglicher Ansatzpunkt sein, um einen Einstieg in die Thematik und das Hilfesystem zu erhalten und (niedrigschwellig) konkrete Unterstützung und Entlastung zu erfahren.

1.2 Besonderheiten in der Erziehung autistischer Kinder

Wie im vorangegangenen Abschnitt (▶ Kap. 1.1) bereits dargestellt, ist die Diagnostik des Kindes für die betroffenen Familien ein erster wichtiger Schritt, der für sich allein genommen jedoch im Familienalltag im Regelfall nicht ausreichend bzw. wenig hilfreich erscheint, so dass der Leidensweg für alle Beteiligten noch lange nicht zu Ende ist. Denn nun stehen die Familienmitglieder erneut vor unbekannten Aufgaben, Herausforderungen und innerfamiliären Belastungen, für deren Bewältigung ihnen zu diesem Zeitpunkt häufig das Fachwissen, die erforderliche Handlungskompetenz und/oder die Ressourcen fehlen, was wiederum die Notwendigkeit zeitnah passgenaue Hilfe und Unterstützung für sich in Anspruch zu nehmen mit sich bringt (▶ Kap. 1.3).

> *Nur weil das »Problem« nun einen Namen hat, ist es leider noch lange nicht gelöst* (Hack, 2023, S. 13).

1 Die Ausgangssituation von Familien mit autistischen Kindern

Der Zeitpunkt der Autismus-Diagnose des Kindes stellt dabei für betroffene Eltern meist ein sehr einschneidendes Lebensereignis dar, welches durchaus mit äußerst ambivalenten Gefühlen einhergehen kann (z. B. völlige Erleichterung vs. tiefgreifende Trauer) und zunächst von den einzelnen Familienmitgliedern individuell verarbeitet werden muss. Die Trauer über die (dauerhafte) Beeinträchtigung des Kindes, die Akzeptanz der Diagnose sowie die daraus resultierenden Schritte und/oder Konsequenzen für die Familie geschehen dabei nicht zu einem fixen Zeitpunkt, sondern unterliegen einem individuellen Prozess, der durchaus lange andauern kann, da sich das komplette Familiensystem schlichtweg neu (er)finden muss.

Neben dem Umgang mit (unliebsamen) Gedanken und Gefühlen in Bezug auf das autistische Kind/Geschwister und dessen Verhalten, vor allen in Spannungs-, Konflikt- und Überforderungssituationen, muss das Thema Autismus-Spektrum in Verbindung mit den individuellen Besonderheiten des betroffenen Familienmitgliedes von allen Beteiligten intensiv und altersadäquat durchdrungen, erarbeitet und verstanden und Erziehung/Beziehung damit schlichtweg neu erlernt werden.

Eltern autistischer Kinder merken in der Regel bereits sehr früh, dass herkömmliche Erziehungsmethoden wirkungslos zu sein scheinen und das eigene, intuitive Erziehungsverhalten bei ihren Kindern häufig dauerhaft nicht zu den gewünschten Ergebnissen bzw. Erfolgen führt. So benötigen Kinder im Autismus-Spektrum nicht nur ein besonderes Verständnis für ihre speziellen Problemlagen und Verhaltensweisen sowie adäquate Strukturen und Rahmenbedingungen, sondern auch einen anderen Zugang und Blick auf ihre Welt, um ihnen im Alltag effektive Unterstützung und Hilfestellungen zu geben und sie in ihrer Entwicklung zu fördern (Hack, 2023, S. 18).

Da autistische Kinder häufig auf vorhandenes Erziehungswissen der Eltern anders, als erwartet reagieren bzw. deren Verhalten trotz erzieherischer Strategien nur bedingt beeinflussbar scheint, sinkt infolgedessen auch das Selbstwirksamkeitserleben der betroffenen Eltern, die ihre eigene Rolle neu definieren müssen und eigene Kompetenzen mitunter vermehrt in Frage stellen.

Hinzu kommt, dass die Kompetenzen sowie die Herausforderungen autistischer Kinder nach Funke (2023) individuell sehr unterschiedlich sind und sich im Tagesverlauf sowie über Monate und Jahre immer wieder verändern, was die Planbarkeit und Vorhersagbarkeit möglicher Entwicklungsschritte deutlich erschwert und Familien häufig im Ungewissen zurücklässt.

Besitzt mein Kind diese Fähigkeit »noch« nicht oder wird es sie eventuell niemals erwerben? Soll ich weiterhin an diesem Punkt dranbleiben und Geduld haben oder überfordere ich mein Kind damit dauerhaft? Wird mein Kind später überhaupt allein zurechtkommen oder wird es womöglich ein Leben lang auf Hilfestellungen angewiesen sein?

> *Kinder mit Autismus benötigen in der Primärversorgung sowie in fast allen Alltagsabläufen häufig jahrelang umfassende Hilfen. Zudem benötigen diese Situationen deutlich mehr Zeit und Aufmerksamkeit, sind häufig mit Unmut verbunden und eskalieren zum Teil in Form von körperlichen Machtkämpfen. Besonders, wenn neue Aufgaben und Entwicklungsschritte anstehen, führt das Festhalten der Betroffenen an den gewohnten Abläufen zu einer weiteren Belastung. Ungeplante Ereignisse und Veränderungen erschweren den Alltag zusätzlich* (Funke, 2023, S. 107).

Girsberger (2022) ergänzt hierzu noch, dass sich die Erziehung eines Kindes im Autismus-Spektrum ganz wesentlich von der »normalen« Erziehung unterscheide, welche nicht gelernt werden müsse, sondern einfach dem gesunden Menschenverstand folge. Seiner Erfahrung nach machten viele Eltern wiederholt die Erfahrung, dass das herausfordernde Verhalten des autistischen Kindes zu Hause deutlich stärker auftrete als andernorts. Dies führe dann nicht selten dazu, dass beispielsweise Lehrkräfte den Schilderungen der Eltern kaum glauben könnten, vor allem dann nicht, wenn sich das Kind in der Schule sehr angepasst zeigt. Ferner sei die Beziehung zwischen Eltern und Kind in hohem Maße emotional geprägt und nirgendwo sonst gäbe es eine solche Achterbahn von Freude, Liebe, Ärger, Frust, Wut usw. wie innerhalb der Familie, was die Notwendigkeit der Inanspruchnahme von Entlastungsmöglichkeiten nochmals bekräftigt (▶ Kap. 1.3).

1.3 Über Auswirkungen auf die familiäre Situation und die Notwendigkeit der Inanspruchnahme von Hilfen

Wie in den vorherigen Kapiteln dargestellt, gestaltet sich der Familienalltag mit autistischen Kindern häufig sehr turbulent und herausfordernd, was sich nicht zuletzt auf alle Familienmitglieder (unmittelbar) auswirkt. Entwickeln sich Kinder außerhalb der Norm, hat dies infolgedessen auch immer Auswirkungen auf das komplette Familiensystem, deren Mitglieder durch die damit einhergehenden (Verhaltens-)Besonderheiten und Beeinträchtigungen des Kindes im Alltag dauerhaft eingeschränkt oder zumindest in der persönlichen Lebensgestaltung (mit)beeinflusst werden.

Jungbauer und Meye kommen bei ihrer Befragung zu dem Ergebnis

[...], dass Eltern von Kindern mit einer autistischen Störung eine Vielzahl von Belastungen und Problemen bewältigen müssen. Die charakteristischen Verhaltens- und Interaktionsauffälligkeiten, das mangelnde Gefahrenbewusstsein und die Unselbständigkeit des autistischen Kindes machen eine intensive Betreuung notwendig, die die Eltern an die Grenzen ihrer physischen und psychischen Belastbarkeit führt. Je ausgeprägter die Autismussymptomatik ist, umso stärker müssen sich die Eltern in ihrer Lebensgestaltung einschränken. Partnerschaft und Familienleben werden als stark beeinträchtigt wahrgenommen, gemeinsame Unternehmungen der Familie finden aufgrund der erwarteten Schwierigkeiten eher selten statt. Die sozialen Kontakte nehmen insgesamt deutlich ab, vielfach kommt es zu einem sozialen Rückzug in die Familie (Jungbauer & Meye, 2008, S. 530).

Infolgedessen wird nicht nur die Alltagsorganisation der Familie in der Regel vom Verhalten, den Bedürfnissen und dem Stressniveau des betroffenen Kindes bestimmt, sondern alle Familienmitglieder führen dauerhaft ein Leben an der Belastungsgrenze, was sich nicht zuletzt auch nachhaltig auf ihre gesundheitliche Situation auszuwirken vermag. Neben der enormen emotionalen, zeitlichen, organisatorischen und finanziellen Belastung der Eltern verspüren diese nicht selten im Familienalltag einen hohen persönlichen Leidensdruck und berichten in diesem Kontext beispielsweise von

- Stigmatisierung der Familie in Form von Berührungsängsten, Schuldzuweisungen, Missachtung und Unverständnis für deren individuelle Problemlagen;
- Autismus als zentralem Lebensthema aus Mangel an Spontanität sowie Abwechslung durch alternative Tätigkeiten und Aktivitäten, bzw. die zunehmende Überlagerung alternativer Lebensthemen verbunden mit anhaltenden Sorgen und (Zukunfts-)Ängsten in Bezug auf die Entwicklung ihres autistischen Kindes und dauerhaft begrenzten persönlichen Ressourcen;
- Einsamkeit und Isolation, wobei das Vermeiden bzw. die Reduktion von Kontakten aus verschiedensten Gründen durchaus von beiden Seiten erfolgten, sowohl von Seiten der außerfamiliären Netzwerke als auch von Seiten der betroffenen Familien;
- Selbstzweifeln und dem Infragestellen der eigenen Elternrolle oder Erziehungskompetenzen sowie ambivalenten Gefühlen gegenüber dem autistischen Kind in Spannungs- und Überforderungssituationen, aufgrund der leidvollen Selbsterkenntnis, dass betroffene Eltern in vielen Situationen der Gesamtproblematik Autismus ratlos und hilflos gegenüberstehen und sie deshalb den Bedürfnissen des autistischen Kindes nicht immer gerecht werden (können). Dies vermag bei ihnen das Gefühl von Ohnmacht und Verzweiflung entstehen lassen, was sich wiederum auf die eigene Selbstwirksamkeit und Handlungsfähigkeit auswirken kann;
- chronischer (emotionaler und körperlicher) Erschöpfung, wiederkehrenden psychischen und (psycho-)somatischen Beschwerden und einem erheblich eingeschränkten persönlichen Leistungsniveau (Lorenz, 2003; Hack, 2023);
- etc.

Familien mit autistischen Kindern sind damit in mehrfacher Weise eingeschränkt, da sie sich aufgrund der Komplexität der Problemlagen und innerfamiliären Herausforderungen häufig dauerhaft im

Funktionsmodus bewegen und hier auch phasenweise für sich keinen Ausweg zu finden scheinen. Aufgrund der Verhaltensbesonderheiten ihrer Kinder und gesellschaftlicher Isolation bzw. fehlender sozialer Anbindung drohen sie mitunter jederzeit aus ihrem »Hamsterrad« (unbemerkt) hinausgeschleudert zu werden und schlichtweg unaufhaltsam ins Bodenlose zu stürzen, was große Ängste hervorrufen kann.

In diesem Kontext berichteten in einer Befragung von Jungbauer und Meye (2008) viele Eltern neben der Unselbstständigkeit ihrer Kinder in vielen Lebensbereichen (z. B. Anziehen, Mahlzeiten, Körperhygiene) und der damit verbundenen dauerhaft erforderlichen (elterlichen) Hilfestellung vielfach von Ein- und Durchschlafproblemen ihrer Kinder, welche entsprechende elterliche Schlafdefizite nach sich zögen. Als besonders belastend für Eltern wurden darüber hinaus auch (auto-)aggressive und selbstverletzende Verhaltensweisen des Kindes erlebt. Quälende Gefühle von Ohnmacht und Hilflosigkeit sowie die Notwendigkeit einer intensiven Betreuung und Beaufsichtigung führten letztlich dazu, dass sich Eltern von autistischen Kindern in ihrer Lebensgestaltung stark einschränken und eigene Bedürfnisse auf Dauer zurückstellen müssten. Für entlastende Aktivitäten und Interessen sei kaum noch Kraft und Zeit vorhanden. Ferner entwickelten einige Eltern Schuldgefühle gegenüber den Geschwisterkindern, da sie befürchteten, dass auch diese mit ihren Bedürfnissen zu kurz kämen und ihrerseits in ihrer Entwicklung beeinträchtigt seien.

Gemeinsame Freizeitaktivitäten und/oder Unternehmungen aller Familienmitglieder sind darüber hinaus eher selten, da die Betreuung des autistischen Kindes außerhalb der häuslichen Umgebung als zu aufwändig, zu anstrengend und/oder zu unangenehm empfunden wird. In diesem Zusammenhang sind auch Stigmatisierungserfahrungen und -befürchtungen sehr belastend, so dass es insgesamt tendenziell zu einem Rückzug in die familiäre Privatsphäre kommt. Diese sozialen Rückzugstendenzen können auch durch den Verlust sozialer Kontakte mitbedingt sein. Einerseits fällt es Eltern aufgrund ihrer starken Beanspruchung schwer, Zeit und Energie für die Pflege von Kontakten aufzubringen, andererseits ziehen sich Freunde und Bekannte ihrerseits von der betroffenen Familie zurück, weil ihnen das Zusammensein als zu »kompliziert« oder gar zu »anstrengend« erscheint.

Erschwerend kommt für Eltern nach Bauerfeind (2018) noch hinzu, dass sie sich häufig in einem Geflecht aus »*Informationsbedarf und Informationsflut*«, »*Anforderung und Überforderung*« sowie »*Kraftakten und Ressourcenmangel*« wiederfänden. Dazu gerate das Familiensystem auch nicht selten ins Wanken, wenn einzelne Aspekte (plötzlich) nicht mehr funktionierten oder kaum noch aufrechterhalten werden könnten. Familien fühlten sich in diesen Situationen oftmals allein gelassen und benötigen deshalb dringend zeitnahe, passgenaue Unterstützung, um nicht den Halt zu verlieren und erreichte Fortschritte innerhalb des Systems nicht nachhaltig zu gefährden.

Gerade im Beratungskontext sowie auch bei meinen Veranstaltungen zur Selbstfürsorge wird häufig sehr schnell deutlich, wie komplex sich die individuellen und innerfamiliären Belastungen und Herausforderungen gestalten/auswirken und wie wenig Hoffnung innerhalb der Familien bzw. auf Elternseite auf zeitnahe Entlastung und/oder Besserung besteht. Viele Elternteile entwickeln in diesem Kontext – als Folge der hohen Stressbelastung – auch selbst chronische Erkrankungen, welche sie dann wiederum in ihrer Funktions- und Erziehungsfähigkeit stark beeinträchtigen. Ein Teufelskreis, aus dem es für viele Betroffene scheinbar kein Entrinnen gibt und was am Ende nochmals die Notwendigkeit einer zeitnahen Inanspruchnahme adäquater Hilfen verdeutlicht, um die Familiensysteme dauerhaft zu stärken, zu stabilisieren, vor allem aber auch nachhaltig zu entlasten und ihre Funktionsfähigkeit aufrecht zu erhalten.

Mit Erhalt der Diagnose öffnen sich für die Familien und ihre autistischen Kinder neue Türen und Wege, es entstehen neue Erklärungsmodelle für das Verhalten des Kindes sowie neue Handlungs- und Förderoptionen, die es nun zu ergründen und erforschen gilt. Das nachfolgende Kapitel möchte nun einige davon aufzeigen.

2 Darstellung des (öffentlichen) Hilfesystems

So einzigartig ihre autistischen Kinder und deren Besonderheiten, daraus resultierende Bedarfe und Herausforderungen erscheinen, so individuell gestalten sich auch die Ausgangssituationen von Familien mit autistischen Kindern (▶ Kap. 1), so dass es sicherlich keine allgemeingültige Regel gibt, in welcher Art und in welchem Umfang Hilfe benötigt wird bzw. in Anspruch genommen werden kann/möchte. Je nach Wissensstand und Verarbeitungsprozess der Eltern werden somit auch unterschiedliche Zugänge für das Hilfesystem benötigt, um die komplexe Zielgruppe frühzeitig adäquat erreichen und unterstützen zu können und ggf. vorhandene Barrieren abzubauen. Die Überwindung von Ängsten und Scham, das Infragestellen der Notwendigkeiten sowie die Analyse und das Abwägen unterschiedlichster Angebote und Möglichkeiten unter Berücksichtigung der verschiedenen Lebensphasen und Entwicklungsstände ihrer autistischen Kinder, ist damit auch immer ein persönlicher Prozess, der für alle Beteiligten sehr kräftezehrend sein kann.

Hinzu kommt, dass es bei den häufig äußerst komplexen Problemlagen niemals *die* Einzelmaßnahme oder Musterlösung für Familien mit autistischen Kindern geben kann, so dass es vielmehr ein individuell zusammengestelltes, passgenaues Maßnahmenpaket bzw. eine Kombination von Hilfemaßnahmen benötigt, was – je nach Lebenssituation – innerhalb der Familien auch immer wieder neu geprüft, mitunter verändert, ggf. ausgeweitet und/oder angepasst werden muss.

Familien mit ihren autistischen Kindern sollten in diesem Kontext stets dazu befähigt und unterstützt werden, durch entsprechende Informationen und Aufklärung selbstbestimmt die Hilfen zu wählen, die für ihre spezifische Situation zum jeweiligen Zeitpunkt passend erscheinen und langfristig ihrer persönlichen Entlastung dienen. Je besser sie das Verhalten und die Reaktionen ihrer Kinder und damit deren individuelle, Autismus-spezifischen Besonderheiten und Bedarfe dahinter verstehen und einzuordnen wissen, desto adäquater können sie es fördern und unterstützen. Im Idealfall kann die Familie damit der Rückzugsort und/oder sichere Hafen für das Kind werden, wo/in dem es Verständnis, Rücksichtnahme, bedingungslose Akzeptanz und Empathie erfährt, in seinem Selbstwert gestärkt wird und Kraft tanken kann, um dauerhaft innerhalb der Gesellschaft zu überleben und funktionsfähig zu bleiben.

Bauerfeind ist dazu überzeugt,

> [...], *dass es autistischen Kindern und Jugendlichen dann am besten geht und sie optimale Entwicklungsmöglichkeiten haben, wenn ihr Umfeld gut informiert ist, sie versteht und akzeptiert. Dafür sollten Eltern für sie, wenn nötig, vermitteln und gemeinsamen mit anderen Verantwortlichen für Rahmenbedingungen sorgen, die autistische Kinder und Jugendliche in ihrer Entwicklung und Selbstständigkeit und nicht zuletzt in ihrem Selbstbewusstsein fördern und stärken* (Bauerfeind, 2018, S. 10).

Betrachtet man die Vielzahl und Komplexität vorhandener Hilfemaßnahmen, gilt es deshalb für Familien in erster Linie, aus der Informationsflut bestehender, teilweise auch verwirrender Angebote die für sich sinnvollen und hilfreichen auszuwählen, was sicherlich nicht immer einfach ist. Die Hilfen und Angebote sollten dabei nicht die bedingungslose »Normalisierung« und »Anpassung« ihrer Kinder bezwecken, sondern stets das Ziel verfolgen, ihre persönliche Lebensqualität zu verbessern und ihrem autistischen Kind eine gesellschaftliche Teilhabe im Rahmen seiner/ihrer individuellen Möglichkeiten eröffnen.

Nach Preißmann (2015) erscheint es in diesem Kontext für Eltern sinnvoll, sich ein eigenes Netzwerk zu knüpfen, das stärkt, unterstützt und auffängt. Empfehlenswert sei dabei oft eine Mischung aus professionellen (Ärzt/innen, Psychotherapeut/innen, Autismus-Fachkräften, etc.) und privaten Helfer/innen (Freunde, Familienangehörige, Selbsthilfegruppen). Mehrere Standbeine seien erforderlich, um auch dann Stabilität und Unterstützung erfahren zu können, wenn eine der gewählten Hilfen gerade nicht zur Verfügung stehen könne.

Eltern sollten daher den Mut aufbringen, offen über die Thematik zu sprechen, den (familiären) Hilfebedarf detailliert und ungeschönt zu erfassen, zu benennen und an den entsprechenden Stellen anzuzeigen, die mitunter unsichtbaren innerfamiliären Herausforderungen damit sichtbar zu machen, um den persönlichen Teufelskreis aus Schweigen, Hilflosigkeit, Ohnmacht, Stigmatisierung und Erschöpfung zu durchbrechen.

Unterstützung und Hilfen gibt es letztlich in vielfältiger Form:

- emotionale und praktische Unterstützung durch Familie, Freund/innen, andere (betroffene) Eltern, etc.;
- schulische Unterstützung durch Lehrkräfte, Schulpsycholog/innen, Schulbegleitungen, pädagogische Mitarbeiter/innen, etc.;
- fachspezifische Unterstützung durch Beratungsstellen, (Fach-)Ärzt/innen, Autismus-Fachkräfte, (Psycho-)Therapeut/innen, etc.;
- finanzielle Unterstützung durch Leistungen des Staates, der Pflegekassen, etc.

Dennoch gilt zu beachten, dass es – trotz vieler guter Angebote und Unterstützungsmaßnahmen – nach wie vor deutliche Lücken im Hilfesystem gibt, vor allem bei kurzfristig verfügbaren, flexiblen Familien unterstützenden Angeboten, bei Möglichkeiten zur Krisenintervention und bei der Finanzierung einer kontinuierlichen Langzeitbetreuung (Preißmann, 2015).

Um einen ersten Überblick zu erhalten, beschäftigt sich das nachfolgende Kapitel nun mit einer Vielzahl an Unterstützungsmöglichkeiten und deren Zugangs- und Antragswege für Familien mit autistischen Kindern.

2.1 Leistungen der Pflegeversicherung

Der Leistungskatalog der Pflegeversicherung beinhaltet dem Grunde nach finanzielle und sachliche Unterstützungen für Menschen, die aufgrund von Krankheit, Alter und/oder Behinderung Pflege benötigen. Die Pflegeversicherung ist in Deutschland ein Teil des Sozialversicherungssystems und soll die erforderlichen Pflegeleistungen (ambulant und stationär) möglichst decken oder zumindest bezuschussen. Ziel der Pflegeversicherung ist es, die Betroffenen (sowie deren Angehörige) zu unterstützen und ihnen zu einem weitgehend selbstbestimmten Leben im Rahmen ihrer individuellen Möglichkeiten zu verhelfen.

Autistische Kinder haben aufgrund ihrer Beeinträchtigungen ebenfalls einen Anspruch auf Leistungen der Pflegeversicherung, allerdings liegt der Schwerpunkt hier in der Regel auf deren speziellen Bedürfnissen und dem damit verbundenen höheren Betreuungs- und Unterstützungsbedarf. Die spezifischen Pflegeleistungen können in diesem Kontext dabei helfen, die besonderen Herausforderungen, welche die Betreuung eines autistischen Kindes mit sich bringt, zu bewältigen bzw. abzumildern, indem sie Eltern finanziell und organisatorisch zu entlasten vermögen.

Der nachfolgende Abschnitt beschäftigt sich nun zunächst mit der Ermittlung des Pflegegrads als notwendige Voraussetzung, um Leistungen der Pflegeversicherung zu erhalten. Anschließend werden die unterschiedlichen Unterstützungsleistungen näher dargestellt.

2.1.1 Pflegegrad und Pflegegeld

Liegt eine Autismus-Diagnose vor, haben Eltern die Möglichkeit – entweder formlos über ihre Krankenkasse oder direkt bei der zuständigen Pflegekasse –, einen Pflegegrad für ihr Kind zu beantragen. Zur Einschätzung der Pflegebedürftigkeit wird anschließend ein/e Gutachter/in des Medizinischen Dienstes der Krankenkassen (MDK) beauftragt, der/die in der Regel einen Hausbesuch durchführt, um zu beurteilen, ob und in welchem Ausmaß eine Pflegebedürftigkeit bzw. ein erhöhter Hilfebedarf vorliegt.

Pflegegrade werden grundsätzlich in Abhängigkeit vom Grad der Selbständigkeit in Bezug auf Mobilität, kognitive und kommunikative Fähigkeiten, Verhaltensweisen und psychische Problemlagen, Selbstversorgung, Umgang mit krankheits- und therapiebedingten Anforderungen und der Gestaltung des Alltagslebens vergeben.

Die nachfolgende Tabelle (▶ Tab. 2.1) zeigt die verschiedenen Module und ihre Gewichtung bei der Ermittlung der Gesamtpunktzahl:

Tab. 2.1: Module zur Bestimmung des Pflegegrads und deren Gewichtung

Module:	Kriterien:	Gewichtung:
1. Mobilität	Umsetzen, Fortbewegen innerhalb des Wohnbereichs, Treppensteigen, etc.	10 %
2. Kognitive & kommunikative Fähigkeiten	Örtliche/zeitliche Orientierung, Erkennen von Risiken & Gefahren, etc.	Gewichtet wird nur das Modul mit der höheren Punktzahl: 15 %
3. Verhaltensweisen & psychische Problemlagen	Nächtliche Unruhe, selbstschädigendes & autoaggressives Verhalten, Ängste, etc.	
4. Selbstversorgung	Waschen, Essen, Trinken, An- & Auskleiden, Toilettennutzung, etc.	40 %
5. Umgang mit krankheits- oder therapiebedingten Anforderungen	Medikation, Absaugen & Sauerstoffgabe, Wundversorgung, Katheterisierung, Arztbesuche, etc.	20 %
6. Gestaltung des Alltagslebens	Gestaltung des Tagesablaufs, Beschäftigung, Kontaktpflege, etc.	15 %

2.1 Leistungen der Pflegeversicherung

Für Eltern lohnt es sich, im Vorfeld der Begutachtung, in die einzelnen Bereiche/Module einzulesen, sich ggf. vorbereitend umfangreiche Notizen zu machen (z. b. durch exemplarische Tagesprotokolle über den Hilfe- und Unterstützungsbedarf des Kindes), eine erste (persönliche) Einschätzung einzuholen (z. B. über Online-Fragebögen und/oder über einen Termin bei einer unabhängigen Pflegeberatungsstelle) und diese anhand von konkreten Alltagsbeispielen zu untermauern. So geht im Gespräch mit dem/der Gutachter/in nichts verloren oder wird vergessen, zumal sich diese erfahrungsgemäß nur ein sehr kurzes, eingeschränktes Bild von dem autistischen Kind machen und das Gespräch oftmals ausschließlich mit den Eltern erfolgt. Diesen fällt es dann wiederum in diesen Stresssituationen häufig schwer, die tatsächlichen, nicht auf den ersten Blick sichtbaren Bedarfe ihres Kindes so detailliert, präzise und glaubwürdig zu benennen, zu beschreiben und darzulegen, dass sie für den/die Gutachter/in auch in Bezug auf den zu ermittelnden/überprüfenden Pflegegrad relevant erscheinen.

Ihnen fehlen die Vokabeln wie mangelnde Automatisierung von Handlungen oder Anleitung und Durchführungskontrolle, die die Probleme des Kindes nicht wie mangelnde Erziehungskompetenz wirken lassen. Kompetente Unterstützung bei derartigen Terminen wäre eine große Hilfe (Maus & Ihrig, 2024, S. 194).

Im Anschluss an die Begutachtung erhalten die Eltern nach einigen Wochen das Pflegegutachten mit der entsprechenden Einschätzung und Bewertung der einzelnen Bereiche inklusive des daraus resultierenden Pflegegrades übersandt.

Die Tabelle auf der folgenden Seite (▶ Tab. 2.2) zeigt die Einstufungsmerkmale der Pflegegrade anhand der ermittelten Gesamtpunktzahl.

Die Ermittlung des – mit Blick auf den im Alltag des Kindes tatsächlich vorhandenen Hilfebedarfs – »angemessenen« und für die Eltern auch nachvollziehbaren Pflegegrades und die damit zusammenhängende Begutachtung des autistischen Kindes oder Jugendlichen erweist sich in der Praxis häufig als äußerst schwierig, da der Termin vor Ort immer nur eine Momentaufnahme abbildet, welche die Komplexität der Problemlage in der Regel nicht in Gänze erfassen kann. Ferner gehören die eingesetzten Gutachter/innen oftmals unterschiedlichsten fachärztlichen Professionen an, müssen sich folglich in der für die Begutachtung zugrunde liegenden Thematik nicht zwingend explizit auskennen. Sollte die Beurteilung des Gutachters/der Gutachterin deshalb stark von der persönlichen Einschätzung des Kindes abweichen und den Pflegeaufwand damit nicht korrekt abbilden, lohnt es sich mitunter fachlichen Rat und/oder eine Rechtsberatung in Anspruch zu nehmen und ggf. innerhalb der 4-wöchigen Frist Widerspruch einzulegen mit dem Ziel einer Zweitbegutachtung. Dies gilt unter Umständen auch bei sogenannten »Wiederholungsgutachten«, welche in Abständen von etwa 3 Jahren im Zuge einer Überprüfung eines bestehenden Pflegegrades erfolgen und durchaus mit einer Herabsetzung oder einer Aberkennung desselben einhergehen können.

Tab. 2.2: Einstufungsmerkmale der Pflegegrade in Bezug auf die Gesamtpunktzahl

Pflegegrad	Schwere der Beeinträchtigungen	Gesamtpunkte
1	geringe Beeinträchtigungen der Selbstständigkeit	ab 12,5 bis unter 27
2	erhebliche Beeinträchtigungen der Selbstständigkeit	ab 27 bis unter 47,5
3	schwere Beeinträchtigungen der Selbstständigkeit	ab 47,5 bis unter 70
4	schwerste Beeinträchtigungen der Selbstständigkeit	ab 70 bis unter 90
5	schwerste Beeinträchtigungen der Selbstständigkeit mit besonderen Anforderungen an die pflegerische Versorgung	ab 90 bis 100

Wurde bei dem autistischen Kind ein Pflegegrad bestimmt, erhalten die Eltern – ab Antragsstellung rückwirkend – zukünftig entsprechende monatliche Pflegegeldleistungen. Auch die regelmäßige Kostenübernahme von Pflegehilfsmitteln (z. B. Einmalhandschuhen, Inkontinenzprodukten, etc.) sowie Mittel zur Wohnraumanpassung (z. B. Schaffung eines besonderen Rückzugsortes, um sensorische Überreizung zu vermeiden) können dann über die Pflegekasse grundsätzlich beantragt werden. Diese Anträge auf Kostenübernahme werden jedoch wiederum individuell nach Einzelfall geprüft und sind überdies gedeckelt. Daneben sind weitere finanzielle Leistungen zur Verhinderungspflege, Kurzzeitpflege und ein monatlicher Entlastungsbeitrag möglich, auf die im Folgenden nochmals näher eingegangen werden soll.

2.1.2 Verhinderungs- und Kurzzeitpflege

Mit Erhalt eines Pflegegrades von mindestens 2 haben Eltern – neben dem monatlichen Pflegegeld – einen zusätzlichen finanziellen Anspruch auf Verhinderungs- und Kurzzeitpflege für ihre autistischen Kinder, wenn sie selbst die Pflege für einen bestimmten Zeitraum nicht leisten können.

Verhinderungspflege

Die Verhinderungspflege ist meist die erste Wahl, wenn pflegende Angehörige vorübergehend, z. B. wegen Krankheit, Erholungsurlaub oder aus anderen Gründen, an der Pflege gehindert sind oder eine Auszeit brauchen. Das autistische Kind kann dadurch weiterhin zuhause in gewohnter Umgebung versorgt werden.

Grundsätzlich können Verwandte und Bekannte, Laienhelfer/innen oder auch ein professioneller Pflegedienst die Verhinderungspflege übernehmen. Eine Kombination ist ebenfalls möglich. Die Abrechnung kann direkt zwischen Familie und Krankenkasse erfolgen, ohne dass ein Dienstleister zwischengeschaltet wird, der die Abrechnung übernimmt.

Mit der Verhinderungspflege steht den Eltern damit ein zusätzliches jährliches Budget zur Verfügung, mit dem sie in die Lage versetzt werden, stunden- oder wochenweise Personen zu bezahlen, die ersatzweise die Betreuung übernehmen und Eltern damit zumindest zeitweise entlasten können.

Es kann sich deshalb lohnen, frühzeitig nach einer geeigneten (Bezugs-)Person Ausschau zu halten und diese mit dem Kind vertraut zu machen, so dass im Bedarfsfall auch kurzfristig darauf zurückgegriffen werden kann. Eltern fällt es in diesem Kontext auch häufig leichter, im Verwandten- und Bekanntenkreis aktiv anzufragen, wenn sie hierfür als Gegenleistung eine Entlohnung anbieten können, vor allem dann, wenn ihnen bewusst ist, dass die Betreuung ihres Kindes für Dritte durchaus eine große Herausforderung darstellen kann.

Kurzzeitpflege

Bei der Kurzzeitpflege können Eltern ihre autistischen Kinder für insgesamt vier Wochen im Jahr von außerhalb, z.B. in stationären Einrichtungen, bei Bekannten und/oder Verwandten, betreuen lassen. Diese Zeit kann dazu auch in mehrere, kürzere Episoden aufgeteilt werden, beispielsweise in Ferienzeiten oder einzelne Wochenenden. Informationen über mögliche Einrichtungen können unter anderem bei den Kranken- und Pflegekassen erfragt werden.

Da die Plätze in stationären Wohneinrichtungen – gerade auch im Hinblick auf autistische Kinder – sehr rar sind, empfiehlt es sich, möglichst frühzeitig anzufragen, sich mitunter auch verschiedene Einrichtungen anzuschauen und ggf. Vorstellungstermine zu buchen. Vereinzelt gibt es auch spezialisierte Träger, die Angebote nur für Kurzzeitpflege vorhalten und hier insbesondere intensiv begleitete Ferienangebote mit individueller Betreuung für Kinder mit hohem Betreuungsbedarf anbieten.

Ab Pflegegrad 1 können Eltern zusätzlich noch den monatlichen Entlastungsbetrag (▶ Kap. 2.1.3) einsetzen, um Leistungen der Kurzzeitpflege in Anspruch zu nehmen. Ferner können im laufenden Kalenderjahr noch nicht in Anspruch genommene Mittel der Verhinderungspflege für Leistungen der Kurzzeitpflege eingesetzt werden, so dass die Kurzzeitpflege für die Pflegegrade 2 bis 5 prinzipiell auf bis zu acht Wochen im Jahr ausgeweitet werden kann.

Bei den beiden genannten Unterstützungsleistungen – sowohl der Verhinderungs- als auch der Kurzzeitpflege – erscheint es für die Familien wesentlich, deren Inanspruchnahme frühzeitig zu planen und auch gut mit dem betroffenen Kind vorzubereiten, um die Angebote für diese überhaupt nutzbar zu machen und sie möglichst erfolgreich und dauerhaft als wichtige Entlastung in den Familienalltag zu integrieren.

Dazu ist es in diesem Zusammenhang wichtig, dass sich Eltern diese Möglichkeiten »ohne schlechtes Gewissen« erlauben bzw. diese dem autistischen Kind auch zutrauen/zumuten, allein in dem Bewusstsein, zwischendurch auch mal eine »Pause« zum Krafttanken zu benötigen oder ggf. auch neue Freiräume zu schaffen, um sich bewusster den Geschwisterkindern widmen zu können. Ist ein derartiges Angebot fest im Alltag einer Familie installiert, profitieren häufig langfristig alle Familienmitglieder davon, was ein wesentlicher Faktor darstellen kann, um dauerhaft die (Autismus-spezifischen) Herausforderungen stemmen zu können.

2.1.3 Entlastungsbeitrag

Der Entlastungsbeitrag der Pflegekasse stellt ein weiteres monatliches Budget in Höhe von aktuell 125 € (max. 1500 €/Jahr) dar, welches grundsätzlich allen Pflegebedürftigen ab Pflegegrad 1 zur Verfügung steht, um die Hauptpflegepersonen, in diesem Kontext vorzugsweise die Eltern, stundenweise zu entlasten.

Hierunter fallen zahlreiche (niedrigschwellige) Angebote und Leistungen, welche von ambulanten Pflegediensten oder zugelassenen Anbietern qualifizierter Leistungen, wie z.B. dem Familienentlastenden Dienst (▶ Kap. 2.1.4), mit der Kranken- bzw. Pflegekasse abgerechnet werden können. Zu den häufig in Anspruch genommenen Betreuungs- und Entlastungsleistungen zählen u. a.

- der Einsatz einer unterstützenden Haushaltshilfe,
- die Erledigung von Einkäufen,
- die Fahrt und Begleitung zu außerhäuslichen (Freizeit-)Angeboten (Konzerte, Sport, etc.) oder Terminen (z. B. zur Therapie),
- Angebote der Alltagsgestaltung/-strukturierung (z. B. regelmäßige Spaziergänge mit einer/einem Ehrenamtlichen),
- Betreuungsleistungen (z. B. Beaufsichtigung und »Baby-Sitting«),
- etc.

Prinzipiell wird der Entlastungsbeitrag erst nach Inanspruchnahme beantragt und ausgezahlt. Der Entlastungsbeitrag muss dabei nicht monatlich vollständig genutzt und kann auch aufgespart und für die Kurzzeitpflege (▶ Kap. 2.1.2) verwendet werden. Ungenutzte Beträge werden jeweils in die folgenden Monate übertragen und können bis Mitte des folgenden Kalenderhalbjahres in Anspruch genommen werden. Es lohnt sich hierzu, bei den Kranken- und Pflegekassen explizit nachzufragen, um die Leistungen optimal für sich nutzen zu können.

2.1.4 Familienentlastende und Familienunterstützende Dienste

Wie in den vorhergehenden Abschnitten (▶ Kap. 1) dargestellt, ist der Alltag mit autistischen Kindern häufig sehr herausfordernd und Familienangehörigen bleibt in der Regel wenig Freiraum für eigene Interessen, Bedürfnisse und Selbstfürsorge.

Hier können so genannte Familienunterstützende Dienste (FUD) oder auch Familienentlastende Dienste (FED) Abhilfe schaffen, die in der Regel bei den örtlichen Wohlfahrts- oder Behindertenverbänden angegliedert sind. Dabei bieten diese Dienste grundsätzlich spezielle ambulante und wohnortnahe Hilfen für Menschen mit Beeinträchtigungen und deren Familien an, die durch pädagogische Fachkräfte und/oder auch durch geschulte Hilfskräfte in Gruppen und/oder auch im Zuge von zielorientieren Einzelbetreuungen durchgeführt werden.

Ziel dieser Angebote ist es, die Gesundheit sowie den Betreuungs- und Pflegewillen der Familienangehörigen zu erhalten, neue Kraftreserven zu tanken und einen Ausgleich zu schaffen, indem man den pflegenden Angehörigen beispielsweise die Gelegenheit gibt, am gesellschaftlichen und kulturellen Leben teilnehmen zu können. Überdies können sich Eltern auch in dieser Zeit vollständig den Geschwisterkindern zuwenden und Freizeitaktivitäten planen, die mit dem autistischen Kind nicht oder nur unter Einschränkungen und viel Aufwand möglich gewesen wären, was für alle Beteiligten sehr entlastend sein kann.

Häufig sind auch bei diesen Diensten die Wartelisten sehr lang, so dass es sich für Eltern durchaus lohnt, frühzeitig mit den Anbietern Kontakt aufzunehmen, sich mit den Möglichkeiten und Angeboten vor Ort vertraut zu machen und sich ggf. als Interessent/innen auf die Wartelisten aufnehmen zu lassen, um diese zu einem späteren Zeitpunkt als potenzielle Entlastung überhaupt in Anspruch nehmen zu können.

Die Finanzierung kann neben den Pflegekassen (z.B. über Verhinderungspflege und/oder dem Entlastungsbeitrag) unter Umständen auch über das Jugendamt, das Sozialamt oder die Krankenkasse erfolgen, was im Einzelfall im Vorfeld beantragt und geprüft werden muss.

Neben den Leistungen aus der Pflegeversicherung gibt es die Möglichkeit für das Kind, einen Schwerbehindertenausweis inklusive Merkzeichen ausstellen zu lassen. Mit diesem Aspekt beschäftigt sich nun der nachfolgende Abschnitt.

2.2 Schwerbehindertenausweis

Wurde eine Autismus-Diagnose gestellt, können Eltern für ihr Kind beim zuständigen Versorgungsamt einen Schwerbehindertenausweis (SBA) inklusive Merkzeichen beantragen. Dieser Ausweis sollte bei der Diagnose Autismus-Spektrum-Störung (ASS) einen Grad der Behinderung (GdB) von mindestens 50 % bis zu 100 % betragen und mindestens die Merkzeichen B und H enthalten:

- Merkzeichen B – Begleitperson:
  Mit diesem Merkzeichen wird bestätigt, dass die behinderte Person dazu berechtigt ist, eine Begleitperson (kostenfrei) mitzunehmen. Zusätzliche Voraussetzung ist, dass auch die Merkzeichen G (erhebliche Gehbehinderung), Gl (Gehörlos) oder H zugesprochen wurden.
- Merkzeichen H – hilflose Person:
  Das Merkzeichen H steht für »hilflose Person«, was bedeutet, dass die Person dauernd und in erheblichem Maße auf fremde Hilfe, Überwachung oder Anleitung für die gewöhnlichen und regelmäßig wiederkehrenden Verrichtungen des täglichen Lebens angewiesen ist.

Sollten die genannten Bedingungen (GdB und Merkzeichen) bei Erstantrag nicht anerkannt werden, lohnt es sich in der Regel Widerspruch einzulegen und ggf. einen Rechtsbeistand hinzuzuziehen.

Mit einem Schwerbehindertenausweis können Nachteilsausgleiche und Vergünstigungen, z. B.

- Steuererleichterungen beim Finanzamt,
- Befreiung von der KFZ-Steuer,
- Ermäßigungen bei Eintritten,
- Berechtigung für ständige (kostenfreie) Begleitung des Kindes,
- ggf. Parkerleichterungen,
- kostenfreie Fahrten mit öffentlichen Verkehrsmitteln,

- kostenfreie Schulbücher (barrierefreies Lesen),
- etc.

geltend gemacht werden.

Der Antrag kann darüber hinaus nach Diagnosestellung auch rückwirkend gestellt werden, da das Autismus-Spektrum prinzipiell von Geburt an bestand, auch wenn es erst zu einem späteren Zeitpunkt diagnostiziert wurde.

Außerdem kann der daraus resultierende »Schwerbehindertenstatus« nochmals das Ausmaß und die Komplexität der (unsichtbaren) Einschränkungen des autistischen Kindes unterstreichen bzw. verdeutlichen und damit ggf. im nahen Umfeld, wie z. B. im Schulkontext, die Beantragung eines Nachteilsausgleichs erleichtern bzw. die Notwendigkeit desselben belegen.

Der folgende Abschnitt beschäftigt sich nun mit dem komplexen Leistungskatalog der Eingliederungshilfe.

2.3 Leistungen der Eingliederungshilfe

In Deutschland haben autistische Menschen Anspruch auf Leistungen der Eingliederungshilfe, die dem Grunde nach Fachleistungen zur Teilhabe an Bildung, zur sozialen Teilhabe und zur Teilhabe am Arbeitsleben und Leistungen zur medizinischen Rehabilitation beinhaltet. Mit der Verabschiedung des Bundesteilhabegesetzes (BTHG) am 01.12.2016 soll die Leistung vom zuständigen Kostenträger prinzipiell personenzentriert als Sach- oder Geldleistung erbracht werden.

Für Kinder, Jugendliche und junge Erwachsene kann die Eingliederungshilfe entweder im Rahmen der Kinder- und Jugendhilfe (nach dem Sozialgesetzbuch Achtes Buch – SGB VIII) oder durch das Sozialamt (nach dem Sozialgesetzbuch Neuntes Buch – SGB IX) erbracht werden. Die Zuständigkeit der Behörde hängt dabei vom Alter und von der Art bzw. Komplexität der Behinderung ab, wobei sozialrechtlich in körperliche, geistige und seelische Behinderung unterschieden wird. Kostenträger bei körperlichen, geistigen und Mehrfach-Behinderungen ist im Regelfall das Sozialamt, Kostenträger bei seelischen Behinderungen junger Menschen das Jugendamt.

Dabei erscheint die sozialrechtliche Zuordnung bei Kindern und Jugendlichen im Autismus-Spektrum in der Praxis jedoch nicht immer eindeutig, da diese in verschiedenen Bereichen (körperlich, geistig und/oder seelisch) unterschiedlich stark eingeschränkt sein können. Dennoch wird das Autismus-Spektrum als tiefgreifende Entwicklungsstörung grundsätzlich als seelische Beeinträchtigung gewertet, so dass die Zuständigkeit in der Regel beim Jugendamt nach § 35 a SGB VIII gegeben ist. Kommen jedoch weitere Beeinträchtigungen hinzu (z. B. schwere Sprachstörungen, Intelligenzminderung, Epilepsie), wird dies gewöhnlich als Mehrfach-Behinderung gewertet, so dass prinzipiell das Sozialamt für die Leistung zuständig ist.

Im Einzelfall kann die Zuordnung dennoch durchaus umstritten sein, da in manchen Fällen wiederum auch nach Art der notwendigen Leistung entschieden wird, was für Außenstehende jedoch nicht immer transparent und/oder auch logisch nachvollziehbar erscheint. Trotz allem sind die Leistungen der Eingliederungshilfe beider Kostenträger (weitgehend) identisch. Sollten beide Kostenträger bei der Beantragung von Leistungen jedoch auf die jeweils andere Behörde verweisen, lohnt es sich hier ggf. zur zeitnahen Klärung einen Rechtsbeistand und/oder Verfahrenslotsen (▶ Kap. 2.3.4) einzuschalten/hinzuzuziehen. Gerade im Streitfall muss grundsätzlich eine der Behörden finanziell in Vorleistung gehen, bis eine Klärung der Zuständigkeiten untereinander erfolgt ist, so dass dies nicht zu Lasten des betroffenen Kindes gehen darf. Die Praxis sieht hier jedoch mitunter anders aus, so dass schlimmstenfalls zunächst Gerichte eingeschaltet und aktiv eingreifen müssen, damit überhaupt geleistet wird.

Welche Leistungen, in welchem Umfang konkret gewährt werden, ist im Detail nicht gesetzlich festgelegt und muss im Einzelfall im Zuge eines Hilfeplan- oder Teilhabeverfahrens geprüft und geregelt werden.

2.3 Leistungen der Eingliederungshilfe

Im Nachfolgenden wird nun auf einige der Leistungen näher eingegangen. Die Auflistung ist jedoch nicht abschließend und damit lediglich als eine Auswahl potenzieller Hilfen zu betrachten, da die gesetzlichen Rahmenbedingungen der Eingliederungshilfe den Hilfesuchenden bzw. deren gesetzlichen Vertreter/innen und auch den zuständigen Behörden im Prozess der Hilfegewährung – unter Berücksichtigung der Verhältnismäßigkeit – grundsätzlich zahlreiche Möglichkeiten und Freiräume für kreative (Einzelfall-)Lösungen bietet. Hilfen könn(t)en somit praktisch individuell und umfassend – mit Blick auf den vorhandenen Bedarf des autistischen Kindes – ausgehandelt und abgestimmt werden, was jedoch in der Praxis meist eher die Ausnahme als die Regel darstellt.

2.3.1 Leistungen zur Teilhabe an Bildung

Die besondere Aufgabe der Teilhabe an Bildung ist es, Anspruchsberechtigten eine ihren Fähigkeiten und Leistungen entsprechende Schulbildung sowie eine schulische und hochschulische Aus- und Weiterbildung für einen Beruf zu ermöglichen und/oder zu erleichtern und darüber hinaus mitunter behinderungsbedingte Nachteile auszugleichen.

Die Leistungen zur Teilhabe an Bildung werden, im Gegensatz zu einigen Leistungen der sozialen Teilhabe, unabhängig vom Einkommen des Kindes und dessen Eltern erbracht, was für die (behördliche) Zuordnung/Bewertung der beantragten Hilfen zu einem dieser beiden Bereiche durchaus relevant sein kann.

Nachfolgend soll kurz auf verschiedene Leistungen näher eingegangen werden.

2.3.1.1 Autismus-spezifische Förderung, Autismus-Therapie und Elterntraining

Autismus-spezifische Förderung und Autismus-Therapie sind spezialisierte Angebote, die von (geschulten) Fachkräften durchgeführt werden. Sie richten sich dabei nicht nur in individueller Art und Weise an das betroffene Kind, sondern können grundsätzlich die Eltern und das sonstige Umfeld in ihren vielfältigen Frage- und Problemstellungen begleiten, anleiten und beraten. Ferner werden in der Praxis meist multimodale Verfahren und Therapieansätze miteinander kombiniert, individuell angepasst und angewandt, die sich bei der Förderung dieser Klientel bewährt haben bzw. explizit für diese entwickelt worden sind.

Um den Erfolg der Maßnahme zu gewährleisten, sollten Eltern nach Arens-Wiebel (2019) zwingend in die Planung sowie die Durchführung der Förderung aktiv miteinbezogen werden, indem sie beispielsweise Empfehlungen für die (häusliche) Förderung, für das Erreichen von Verhaltensänderungen sowie für die Anpassung der häuslichen Rahmenbedingungen, konkrete Erziehungshinweise sowie Vorschläge für spezielle Lernmaterialien erhalten. Auch Geschwister, andere Verwandte, Lehrkräfte etc. können mögliche Adressat/innen sein. Durch eine Förderung im häuslichen Umfeld vermögen darüber hinaus vorhandene Reizquellen eruiert und konkrete Hilfestellungen im Alltag gegeben werden, was sich wiederum sehr fördernd und entlastend auf alle Beteiligten auswirken kann.

Die Ziele dieser maßgeschneiderten Fördermaßnahmen, insbesondere der Autismus-Therapie, sind dabei nicht auf Heilung, sondern in erster Linie auf Linderung der Symptomatiken und dem Verständnis und Umgang mit der Behinderung, speziell auch in Bezug auf (ressourcenschonende) Kompensationsstrategien, ausgerichtet. Neben einer Verbesserung der Kommunikation und der individuellen Förderung von Alltagskompetenzen liegt der Schwerpunkt dazu häufig auf dem Training bestimmter, sozial adäquater Verhaltensweisen, die dem/der Betroffenen eine soziale Interaktion und Teilhabe ermöglichen und/oder zumindest erleichtern sollen.

Neben der Autismus-spezifischen Förderung und Autismus-Therapie gibt es mancherorts auch Angebote für spezialisierte und zielgerichtete Elternberatung/-coachings, themenzentrierte Schulungen und modularisierte Elterntrainings, die allesamt den Schwerpunkt auf die Stärkung und Schulung der individuellen Handlungskompe-

2.3 Leistungen der Eingliederungshilfe

tenzen der betroffenen Elternteile setzen. In speziellen Kursen erfahren Eltern und Angehörige somit unter anderem theoretische Hintergründe über das Autismus-Spektrum und dessen Behandlungsmethoden, sie erlernen Strategien, wie sie in bestimmten Situationen reagieren können, entwickeln Verständnis und Erklärungsmodelle für das abweichende/ungewöhnliche Verhalten ihrer Kinder und tauschen Erfahrungen mit anderen Angehörigen aus. Dies kann sich wiederum positiv auf ihr Selbstwirksamkeitserleben, die Beziehung zu ihrem autistischen Kind und damit auch auf das Familienklima auswirken. Eltern werden damit als Expert/innen ihrer Kinder in den Mittelpunkt der Autismus-spezifischen Förderung gestellt und mit ihnen gemeinsam individuelle Lösungsansätze erarbeitet, immer auch unter Berücksichtigung ihrer persönlichen Ausgangssituation, dem Stand der Problemverarbeitung und der Individualität ihrer autistischen Kinder.

Überdies gibt es an einigen Therapiestandorten noch Gruppenangebote speziell für Geschwisterkinder, in denen auch sie einmal zu Wort kommen, ihre individuellen Fragen stellen können und gemeinsam lernen, mit der besonderen Familiensituation umzugehen/ zu leben.

Die Autismus-Therapie bzw. Autismus-spezifische Förderung muss von den Eltern in schriftlicher Form beim zuständigen Kostenträger der Eingliederungshilfe beantragt werden. Sie wird im Vorschulalter häufig zu den Leistungen der sozialen Teilhabe gezählt, ab Schuleintritt gilt sie dann wiederum als Leistung zur Teilhabe an Bildung. Auch die daraus resultierenden Fahrtkosten sind auf Antrag grundsätzlich erstattungsfähig (Elternratgeber Autismus-Spektrum).

Gesonderte Angebote – wie beispielsweise die Elternberatung und Gruppenangebote für Geschwisterkinder – bedürfen unter Umständen eines separaten Antrags, werden jedoch häufig in der Praxis nach Ermessen des Kostenträgers auch über die genehmigten Fachleistungsstunden der Autismus-spezifischen Förderung mit abgerechnet, was im Vorfeld jedoch abzuklären ist.

2.3.1.2 Schulbegleitung

Der Begriff Schulbegleitung ist im Rahmen der ambulanten Einzelfallhilfe der Eingliederungshilfe nicht explizit festgelegt, so dass sich – je nach Bundesland – eine Vielzahl an alternativen Begrifflichkeiten finden lässt, wie beispielsweise Teilhabeassistenz (THA), Integrationshelfer/in, Inklusionsassistenz oder auch Schulhelfer/in, die jedoch allesamt das gleiche Tätigkeitsfeld beschreiben.

Laut Definition des Bundesverbands Autismus Deutschland e. V. ist eine Schulbegleitung eine Person, die eine/n Schüler/in zum Ausgleich seiner/ihrer behinderungsbedingten Beeinträchtigungen während eines Teils oder auch der gesamten Schulzeit (einschließlich des Schulweges und/oder der Pausenzeiten) unterstützt, so dass ihm/ihr damit eine schulische Teilhabe ermöglicht werden soll.

Art und Umfang der Schulbegleitung richtet sich dabei nach dem festgestellten individuellen Hilfebedarf des autistischen Kindes oder Jugendlichen, wobei die Maßnahme grundsätzlich (langfristig) darauf abzielt, die Integration im schulischen Kontext und eine weitestgehende Selbstständigkeit des/der Betroffenen zu erreichen.

Infolgedessen kann auch das Tätigkeitsfeld der Schulbegleitung sehr vielfältig sein und – je nach Kind oder Jugendlichen – unterschiedliche Schwerpunkte im Schulkontext mit sich bringen. Hierzu zählen z. B.

- Unterstützung in der Kommunikation und sozialen Interaktion (sowohl mit Lehrkräften als auch Mitschüler/innen),
- strukturelle Hilfen (u. a. räumliche/zeitliche Orientierung, Strukturierung des Arbeitsplatzes oder der Arbeitsaufträge, etc.),
- emotionale Unterstützung (u. a. Sicherheit vermitteln, Selbstvertrauen und Selbstwertgefühl aufbauen/stärken),
- Reflektion von Selbst- und Fremdwahrnehmung,
- Reizabschirmung (Schaffung von Rückzugs- und Entlastungsmöglichkeiten, etc.),
- Fokussierung/Lenkung der Aufmerksamkeit, Förderung der Konzentrationsfähigkeit und Hilfen zur aktiven Unterrichtsteilnahme,

- Schutz vor Mobbing und Gewalt,
- etc.

Dabei obliegt die Vermittlung des Lehrstoffes sowie die didaktische Verantwortung allein den Lehrkräften, so dass Schulbegleitungen nicht als Zweitlehrkräfte oder Hilfskräfte der Schule eingesetzt werden dürfen, obwohl es – z.B. in Bezug auf ihre Dolmetscherfunktion und in diesem Zusammenhang auch bei der »Übersetzung« und/oder strukturellen Anpassung von Arbeitsaufträgen der Lehrkräfte – durchaus zu Überschneidungen kommen kann.

Weiterhin sollte in diesem Kontext auch nicht unterschätzt werden, dass – gerade bei sehr ängstlichen und unsicheren Schüler/innen – allein die Anwesenheit einer vertrauten und Sicherheit gebenden Person eine deutliche Reduzierung des allgemeinen Stressempfindens bewirken kann, so dass der dauerhafte Erhalt der individuellen Leistungsfähigkeit und damit unter Umständen auch der Schulbesuch des autistischen Kindes überhaupt erst möglich wird. Infolgedessen bedarf es in einigen Fällen auf Dauer auch keiner umfangreichen (sichtbaren) Interventionen durch die Schulbegleitung, was häufig jedoch dazu führen kann, dass die Notwendigkeit ihres Einsatzes von Außenstehenden (Lehrkräften, Behördenmitarbeitenden) vermehrt in Frage gestellt oder zumindest (verdeckt) angezweifelt werden kann.

Der Antrag auf eine Schulbegleitung sollte von den Eltern in schriftlicher Form beim zuständigen Kostenträger der Eingliederungshilfe (Jugendamt oder Sozialamt) gestellt und der vorhandene Hilfebedarf des Kindes – möglichst auch durch externe fachliche Stellungnahmen (ärztliche Atteste, Autismus-Zentrum, Kindergarten, Schule, etc.) – umfassend begründet/dargelegt werden. Nach der Bedarfsermittlung/-überprüfung durch den Kostenträger beauftragt die Behörde im Regelfall einen Leistungsträger, der sich um die Organisation und Abwicklung der Hilfe kümmern soll. Hier gilt es jedoch zu beachten, dass Eltern ein Wunsch- und Wahlrecht obliegt und sie entsprechende Personalvorschläge auch ablehnen dürfen, wenn sie diese für ihr Kind als nicht geeignet und/oder passend einstufen.

Überdies besteht für Eltern die Möglichkeit, sich selbstständig auf die Suche nach einer geeigneten Schulbegleitung zu begeben, und die Leistung damit, z. B. mit Hilfe des persönlichen Budgets (▶ Kap. 2.3.3), über den Kostenträger selbst »einzukaufen« bzw. zu organisieren.

Weiterhin bieten einige Bundesländer bzw. Schulen inzwischen so genannte »Pool-Lösungen« an, so dass eine Schulbegleitung auch für mehrere Kinder innerhalb einer Klasse zuständig sein kann. Dies ist jedoch nur möglich, wenn sich Eltern und Kind dies ausdrücklich wünschen. Grundsätzlich hat das Kind – sofern der Bedarf festgestellt wurde – einen gesetzlichen Anspruch auf eine/n Einzelfallhelfer/in.

2.3.1.3 Kostenübernahme der Schülerbeförderung

Neben einer individuellen Unterstützung bei der Bewältigung des Schulweges durch eine Schulbegleitung (▶ Kap. 2.3.1.2) können alternativ auf Antrag der Eltern auch die Kosten für eine individuelle Schülerbeförderung (z. B. über einen Taxidienst) übernommen werden, sofern dem betroffenen Kind/Jugendlichen eine Fahrt mit dem allgemeinen Verkehrsmittel und/oder dem öffentlichen Personennahverkehr nicht möglich ist und/oder dauerhaft nicht zumutbar erscheint, da dies beispielsweise aufgrund der Vielzahl von Reizen zur Lasten seiner Schulfähigkeit geht.

Ein formloser Antrag der Eltern mit entsprechender Begründung und ggf. einer externen fachlichen Stellungnahme sollte für eine Bewilligung ausreichend sein. Diese Form der Hilfe kommt insbesondere dann in Betracht, wenn das Kind oder der Jugendliche – z. B. aufgrund ungünstiger Rahmenbedingungen – nicht die örtlich zuständige Schule besuchen kann und für die Alternativschule ggf. ein längerer/aufwändiger Schulweg bewältigt werden muss oder auch gar keine öffentliche Verkehrsanbindung besteht.

2.3.1.4 Besuch einer Fern- oder Privatschule

Prinzipiell bieten die gesetzlichen Rahmenbedingungen der Eingliederungshilfe zahlreiche Möglichkeiten, im Bedarfsfall eine individu-

2.3 Leistungen der Eingliederungshilfe

elle Beschulung des betroffenen Kindes und Jugendlichen zu unterstützen, auch wenn die Praxis zeigt, dass Einzelfalllösungen häufig nur mit rechtlich versiertem, anwaltlichem Beistand und mit viel Geduld und Ausdauer der Familien durchgesetzt werden können.

So kann beispielsweise im Rahmen der Eingliederungshilfe grundsätzlich ein Anspruch auf Kostenübernahme für den Besuch einer Fernschule oder auch für eine Hausbeschulung geltend gemacht werden, sofern die mit der Diagnose einhergehenden behinderungsbedingten Beeinträchtigungen, insbesondere in Bezug auf die Möglichkeiten einer Regelbeschulung und/oder mit Verweis auf den bisherigen schulischen Werdegang des Kindes oder Jugendlichen, dies – zumindest vorübergehend – erfordern.

Ferner können auf Antrag auch die Kosten für eine Privatschule und/oder eine Internatsunterbringung übernommen werden, wenn beispielswiese an den öffentlichen Schulen in der Umgebung des autistischen Kindes oder Jugendlichen nachweislich keine geeigneten Lern- und Rahmenbedingungen gewährleistet werden können und/oder die familiären Gegebenheiten dies erfordern.

In allen Fällen bedarf es hierfür jedoch zwingend eines fachärztlichen Gutachtens, welches das Erfordernis bzw. die Notwendigkeit belegt und infolgedessen die Fernschule, die Unterbringung in einem Internat bzw. die Beschulung auf einer Privatschule explizit empfiehlt. Dieser Aspekt kann für viele betroffene Familien bei der Beantragung dieser Hilfen eine große Hürde darstellen, da sie beispielsweise monatelang auf einen entsprechenden Facharzttermin warten müssen und/oder ihrem autistischen Kind, welches womöglich zu diesem Zeitpunkt nur noch wenig Ressourcen zur Verfügung hat, diese zusätzliche Begutachtung nicht auch noch zumuten wollen/können.

2.3.2 Leistungen zur sozialen Teilhabe

Leistungen zur sozialen Teilhabe haben grundsätzlich zum Ziel, Menschen mit Behinderungen eine möglichst selbstbestimmte und gleichberechtigte Teilhabe am Leben in der Gemeinschaft zu ermöglichen oder zu erleichtern. Sie sollen den behinderungsbedingten Unterstützungsbedarf in den Bereichen abdecken, die noch nicht durch andere Leistungen der Eingliederungshilfe erfasst werden, und gelten damit diesen gegenüber auch als nachrangig.

In einigen Bereichen erscheint die Abgrenzung zur Teilhabe an schulischer Bildung (▶ Kap. 2.3.1) schwierig, z.b. in Bezug auf Leistungen zur Unterstützung schulischer Ganztagsangebote, so dass sich Eltern hier im Einzelfall auch rechtlich beraten lassen sollten, da sie im Rahmen der Leistungen zur sozialen Teilhabe mitunter an den Kosten beteiligt werden können.

Im Nachfolgenden soll nun beispielhaft auf einige spezifische Leistungen im Rahmen der sozialen Teilhabe für autistische Kinder eingegangen werden, wobei es – je nach Alter des Kindes – immer auch Überschneidungen zum Bereich der Teilhabe an Bildung (▶ Kap. 2.3.1) gibt und die Zuordnung der Leistung – je nach (örtlicher) Zuständigkeit der Behörden – durchaus variieren kann.

2.3.2.1 Frühförderung und Autismus-spezifische Förderung (im Vorschulalter)

Die Frühförderung erbringt dem Grunde nach Leistungen für Kinder mit (drohender) Behinderung zwischen 0 und 6 Jahren. Dabei handelt es sich um eine familienorientierte Komplexleistung, meist eine Kombination aus Logopädie, Physio- und Ergotherapie, heil- und sonderpädagogischen Leistungen, etc.

Obwohl grundsätzlich ein Rechtsanspruch auf Frühförderung besteht, sind die entsprechenden Fachstellen selten auf autistische Kinder spezialisiert/ausgerichtet. Dennoch werden sie im Regelfall spezialisierten Stellen vorgeschaltet.

Die gesetzlichen Regelungen in den Bundesländern sowie die regionalen und kommunalen Gegebenheiten sind sehr unterschiedlich. [...] Frühförderstellen gibt es in jeder Stadt, Frühförderung findet in Kindergärten, in speziellen Frühfördereinrichtungen sowie mobil aufsuchend in der Familie statt. Kinderärzte, die meist die ersten Ansprechpartner sind, können i.d.R. geeignete Stellen in der Nähe nennen und bei der

Suche behilflich sein. Ebenso können sich Eltern an das örtliche Gesundheitsamt wenden (Arens-Wiebel, 2019, S. 30 f).

Die Autismus-spezifische Förderung (▶ Kap. 2.3.1.1) wird im Vorschulalter häufig den Leistungen der sozialen Teilhabe zugeordnet, ab Schulbeginn zählt sie im Regelfall zu den Leistungen zur Teilhabe an Bildung (▶ Kap. 2.3.1).

2.3.2.2 Integrationsleistung im Kindergarten

Wird die Diagnose Autismus-Spektrum-Störung (ASS) bereits im Kindergarten gestellt bzw. bestätigt, hat das Kind Anspruch auf entsprechende Integrationsleistungen. Diese dienen dem Zweck einer frühestmöglichen Förderung des Kindes, um durch gezielte Interventionen auftretende Symptome abzumildern, Barrieren abzubauen und die Teilhabe des Kindes im Kindergartenalltag zu ermöglichen. Neben der Analyse individueller Kompetenzen, Bedürfnisse und Ressourcen des Kindes, liegt ein Schwerpunkt in der Anpassung der Rahmenbedingungen, um einer Ausgrenzung des Kindes vorzubeugen.

Eltern sind in diesem Kontext in erster Linie gefordert, für das Kind einen geeigneten Kindergarten auszuwählen, der möglichst bereits Kompetenzen im Bereich Autismus-Spektrum aufweist oder zumindest die Bereitschaft signalisiert bzw. die erforderlichen personellen/zeitlichen Kapazitäten besitzt, um sich mit dem Thema auseinanderzusetzen und die Rahmenbedingungen ggf. anpassen zu wollen/können.

Arens-Wiebel (2019, S. 57) benennt in diesem Kontext nachfolgende Kriterien, die für Eltern bei der Suche nach einem geeigneten Kindergarten für das autistische Kind hilfreich sein können bzw. entsprechend berücksichtigt werden sollten:

- überschaubare Strukturen bzgl. Personal, Räumen, Aktivitäten, Kindern,
- Möglichkeiten von Entspannungs- und Erholungsangeboten, möglicherweise reizarme Räumlichkeiten,
- zu Beginn flexible Anwesenheitszeiten für das Kind,

- Verständnis der Betreuer und der anderen Eltern für Autismus-Spektrum-Störungen und die besonderen Bedürfnisse des autistischen Kindes,
- enge Zusammenarbeit und Absprachen mit den Eltern als Experten ihres Kindes,
- große Toleranz mit herausfordernden Kindern zu arbeiten, Bereitschaft der Mitarbeiter, auch einmal andere Wege zu gehen.

Auch der Bundesverband Autismus Deutschland e. V. hat nachfolgenden Kriterienkatalog für einen »optimalen Kindergarten« ausgearbeitet und auf seiner Website (https://www.autismus.de/was-ist-autismus/kita.html) veröffentlicht, nach dem sich Eltern bei ihrer Suche richten können:

Ein optimaler Kindergarten für ein Kind mit Autismus:

- Individueller Blick auf jedes Kind, Offenheit und Wertschätzung
- Verständnisvolles und respektvolles Personal, das bereit ist, sich auf ein besonderes Kind einzustellen
- Fachliche Expertise (mündliche und schriftliche Entwicklungsplanung)
- Bereitschaft zu fachlichem Austausch, Fortbildungen und Vernetzung
- Einbeziehung von internen und externen Therapeut:innen
- Kontinuität im Betreuungsteam
- Angebot einer verlässlichen Tagesstruktur
- Individueller Einsatz der Methode Unterstützte Kommunikation (UK)
- Strukturierte Räume mit Bereitstellung von Rückzugsmöglichkeiten
- Zulassen von Wahrnehmungshilfen wie Geräuschschutz, Trennwänden und bspw. Basecaps (Schutz vor Licht und anderen visuellen Reizen)
- Bewusstes Angebot von Lern- und Spielmaterialien
- Feste Gruppen statt gruppenübergreifender Angebote
- Sicheres Außengelände mit förderlichen Geräten und Materialien
- Beachtung des eingeschränkten Gefahrenbewusstseins des Kindes mit Autismus
  (Quelle: Bundesverband Autismus Deutschland e. V.)

Leider kann die Auswahl an geeigneten Kindertagesstätten für Eltern – örtlich bedingt – durchaus sehr überschaubar bzw. begrenzt sein, so dass viele Familien nicht selten froh sind, überhaupt einen Kindergartenplatz für ihr Kind zu erhalten und deshalb die eigenen Ansprüche und Erwartungen an die Einrichtung deutlich herabsetzen.

2.3 Leistungen der Eingliederungshilfe

So ist beispielsweise das Angebot an »heilpädagogischen Kindergärten« oder auch sogenannten »Integrationskindergärten« häufig sehr begrenzt und kann folglich nur von wenigen Familien tatsächlich in Anspruch genommen werden. Der Vorteil derartiger Einrichtungen sind jedoch die geringe Gruppengröße, mehr Personal und dessen mitunter besondere Expertise und Erfahrung im Umgang mit beeinträchtigten Kindern. Inhaltlich sind diese Einrichtungen meist auf verschiedene Förderschwerpunkte ausgerichtet, deren konkrete Ausgestaltung auf die individuellen Besonderheiten des Kindes angepasst werden können. Hinzu kommt die in vielen Fällen zusätzliche (Einzel-)Förderung durch externe Fachkräfte, die nur zu diesem Zweck in die Einrichtung kommen (z. B. Frühförderung, Ergotherapie, Logopädie, Autismus-Therapie, etc.). Dies bietet der Familie wiederum den Vorteil, dass das autistische Kind nachmittags mitunter nicht noch zusätzliche Therapien in Anspruch nehmen muss, was für alle Beteiligten sehr entlastend sein kann.

Andere (Regel-)Kindergärten bieten darüber hinaus Möglichkeiten der Einzelintegration an, so dass zumindest die reguläre Gruppengröße für das Kind etwas reduziert ist. Hier gibt es für Eltern die Option, in individueller Abstimmung mit der Einrichtung, beim zuständigen Jugend- oder Sozialamt eine Integrationshilfe (Einzelfallhilfe, Assistenz) zu beantragen, die das autistische Kind (stundenweise) zusätzlich durch den Alltag begleitet, in seiner Persönlichkeitsentwicklung fördert und im Gruppenalltag aktiv unterstützt.

Arens-Wiebel beschreibt das mögliche Aufgabenfeld der Integrationsassistenz im Kindergartenalltag wie folgt:

> *Insbesondere bei sehr unruhigen Kindern, bei solchen mit aggressiven oder selbstverletzenden Verhaltensweisen, aber auch bei den nichtsprechenden Kindern ist es sinnvoll, dass eine Person das Kind durch den Kindergartenalltag begleitet, die nur dafür zuständig ist. Sie hilft dem Kind in kommunikativen und sozialen Situationen, indem sie seine emotionalen Bedürfnisse erkennt, es dabei unterstützt zu zeigen oder zu äußern, was es möchte, und in Konflikten mit anderen Kindern vermittelt. Damit ist sie auch sehr wichtig in Krisensituationen, in denen das Kind versucht, durch aggressives oder selbstverletzendes Verhalten auf seine Bedürfnisse bzw. eine aktuelle*

> Notlage wie Reizüberflutung, Schmerz etc. aufmerksam zu machen. Die Assistenz hat hier die Aufgabe, das Verhalten des Kindes zu interpretieren und zu versuchen, in einen angemessenen Kontakt mit dem Umfeld zu treten (Arens-Wiebel, 2019, S. 68).

Neben der Vermittlung kommunikativer Fähigkeiten, z. B. auch über Bildkarten oder Gebärden, besteht die Aufgabe laut Arens-Wiebel noch darin, das Kind in unterschiedlichen Lebensbereichen zur Verfügung zu stehen, z. B. ihm beim An- und Ausziehen oder bei der zeitlichen und räumlichen Orientierung zu unterstützen, seine Aufmerksamkeit auf bestimmte Situationen zu lenken, ihm Beschäftigungsreize anzubieten, Strukturierungshilfen für den Alltag zu installieren und einzusetzen sowie Gefahrensituationen von ihm abzuwenden.

Funke (2023) ergänzt hierzu noch, dass eine begleitende Integrationskraft besonders bei auftretenden Schwierigkeiten aufklären und unterstützen und damit potenzielle Misserfolge, negative Erlebnisse und Probleme des Kindes minimieren kann.

2.3.2.3 Assistenzleistungen (allgemein)

Neben der Integrationsassistenz im Kindergarten (▶ Kap. 2.3.2.2) und der Schulbegleitung (▶ Kap. 2.3.1.2) haben autistische Kinder im Rahmen der Eingliederungshilfe die Möglichkeit, weitere Assistenzleistungen zu nutzen, die von den Eltern entsprechend beantragt werden können.

Diese Leistung kann z. B. durch den (zusätzlichen) Einsatz einer Teilhabeassistenz zur Unterstützung und Begleitung bei der (außerschulischen) Freizeitgestaltung des Kindes sowie bei der Teilhabe am gemeinschaftlichen und kulturellen Leben (Teilnahme an Sportkursen, Ferienlager etc.) in Anspruch genommen werden. Auch Einzelfallhilfen zur Sozialraumorientierung oder eine individuelle Urlaubsbegleitung können hierunter gefasst werden.

2.3.3 Das Persönliche Budget

Das Persönliche Budget ist eine Geldleistung, die es den Anspruchsberechtigen ermöglicht, die benötigte Hilfe selbstbestimmt zu beschaffen, eigenverantwortlich zu regeln und direkt »einzukaufen«. Menschen mit Beeinträchtigungen sollen damit als Expert/innen in eigener Sache selbstständig entscheiden können, welche Hilfen für sie am geeignetsten sind und welcher Dienst und welche Person zu dem von ihnen gewünschten Zeitpunkt eine Leistung erbringen soll.

Mit dem Persönlichen Budget werden Anspruchsberechtigte infolgedessen zu Kund/innen und manchmal auch zu Arbeitgeber/innen und erhalten dadurch mitunter mehr Einfluss auf die Art und direkte Ausgestaltung der Leistungserbringung bzw. Hilfeleistung, was mitunter viele Vorteile mit sich bringen kann.

Neben der Erbringung von klar definierten Einzelleistungen (z. B. die Finanzierung einer Schulbegleitung) gibt es auch die Möglichkeit sogenannter trägerübergreifender Persönlicher Budgets als Komplexleistung, immer dann, wenn innerhalb eines Hilfezeitraums mehrere Leistungsträger unterschiedliche Teilhabeleistungen erbringen.

Seit dem 1. Januar 2008 gibt es für das Persönliche Budget einen Rechtsanspruch, so dass Antragstellende selbst entscheiden können, ob sie eine Geld- oder Sachleistung in Anspruch nehmen wollen. Dem gesetzlich verankerten Wunsch- und Wahlrecht der/des Hilfesuchenden muss folglich bei Vorliegen der rechtlichen Voraussetzungen entsprochen werden.

Da auf Seiten der Kostenträger (Jugendamt, Sozialamt, etc.) immer noch enorme Wissenslücken oder unter Umständen auch Unwillen einzelner Behörden bei der Bewilligung eines Persönlichen Budgets bestehen, sollte ggf. im Konfliktfall ein Rechtsbeistand unterstützend hinzugezogen werden.

Darüber hinaus erscheint es empfehlenswert, sich vor der Beantragung generell über Möglichkeiten sowie Vor- und Nachteile entsprechend »neutral« beraten zu lassen, um eine gute, situationsadäquate Entscheidung treffen zu können. Kostenfreie Beratung bieten hierzu beispielsweise die »Ergänzenden unabhängigen Teilhabeberatungsstellen (EUTB)«, die inzwischen deutschlandweit vertreten sind. Wird darüber hinaus zusätzlich noch weitere Beratung und Unterstützung benötigt, kann diese in der Regel über das Persönliche Budget (mit)finanziert werden und sollte demzufolge beim Antrag mitberücksichtigt bzw. als Leistung mit aufgeführt werden (▶ Kap. 2.5.1).

Nähere Informationen zu Ablauf und Verfahrensweise nach Antragsstellung, Antworten auf häufige Fragen und persönliche Erfahrungen mit dem Persönlichen Budget findet man unter anderem in der kostenfreien Broschüre des Bundesministeriums für Arbeit und Soziales, die auch auf der Homepage zum direkten Download unter https://www.bmas.de/SharedDocs/Downloads/DE/Publikationen/a722-pers-budget-normalesprache.pdf?__blob=publicationFile&v=4

zur Verfügung steht, und unter www.einfach-teilhaben.de.

2.3.4 Unterstützung durch einen Verfahrenslotsen

Am 01. Januar 2024 ist § 10b SGB VIII in Kraft getreten, der die Jugendämter im Rahmen der Eingliederungshilfe dazu verpflichtet, Heranwachsenden mit (drohender) Behinderung und ihren Familien innerhalb ihrer Behörde eine spezielle Ansprechperson in Form eines Verfahrenslotsen zur Verfügung zu stellen.

Verfahrenslotsen sollen dabei die Anspruchsberechtigten auf Anfrage im Hilfeprozess unabhängig beraten, unterstützen und begleiten (bei der Antragsstellung, Wahrnehmung und Verfolgung ihrer Leistungsansprüche) sowie auf die Inanspruchnahme ihrer Rechte hinwirken. Dies gilt auch und insbesondere in Konfliktfällen.

Gerade in sehr komplexen Verfahren kann die Unterstützung durch einen Verfahrenslotsen durchaus sinnvoll und hilfreich sein, sofern tatsächlich die erforderliche Unabhängigkeit des/der Mitarbeitenden von Behördenseite aus gewährleistet werden kann.

2.4 Hilfe zur Erziehung

Neben den im vorherigen Kapitel (▶ Kap. 2.3) bereits genannten Leistungen der Eingliederungshilfe gibt es beim Jugendamt den Bereich der Erziehungshilfen, die auf gesonderten Antrag hin weitere Unterstützungsmöglichkeiten für den familiären Bereich bereithalten.

Nach § 27 Abs. 1 SGB VIII hat ein/e Personensorgeberechtigte/r

> [...] bei der Erziehung eines Kindes oder eines Jugendlichen Anspruch auf Hilfe (Hilfe zur Erziehung), wenn eine dem Wohl des Kindes oder des Jugendlichen entsprechende Erziehung nicht gewährleistet ist und die Hilfe für seine Entwicklung geeignet und notwendig ist.

Bei den Hilfen zur Erziehung handelt es sich damit in erster Linie um konkrete Unterstützungsmaßnahmen und Leistungsansprüche für Eltern bzw. für das familiäre Umfeld, wohingegen der/die Adressat/in für Leistungen der Eingliederungshilfe dem Grunde nach vorrangig das beeinträchtigte Familienmitglied selbst ist.

Zu den Hilfen zur Erziehung gehören insbesondere

- Erziehungsberatung,
- Intensive sozialpädagogische Einzelbetreuung,
- Sozialpädagogische Familienhilfe (SPFH),
- Soziale Gruppenarbeit,
- (Sozialpädagogische) Tagesgruppen,
- Vollzeitpflege,
- Heimerziehung und
- betreutes Wohnen.

Die Hilfe sollte dabei individuell und bedarfsgerecht auf die Bedürfnisse der betroffenen Familien bzw. deren situationsbedingte Schwierigkeiten abgestimmt und kann sowohl ambulant als auch stationär erbracht werden.

Im Nachfolgenden wird auf einige ambulante Hilfsangebote exemplarisch eingegangen, auch wenn diese sicherlich nicht für alle Familien mit autistischen Kindern grundsätzlich in Frage kommen, da sie insgeheim in der Öffentlichkeit auch das Stigma der »erziehungsinkompetenten Eltern« innehaben.

2.4.1 Erziehungsberatung

Erziehungsberatungsstellen sind staatlich anerkannte ambulante Einrichtungen der Jugendhilfe, die dem Auftrag nach Familien bei der Erfüllung ihrer Erziehungsaufgaben unterstützen sollen. Die Beratung ist freiwillig und kostenfrei und kann grundsätzlich von allen Familienmitgliedern bei Bedarf – ohne Antrag – unmittelbar in Anspruch genommen werden. Die Berater/innen unterliegen dabei der gesetzlichen Schweigepflicht.

Gerade in familiären Problem-, Konflikt- und Spannungssituationen können diese Beratungsstellen eine erste Anlaufstelle sein, um im Gespräch psychosoziale Entlastung zu erfahren sowie konkrete Hilfe und Unterstützung bei der Klärung vorhandener oder vermuteter Entwicklungs-, Beziehungs-, Leistungs- und/oder Verhaltensprobleme zu erhalten. So können beispielsweise in einem gemeinsamen Beratungsprozess individuelle Lösungsschritte erarbeitet und die Familie bei deren Umsetzung begleitet werden.

2.4.2 Intensive sozialpädagogische Einzelbetreuung

Jugendliche und junge Volljährige (oder deren Eltern) können im Bedarfsfall beim Jugendamt eine intensive sozialpädagogische Einzelbetreuung beantragen, eine Form der Erziehungshilfe, die bei besonders schwerwiegenden Problemen und komplexen innerfamiliären Herausforderungen grundsätzlich in Erwägung gezogen werden kann. Die Hilfe richtet sich nach dem individuellen Bedarf und kann sowohl in ambulanter als auch in stationärer Form umgesetzt werden.

Im Zuge dauerhaft anhaltender Belastungs- und Krisensituationen in Verbindung mit dem autistischen Kind, vermag diese Hilfe im Einzelfall gerade für beteiligte Geschwisterkinder eine geeignete Unterstützungsmaßnahme darstellen, beispielsweise dann, wenn die elterlichen Ressourcen in diesem Moment nicht mehr ausreichend zur Verfügung stehen und ggf. auf Dauer eine Vernachlässigung droht.

Die Unterstützung konzentriert sich dabei ganz auf die Betroffenen selbst, bezieht jedoch auch das familiäre und soziale Umfeld immer wieder mit ein. Sie soll dem/der Betroffenen unter anderem helfen, mit der aktuellen Situation adäquat umgehen zu lernen sowie Selbstbewusstsein, Konfliktlösestrategien und Eigenständigkeit zu erwerben und zu stärken.

2.4.3 Sozialpädagogische Familienhilfe (SPFH)

Bei der Sozialpädagogischen Familienhilfe handelt es sich um eine ambulante Unterstützungsmaßnahme, die Eltern in anhaltenden familiären Krisen- und Überforderungssituationen für sich beantragen und in Anspruch nehmen können.

Durch intensive Betreuung und Begleitung vor Ort und damit innerhalb der Lebenswelt der Familien sollen diese beispielsweise in ihren Erziehungsaufgaben, bei der Bewältigung von Alltagsproblemen, der Lösung von Konflikten und Krisen sowie im Kontakt mit Ämtern und Institutionen – im Wege der Hilfe zur Selbsthilfe – unterstützt werden.

Adressat/in ist die gesamte Familie, welche durch eine sozialpädagogische Fachkraft regelmäßig für mehrere Stunden pro Woche aufgesucht wird. Die Gestaltung der Hilfe orientiert sich an dem konkreten Alltag, an den individuellen Themen und am Bedarf der einzelnen Familienmitglieder. Dabei werden mit der Familie individuelle Ziele erarbeitet, die sich an deren jeweiligen Ressourcen und Fähigkeiten orientieren, z. B.

- Wiederherstellung und Stärkung der Erziehungsfähigkeit,
- Stärken und Fähigkeiten der einzelnen Familienmitglieder aufdecken,
- Unterstützung bei der Alltags- und in der Krisenbewältigung,
- Stärkung des Selbstwertgefühls und der Konfliktfähigkeit,
- Verbesserung der Beziehungen untereinander und im sozialen Gefüge.

Besonders relevant kann diese Form der Unterstützung vor allem für alleinerziehende Elternteile sein, die durch die Bewältigung des familiären Alltags mit autistischen Kindern per se häufig stark belastet sind.

2.4.4 (Sozialpädagogische) Tagesgruppen

(Sozialpädagogische) Tagesgruppen werden in der Regel an Wochentagen angeboten, z. B. nachmittags nach Beendigung der Schule, und unterstützen Kinder über die Familie hinaus bei sozialen und schulischen (Entwicklungs-)Aufgaben. Insbesondere dann, wenn sich das autistische Kind insgeheim nach regelmäßigen Sozialkontakten sehnt, jedoch von sich aus nicht in der Lage scheint, diese aufzubauen und aufrechtzuerhalten, kann eine Tagesgruppe möglicherweise hilfreich und entlastend sein.

Tagesgruppen sind dabei in der Regel kein Autismus-spezifisches Angebot, sie können jedoch für einige autistische Kinder, beispielsweise durch das pädagogische Fachpersonal sowie klare, verlässliche Strukturen und Abläufe, ein soziales Lernfeld eröffnen, um sich in diesem Bereich unter Anleitung und Aufsicht auszuprobieren und weiterzuentwickeln.

Eltern hingegen vermögen diese Unterstützungsangebote neue Freiräume eröffnen, um sich beispielsweise ungestört den Geschwisterkindern zuwenden zu können oder auch Zeit zum Durchatmen zu erhalten.

Dennoch gilt im Einzelfall individuell zu prüfen, ob die Rahmenbedingungen der möglichst wohnortnahen Einrichtungen für das autistische Kind tatsächlich geeignet und passend sind, um einer dauerhaften Überforderung des Kindes entsprechend vorzubeugen. Auch eine Reduzierung der Betreuungszeiten (beispielsweise auf zwei statt fünf Wochentage) kann im begründeten Ausnahmefall in Erwägung gezogen werden, sofern es die Konzeption der Einrichtung überhaupt zulässt, damit alle Beteiligten am Ende von der Maßnahme profitieren können.

2.5 Weitere Maßnahmen, Anlaufstellen und Hilfsangebote

Neben den bereits genannten Leistungen der Pflegeversicherung (▶ Kap. 2.1) und verschiedener staatlicher Behörden (▶ Kap. 2.2; ▶ Kap. 2.3; ▶ Kap. 2.4) gibt es noch weitere Maßnahmen und Unterstützungsangebote, die betroffene Familien in Anspruch nehmen und ihrer Entlastung dienen können. Auf diese soll nun nachfolgend eingegangen werden.

2.5.1 Unabhängige Beratungsstellen

Nach der Diagnosestellung (▶ Kap. 1.1) sind Eltern häufig verunsichert und haben zahlreiche Fragen, die einer zeitnahen Beantwortung bedürfen, um wieder mehr Sicherheit und Selbstwirksamkeit im Alltag zu erfahren. Eine zeitnahe Anbindung betroffener Familien an geeignete Beratungsstellen, die sie in ihren individuellen Sorgen, Ängsten und Herausforderungen fachkompetent begleiten, sie ernst nehmen und sie auf der Suche nach passenden Informationen und Hilfsmöglichkeiten unterstützen, kann oftmals für alle Beteiligten sehr entlastend und auch ermutigend sein.

Neben einer Anbindung an spezialisierte Beratungsstellen, wie beispielsweise den Autismus-Zentren, die allerdings häufig mit langen Wartezeiten verbunden ist, sind inzwischen einige private Beratungspraxen zu finden, die jedoch in der Regel von den Klient/innen selbst gezahlt werden müssen.

Darüber hinaus gibt es, je nach individueller Fragestellung bzw. Themengebiet, mittlerweile einige unabhängige Beratungsstellen, die im Folgenden kurz vorgestellt werden:

- Ergänzende unabhängige Teilhabeberatung (EUTB):
  Diese Beratungsstelle unterstützt deutschlandweit Menschen mit Behinderungen und ihre Angehörige in allen Belangen der Teilhabe. Neben Fragen zu Ansprüchen und individuellen Leistungen unterstützen sie bei Bedarf auch bei der Antragsstellung. Die Beratung ist kostenfrei. Weitere Informationen, insbesondere zu wohnortnahen Anlaufstellen, gibt es unter https://www.teilhabeberatung.de/.
- Pflegestützpunkte:
  Pflegestützpunkte sind Beratungsstellen für Menschen mit Pflegebedarf und deren Angehörige, die inzwischen in fast allen Bundesländern vertreten sind. Neben Fragen zu Hilfsmitteln und Ansprüchen halten sie auch Antragsformulare bereit und unterstützen in allen Fragen zur Pflege. Die Beratung ist unabhängig und kostenfrei.
- Themenspezifische Beratungsstellen:
  Gerade im Bereich Schule gibt es inzwischen bundesweit spezialisierte Anlauf- und Beratungsstellen (z.B. Inklusionsberatung), an die sich Eltern mit autistischen Kindern mit ihren Fragen wenden können. Dennoch gilt zu beachten, dass einige Fachberatungsstellen (z.B. Beratungs- und Förderzentren) erst zuständig werden, wenn sich das Kind bereits in der Schule befindet und

infolgedessen Probleme auftreten (Stichwort: sonderpädagogischer Förderbedarf, Nachteilsausgleich, etc.).

Entsprechende Adressen können beispielsweise bei den zuständigen Schulämtern erfragt werden. Ferner können sich Eltern auch hier, z.B. bei der Suche nach alternativen Schulen, beraten lassen, sofern die für ihr Kind zuständige (Regel-)Schule nicht die geeigneten Rahmenbedingungen bietet.

2.5.2 Nachteilsausgleich in der Schule

Der Kontext Schule stellt für autistische Kinder und Jugendliche häufig in verschiedensten Bereichen eine enorme Herausforderung dar, die sie bisweilen an ihre Belastungsgrenzen bringen und schlimmstenfalls auch zum Scheitern bzw. Abbruch führen können.

Um die durch den Autismus vorliegende individuelle Beeinträchtigung möglichst auszugleichen und damit dauerhaft die Leistungsfähigkeit der/des Betroffenen aufrecht erhalten zu können, gibt es die Möglichkeit, innerhalb des Schulsystems einen so genannten Nachteilsausgleich zu beantragen. Dabei werden im Regelfall die wesentlichen Leistungsanforderungen beibehalten, so dass der/dem Schüler/in keine Vorteile/Nachteile verschafft werden und dieser auch nicht im Zeugnis vermerkt ist.

Worin ein Nachteilsausgleich bestehen kann, ist von Bundesland zu Bundesland und von Schulordnung zu Schulordnung unterschiedlich, sollte jedoch individuell auf die besonderen Bedürfnisse des Schülers/der Schülerin abgestimmt sein. Häufig handelt es sich beispielsweise um gezielte Maßnahmen der Stressreduktion durch die individuelle Anpassung vorhandener Rahmenbedingungen. Dabei können auch unkonventionelle Lösungen durchaus sinnvoll erscheinen.

Die nachfolgende Tabelle (▶ Tab. 2.3) beschreibt eine Vielzahl von Möglichkeiten für einen Nachteilsausgleich und steht auf der Website des Bundesverbands Autismus Deutschland e.V. als Download unter

https://www.autismus.de/fileadmin/RECHT_UND_GESELLSCHAFT/
StellungnahmeNachteilsausleichApril2016.pdf
zur Verfügung.

Tab. 2.3: Exemplarische Möglichkeiten für einen Nachteilsausgleich

Unterricht/räumliche Bedingungen	• Wahl des Sitzplatzes innerhalb der Klasse • individuelle Organisation des Arbeitsplatzes • gesondertes Raumangebot bei Klassenarbeiten und Klausuren • individuelle Pausenregelungen • Rückzugsmöglichkeit • Bereitstellung eines Einzelarbeitsplatzes • etc.
Unterricht/Organisation	• klarer, deutlich strukturierter Tagesablauf (Veränderungen im Tagesablauf, z. B. Unterrichtsausfall, Vertretungen etc. frühzeitig, möglichst in schriftlicher Form ankündigen) • direkte namentliche Ansprache • Gebrauch von Gesprächsregeln • Strukturierungshilfen zur Selbstorganisation im Schulalltag (z. B. Stundenplan, Hausaufgabenheft) • Befreiung von Gruppenarbeit oder Partnerarbeit zugunsten von Einzelarbeit • etc.
Unterricht/Präsentation von Inhalten und Aufgabenstellungen	• speziell angepasste Medien (z. B. vereinfachte Texte oder Texte, in denen die Schlüsselbegriffe erklärt werden) • verstärkter Einsatz von Anschauungsmitteln (Skizzen, Grafiken, Symbole, Verlaufsdiagramme usw.) • Bereitstellung des Tafelbildes als Kopie • klare Strukturierung der Aufgaben und Materialien • schriftliches Skizzieren des Unterrichtsverlaufs • differenzierte Aufgabenstellung • Verschriftlichung wichtiger Mitteilungen und Aufgaben • mündliche statt schriftlicher Arbeitsform oder umgekehrt • schriftliche Ausarbeitung anstelle eines mündlichen Referates • geringere Gewichtung des Anteils der mündlichen Leistung an der Gesamtnote

2.5 Weitere Maßnahmen, Anlaufstellen und Hilfsangebote

Tab. 2.3: Exemplarische Möglichkeiten für einen Nachteilsausgleich – Fortsetzung

Klassenarbeiten/ Prüfungen	• Verlängerung der Arbeitszeiten • Reduzierung des Aufgabenumfangs • Möglichkeit der Arbeit an einem Laptop • zeitgleiches Schreiben der Arbeit in einem separaten Raum • Aufteilung der Klassenarbeit in mehrere Teile • mündliche statt schriftlicher Prüfung oder umgekehrt • sachbezogene Aufgaben bei der Interpretation von Lyrik und Prosa • größere Exaktheitstoleranz bei Zeichnungen/Schriftbild/Geometrie • vorgegebene statt freier Aufgabenstellungen • Hilfen zur zeitlichen Strukturierung • (z. B. Einsatz eines Time Timers) • etc.
Pausen	• flexible Pausenregelungen, auch kurze Entspannung zwischendurch • Verbleib im Klassenraum • individuelle Pausenregelung durch zusätzliches Personal (ggf. Zuordnung eines »Paten«) • etc.
Hausaufgaben	• Erteilung der Hausaufgaben in Schriftform • zeitliche Vorgaben für die Bearbeitung durch den Lehrer • Reduzierung des Umfangs • Vorstrukturierung durch die Lehrkraft • Gewährung der Möglichkeit Hausaufgaben in Pausenzeiten bzw. im Anschluss an den Unterricht zu schreiben • etc.
Weitere Maßnahmen	• technische, elektronische und sonstige apparative Hilfsmittel (z. B. Lupe, Laptop, Kopfhörer, Einsatz von Abspielgeräten) • farbliche Markierungen zur Orientierung • alternative Möglichkeiten von Leistungsnachweisen (z. B. im Sportunterricht) • Befreiung von einzelnen, auditiv besonders belastenden Unterrichtssequenzen (z. B. Fächer Sport, Musik oder Kunst)

Tab. 2.3: Exemplarische Möglichkeiten für einen Nachteilsausgleich – Fortsetzung

- bei Schulveranstaltungen/Klassenfahrten: Zulassung einer Begleitperson, evtl. Befreiung von der Veranstaltung
- etc.

Der Antrag auf Gewährung eines Nachteilsausgleichs wird durch die Eltern oder den/die Betroffene/n selbst bei der Klassenleitung oder Schulleitung schriftlich gestellt. Über die bewilligten Maßnahmen entscheidet dann in der Regel die Klassenkonferenz und/oder die Schulleitung. Diese sind grundsätzlich für jede Lehrkraft bindend und müssen bei Bedarf mitunter neu ausgehandelt und angepasst werden. Der Nachteilsausgleich ist dabei nicht an einen sonderpädagogischen Förderbedarf gekoppelt, eine entsprechende (Autismus-)Diagnose ist ausreichend.

> *Ein Antrag ist dann sinnvoll und erforderlich, wenn das Kind durch seine behinderungsbedingten Besonderheiten stark beeinträchtigt ist und sich das in seinem schulischen Lernerfolg und seinem Abschneiden bei Prüfungen niederschlägt. Andererseits ist zu beachten, dass es das Kind durch den Nachteilsausgleich im Umgang mit seinen Mitschülern noch schwerer haben kann. Es ist davon auszugehen, dass die Klassenkameraden wenig Verständnis dafür haben werden, dass das Kind mit Autismus eine Sonderbehandlung bei Prüfungen erhält und bestimmte Erleichterungen zugesprochen bekommt* (Schuster, 2020, S. 59).

Am Ende sollte der Nachteilsausgleich dem/der autistischen Schüler/in nach Preißmann (2015) dazu dienen, ihm/ihr die gleichen Chancen auf einen erfolgreichen Schulabschluss wie seinen Mitschüler/innen zu gewähren.

2.5.3 Ambulante Therapieangebote

Neben der in vorherigen Kapiteln dargestellten Angebote der Frühförderung (▶ Kap. 2.3.2.1), Autismus-spezifischen Förderung und Autismus-Therapie (▶ 2.3.1.1) gibt es noch einige weitere ambulante Therapieangebote, die für autistische Kinder sinnvoll und ggf. auch

2.5 Weitere Maßnahmen, Anlaufstellen und Hilfsangebote

erforderlich sein können, wie z.B. die Inanspruchnahme von Logopädie, Ergotherapie und/oder Physiotherapie, deren Verordnung in der Regel über die Kinderärzte erfolgt.

Die Logopädie oder Sprachtherapie hat dabei die Verbesserung der Kommunikationsfähigkeit zum Ziel und beschäftigt sich u.a. mit Sprach-, Sprech-, Rede-, Stimm- und Schluckstörungen des Kindes. Ein weiteres Aufgabenfeld ist die Versorgung von Kindern mit schweren Körper- und Mehrfachbehinderungen mit Hilfsmitteln der Unterstützten Kommunikation (UK) sowie deren sprachtherapeutische Begleitung. Logopädie wird im Regelfall frühestens im Alter von ca. drei Jahren angeboten, davor wird mithilfe der Logopädin/des Logopäden mit den Eltern ein förderlicher kommunikativer Umgang mit ihrem Kind trainiert. Die Ergotherapie hingegen schafft Voraussetzungen für sensomotorische, emotionale und soziale Erfahrungen, welche die Handlungsfähigkeit des Kindes im Alltag unterstützen. Sie zielt auf die Verbesserung der (fein-)motorischen Fähigkeiten sowie der (sensorischen) Wahrnehmung des Kindes ab. Die Physiotherapie beinhaltet schließlich die Förderung der körperbewegungsbezogenen Entwicklung sowie die Bewegungserleichterung des Kindes, bietet aber auch eine individuelle Hilfsmittelversorgung an (Arens-Wiebel, 2019).

Auch die regelmäßige Anwendung von Massagen und Akupunktur, sensorischer Integrationstherapie, Entspannungstrainings sowie Ernährungs- und Musiktherapie können nach Brealy & Davies (2009) mitunter für manche Kinder eine sinnvolle Ergänzung darstellen und zur allgemeinen Stressreduktion und Entlastung beitragen.

Im Kontext häufig auftretender komorbider Störungen autistischer Kinder, wie beispielsweise Depressionen, Angst- und Zwangsstörungen, kann wiederum eine begleitende Psychotherapie sowie unter Umständen auch eine ergänzende medikamentöse Therapie für einige Kinder hilfreich und notwendig sein, um die auftretenden Symptome zu lindern und die zusätzlichen Belastungen zu reduzieren.

Ob das jeweilige (wohnortnahe) Therapieangebot jedoch zu dem betreffenden Kind passt bzw. von diesem angenommen werden kann, hängt nach Bauerfeind (2018) im Wesentlichen auch von der Persönlichkeit des Therapeuten/der Therapeutin und seiner/ihrer individuellen Herangehensweise ab. Ferner kann die Entscheidung für oder gegen eine Therapie zu verschiedenen Zeiten, je nach Aufwand und Ressourcen des autistischen Kindes und dessen Eltern, sehr unterschiedlich ausfallen. Welche Punkte zum jeweiligen Zeitpunkt für das betreffende Kind besonders wichtig oder überhaupt nicht von Belang erscheinen, ist demnach von Familie zu Familie verschieden, so dass es hier schlichtweg keine Musterlösung geben kann und sich Familien auch nicht unter (Handlungs-)Druck setzen lassen dürfen.

Brealy und Davies (2009) geben in diesem Kontext nachfolgende Empfehlungen, um aus den zahlreichen Angeboten und Behandlungsmöglichkeiten am Ende eine gute Auswahl für das eigene Kind zu treffen, schließlich könne man ihrer Ansicht nach im Vorfeld nie genau wissen, was funktioniere und was nicht. Diese habe ich mit eigenen Gedanken ergänzt:

1. Lehnen Sie nichts ab, bevor Sie es probiert haben!
2. Seien Sie immer sehr kritisch, vor allem wenn viel versprochen wird, die Methode undurchsichtig ist oder viel Geld verlangt wird.
3. Finden Sie heraus, was funktioniert und tun Sie mehr davon!
4. Was gestern noch nicht funktionierte, kann heute schon die Lösung darstellen.
5. Erwarten Sie niemals Wunder, immer nur kleine Erfolge.
6. Gras wächst auch nicht schneller, wenn man daran zieht.
7. Informieren Sie sich auch über mögliche Risiken, denn es gibt auch Methoden, die schädlich oder gefährlich sein können.

Bei all der Auswahl und Inanspruchnahme ambulanter Therapieangebote für ihre autistischen Kinder sollten sich jedoch auch die Eltern im Alltag nicht aus dem Blick verlieren. So vermögen die dauerhaften Belastungen und Herausforderungen, die mit den Beeinträchtigungen und der individuellen Förderung des autistischen Kindes einhergehen können, bei einigen Elternteilen unter Umständen dazu führen, dass sie selbst psychische und/oder physische Probleme und

Beschwerden entwickeln, die sie durchaus in ihrem Alltag nachhaltig einschränken können.

> *Angesichts der Situation sind Gefühle der Niedergeschlagenheit und Hoffnungslosigkeit in einem gewissen Ausmaß normal. Werden diese Stimmungen aber schwerwiegend, gewinnen sie überhand und behindern sie die Alltagsbewältigung, sollte man sich keinesfalls scheuen, einen Psychotherapeuten zu konsultieren. [...]*
> *Auch das Zusammenspiel der Familienmitglieder kann beeinträchtigt werden. Es ist möglich, dass sich die Ehepartner gegenseitig Vorwürfe wegen der entstandenen Situation machen und voneinander entfremden oder ein Geschwister die Eltern beschuldigt, versagt zu haben, und sich als Kind nicht genügend beachtet sieht. Auch bei krisenhaften Zuspitzungen dieser Art sollte man daher nicht zögern, Paar- oder Familientherapeuten aufzusuchen* (Poustka et al., 2009, S 37).

Folglich benötigen auch Eltern (und Geschwisterkinder) hin und wieder einen Raum zur persönlichen Entlastung, um sich mit ihren mitunter ambivalenten Gefühlen, die häufig aus langanhaltenden, innerfamiliären Herausforderungen, Konflikten und Belastungen resultieren, konstruktiv auseinanderzusetzen und bestenfalls daran zu wachsen. Ferner bedürfen sie eines regelmäßigen Ausgleichs und der Selbstfürsorge, um dauerhaft den Besonderheiten des Familienalltags standhalten zu können und am Ende nicht daran zu zerbrechen.

2.5.4 Mutter-/Vater-(Kind)-Kur oder Familienkur

Manchmal reichen punktuelle, ambulante Angebote zur dauerhaften und/oder nachhaltigen Entlastung nicht aus und Familienmitglieder benötigen eine mehrwöchige Auszeit, um zur Ruhe zu kommen und den Herausforderungen des Familienalltags ein stückweit zu entfliehen. In diesem Fall kann eine Mutter-(Kind)- bzw. Vater-(Kind)-Kur oder auch eine Familienkur entsprechend Abhilfe schaffen, auch wenn die Beantragung derselben wiederum diverse Herausforderungen bergen kann, nicht für alle Familienkonstellationen geeignet bzw. umsetzbar scheint oder überhaupt in Frage kommt.

Bei einer Mutter-/Vater-Kind- oder Familienkur handelt es sich um eine stationäre medizinische Behandlungsmaßnahme für Mütter,

Väter oder Familien, die aufgrund ihrer familiären und/oder beruflichen Situation gesundheitlich belastet oder auch gefährdet sind. Obwohl Mutter oder Vater von ihren Kindern begleitet werden (können), hat die Kurmaßnahme im Schwerpunkt die gesundheitliche Genesung und Erholung des Elternteils/der Eltern und nicht die Behandlung des Kindes zum Ziel. Kuren, die Mutter oder Vater ohne Kind wahrnehmen können, heißen dagegen Mütter- oder Väter-Kuren.

Innerhalb der 3-wöchigen Kur werden die Kinder im Regelfall in Gruppen pädagogisch betreut, so dass die Eltern(-teile) in diesen Zeiten bestimmte Anwendungen (Massagen, Bäder, etc.), Gesprächsangebote oder Aktivitäten (Sport, etc.) wahrnehmen oder einfach Zeit für sich haben, um Durchatmen zu können.

Sich für einen kurzen Zeitraum nicht um die täglichen Mahlzeiten, den Haushalt oder um die Tagesstruktur des autistischen Kindes zu kümmern, kann für manche Eltern(-teile) bereits eine große Entlastung darstellen. Dennoch gilt zu beachten, dass nicht jedes autistische Kind für die Betreuung in (fremden) Gruppen geeignet ist oder ihn/sie die Umstellung auf das neue Setting und die damit verbundenen Veränderungen überfordern bzw. nicht gelingen mögen, was in Ausnahmefällen dazu führen kann, dass die Kur bereits vorzeitig wieder abgebrochen wird/werden muss.

Begibt sich darüber hinaus ein Elternteil allein mit dem autistischen Kind auf Kur, wird es ggf. erstmalig damit konfrontiert – außerhalb der Betreuungszeiten der Einrichtung – allein verantwortlich zu sein, ohne jegliche Unterstützung durch den Partner oder die Partnerin, was oft im Vorfeld nicht mitbedacht wird. In diesem Fall wäre – je nach Pflege- und Betreuungsaufwand des autistischen Kindes – ggf. eine Familienkur die bessere Variante, um von der Auszeit am Ende auch vollends profitieren zu können.

Der Antrag wird in der Regel über ein Formular beim Hausarzt gestellt, welches im Anschluss bei der zuständigen Krankenkasse oder beim Rentenversicherungsträger eingereicht wird.

Inzwischen gibt es auch einige wenige Kureinrichtungen, die Angebote für Familien mit autistischen Kindern und deren Geschwister vorhalten, prinzipiell lohnt es sich jedoch bei der Auswahl einer geeigneten Einrichtung gut hinzuschauen und abzuwägen. Ferner sollte man auch nicht verzweifeln oder aufgeben, wenn eine Klinik/Kureinrichtung die Aufnahme des autistischen Kindes ablehnt. Entsprechende spezialisierte Beratungsstellen können bei der Beantragung der Kurmaßnahme sowie bei der Auswahl einer geeigneten Einrichtung behilflich sein.

2.5.5 Bundesverband und Regionalverbände

Für alle Autismus-spezifischen Fragen und Anliegen kann der Bundesverband Autismus Deutschland e.V. bzw. dessen, inzwischen in allen Bundesländern flächendeckend bestehenden, Regionalverbände eine erste Anlaufstelle und Informationsquelle sein. Entsprechende Adressen sowie weitere nützliche Hinweise findet man unter anderem auf der Homepage des Bundesverbands (www.autismus.de).

Bei den Verbänden können beispielsweise

- Adressen über Anlauf- und Beratungsstellen vor Ort, Selbsthilfegruppen und/oder spezialisierte Einrichtungen erfragt werden,
- erste Abklärungen individueller Anliegen erfolgen sowie
- Literaturempfehlungen, Veranstaltungs- und Fortbildungshinweise erhalten bzw. Informationsmaterialien angefordert werden.

Die (meist ehrenamtliche) Arbeit der örtlichen Regionalverbände als betroffene Familien, beispielsweise über eine Mitgliedschaft, eine Mitarbeit im Vorstand und/oder Spenden, aktiv zu unterstützen, bringt unter anderem den (regionalen) Ausbau Autismus-spezifischer Einrichtungen und Angebote voran, fördert die Aufklärungs- und Öffentlichkeitsarbeit für das Thema und hilft letztlich dabei Menschen im Autismus-Spektrum eine (gesellschaftliche und politische) Lobby zu geben.

2.5.6 Elterninitiativen und Selbsthilfegruppen

Eine weitere Möglichkeit, sich über Hilfsangebote zu informieren, konkrete emotionale und praktische Unterstützung einzuholen und/oder in den Austausch mit anderen betroffenen Familien zu kommen, bietet der Anschluss an eine regionale Elterninitiative oder Selbsthilfegruppe mit dem Schwerpunkt Autismus-Spektrum. Entsprechende Adressen/Anlaufstellen können in der Regel über die Regionalverbände (▶ Kap. 2.5.5) erfragt werden.

Neben dem Erfahrungsaustausch mit anderen Eltern, Hinweisen zu nützlichen/hilfreichen Kontaktadressen und »Insider-Tipps« (z. B. über spezifische Angebote in der Region; geeignete Ansprechpartner/innen; Umgang und Erfahrung mit Behörden), der Herausgabe von spezifischen Infomaterialien sowie der Organisation und Durchführung von Fachvorträgen und Fortbildungsveranstaltungen werden in diesen Gruppen häufig gemeinsame Ausflüge und/oder Freizeitaktivitäten speziell für autistische Kinder angeboten, um mit Gleichgesinnten in Kontakt zu kommen und ggf. auch neue (tragfähige) Kontakte zu knüpfen mit dem Ziel, der familiären Isolation für einen kurzen Moment zu entfliehen.

Selbsthilfegruppen bieten zudem den Teilnehmenden in ihren regelmäßigen Treffen die Möglichkeit, sich über alltägliche Herausforderungen und persönliche Themen auszutauschen, sich gegenseitig zu entlasten und Mut zuzusprechen, als Expert/innen auf Augenhöhe gemeinsam nach geeigneten Lösungen zu schauen und einen adäquaten Umgang mit den spezifischen Herausforderungen zu erlernen. Die Teilnahme steht in der Regel allen offen und ist kostenfrei. Alle Gespräche innerhalb der Gruppe sind darüber hinaus vertraulich, Inhalte dürfen also nicht nach außen getragen werden, was den Teilnehmenden für ihre Anliegen und Nöte einen besonderen Schutzraum bietet.

Regelmäßige Gespräche mit Menschen, die sich in einer ähnlichen Situation befinden, vermögen das Selbstvertrauen zu stärken und neue Kraft zu geben. Ein Austausch ohne Scham, die Erfahrung nicht allein zu sein, sich nicht ständig erklären und/oder rechtfertigen zu

2.5 Weitere Maßnahmen, Anlaufstellen und Hilfsangebote

müssen, kann – Autist/innen sowie auch deren Angehörigen – Mut machen, nicht aufzugeben, den eigenen Weg zu finden und durchzustehen. Auch in (familiären/persönlichen) Krisen kann eine vertraute Selbsthilfegruppe ein wichtiger Anlaufpunkt und Anker darstellen, um sich Rückendeckung zu holen, aufgefangen zu werden und schlichtweg nicht zu verzweifeln oder »durchzudrehen«.

Nach der Darstellung des (öffentlichen) Hilfesystems soll nun im nächsten Abschnitt auf die Herausforderungen desselben ausführlich eingegangen werden.

3 Die Tücken des Hilfesystems – Wenn Hilfe zur Herausforderung wird

Eltern autistischer Kinder merken in der Regel bereits sehr früh, dass herkömmliche Erziehungsmethoden wirkungslos zu sein scheinen und das eigene, intuitive Erziehungsverhalten bei ihren Kindern häufig dauerhaft nicht zu den gewünschten Ergebnissen bzw. Erfolgen führt. Im Zuge dessen werden sie im Alltag oftmals mit herausfordernden Verhaltensweisen ihrer Kinder konfrontiert, die sie auf die Dauer an die Grenzen ihrer Belastbarkeit führen können. Die Familie fungiert dabei jedoch meist als Blitzableiter und Tankstelle, um die dauerhafte Überforderung und Überreizung des autistischen Kindes zu kompensieren.

Wenn das Verhalten ihrer Kinder in der Öffentlichkeit auf Unverständnis stößt und sie sich immer wieder gut gemeinten Ratschlägen oder Vorwürfen über fehlgeschlagene Erziehung ausgesetzt sehen, kommen sie oftmals in eine Erklärungs- und Rechtfertigungssituation gegenüber den Kritiker/innen, obwohl alle Familienmitglieder insgeheim selbst unter dem herausfordernden Verhalten leiden (Hack, 2023, S. 97).

Um ihnen als Eltern im Alltag effektive Unterstützung und Hilfestellungen zu geben und sie in ihrer Entwicklung angemessen zu fördern, benötigen Kinder im Autismus-Spektrum nicht nur ein besonderes Verständnis für ihre speziellen Problemlagen und Verhaltensweisen sowie adäquate Strukturen und Rahmenbedingungen, sondern auch einen anderen Zugang und Blick auf ihre Welt.

Eine intensive Auseinandersetzung mit der Thematik sowie ein hohes Maß an Selbstreflektion und Empathie stellen dabei eine wichtige Grundvoraussetzung dar, um den betroffenen Eltern den Kontakt zu und den Umgang mit ihren Kindern im Alltag zu erleichtern bzw. überhaupt erst zu ermöglichen, ihnen zu neuen

3 Die Tücken des Hilfesystems – Wenn Hilfe zur Herausforderung wird

Handlungskompetenzen und Selbstwirksamkeit zu verhelfen und damit für nachhaltige Entlastung aller Beteiligten zu sorgen. Erziehung muss somit schlichtweg neu gelernt werden, damit das Familiensystem am Ende annähernd funktionabel bleiben kann.

Auch bei der meist sehr engagierten und kräftezehrenden Suche nach geeigneten (externen) Hilfesystemen und Förderangeboten für ihr Kind stoßen die überforderten Eltern häufig an (ihre) Grenzen und werden auf diesem Weg leider noch viel zu oft allein gelassen. Neben den vorhandenen Informationsdefiziten über gesetzliche Ansprüche und Möglichkeiten treten Gefühle der Ohnmacht und Hilflosigkeit, da Eltern mitunter den anhaltenden Leidensdruck aller Beteiligten spüren, diesem jedoch zu Beginn wenig entgegenzusetzen und ihre autistischen Kinder damit auch nur begrenzt vor negativen Erlebnissen zu schützen wissen.

Dabei machen Eltern im (undurchsichtigen) Dschungel des Hilfesystems verschiedener Behörden und Verwaltungsapparate immer wieder auch selbst zahlreiche negative Erfahrungen, die sie sprachlos machen und den ganzen Aufwand, den sie hierfür betreiben (sollen), auch vermehrt in Frage stellen lassen, etwa hinsichtlich Kosten und Nutzen. In diesem Kontext wird die permanente Auseinandersetzung mit Behörden, Kostenträgern und Leistungserbringern von nahezu allen Eltern als enorm zeitraubend, kräftezehrend und nervenaufreibend empfunden.

Zeitnahe und umfassende Hilfe in Form von Autismus-spezifischer Beratung und/oder konkreten Fördermaßnahmen, die beispielsweise auch Elternseminare und Angebote für weitere Familienangehörige beinhalten, sind in der Praxis sehr rar, meist schwierig zu erreichen oder nicht unmittelbar umsetzbar. Nicht selten müssen Eltern dabei auch weite Anfahrtswege zu therapeutischen Einrichtungen in Kauf nehmen, was mitunter mit einem hohen Zeit- und Kostenaufwand verbunden ist. Darüber hinaus erfolgen die Maßnahmen anerkannter Träger in der Regel erst nach vollständiger und unter Umständen auch (zeit)aufwändiger Antragstellung bzw. Klärung der Kostenübernahme und teilweise monate- bis jahrelangen Wartezeiten. Entsprechende Privatanbieter, die unter Umständen relativ zeitnah oder zumindest übergangsweise hilfreiche und vielfältige Angebote bereithalten (können), werden in vielen Fällen vom jeweiligen Kostenträger (Jugendamt/Sozialamt) als Kooperationspartner nicht anerkannt, so dass die anfallenden Kosten nicht übernommen und in der Folge von den Familien bei Inanspruchnahme selbst getragen werden müssen, was am Ende wiederum entsprechender finanzieller Ressourcen bedarf.

Infolgedessen hält das Hilfesystem für Eltern wiederum zahlreiche Hürden und Stolpersteine parat, welche die zwingend erforderliche Unterstützung für die betroffenen Familien mitunter zu einer zusätzlichen Herausforderung werden lässt. Auf diese soll nun in den nachfolgenden Kapiteln anhand von Fallbeispielen näher eingegangen werden. Neben den grundsätzlichen Schwierigkeiten bei der Suche nach geeigneten Maßnahmen für das autistische Kind (▶ Kap. 3.1) und Problemen in der Zusammenarbeit mit Behörden (▶ Kap. 3.2) wird ferner auf einzelne ausgewählte Aspekte Bezug genommen, die Familien schlichtweg (phasenweise) an den Rand der Verzweiflung bringen und die Effektivität und den Erfolg installierter Hilfen durchaus gefährden bzw. in Frage stellen können.

Der damit einhergehende alltägliche Kampf um die Durchsetzung gesetzlicher Ansprüche, um passgenaue Hilfen und infolgedessen letztlich um die Teilhabe und das Überleben ihrer autistischen Kinder kostet Familien dauerhaft wertvolle Ressourcen, die ihnen dann an anderer Stelle – nämlich im Umgang mit und in der Förderung ihres Kindes oder auch für die eigene Selbstfürsorge – wieder fehlen. Nicht selten gehen Eltern hier dauerhaft weit über ihre persönlichen Grenzen hinaus, so dass sie schlimmstenfalls am Ende alles – vor allem sich selbst und ihre eigene Erziehung – vermehrt hinterfragen. Die Familie befindet sich damit – sowohl intern als auch extern – nicht selten im Dauerkrisenmodus, was langfristig nicht nur (negative) Konsequenzen für die Entwicklung ihrer autistischen Kinder nach sich zieht, sondern auch Auswirkungen auf die allgemeine Stabilität und die Gesundheit aller Beteiligten hat, so dass hier zwingender Handlungsbedarf besteht, um bestehende »Lücken und Tücken« des Hilfesystems zu schließen bzw. zu beheben.

3.1 Auf der Suche nach einem System, das wirklich funktioniert

Für viele Familien mit autistischen Kindern stellen Chaos und/oder Krisenmodus eher den Normal- als den Ausnahmezustand dar, so dass das allgemeine Anspannungs- und Stressniveau aller Beteiligten häufig dauerhaft deutlich erhöht ist. In diesem Kontext können beispielsweise vor allem die langen Wartezeiten auf einen Diagnose- bzw. Therapieplatz und/oder auf individuelle und passgenaue Beratung nochmals umso herausfordernder empfunden werden.

Gerade in Phasen erheblicher Belastung greifen Eltern auf der Suche nach geeigneten Hilfen deshalb nicht selten nach jedem noch so unrealistischen Strohhalm, in der Hoffnung, dass dieser vielleicht eine schnelle Lösung oder die dringend benötigte Entlastung mit sich bringt.

Dauerhaft mit dem Rücken zur Wand zu stehen und weitaus über die eigenen Belastungsgrenzen hinaus zu gehen, kann dann auch schlimmstenfalls dazu führen, dass sich Eltern auf dubiose, sehr kostspielige, aber wirkungslose, mitunter auch gesundheitsschädliche Praktiken und Interventionsmaßnahmen für ihre autistischen Kinder einlassen, sich fragwürdigen, sektenartigen Verbänden anschließen und/oder auf sogenannte Heiler/innen oder Heilsversprechungen Dritter vertrauen, die am Ende des Tages lediglich den Geldbeutel und nicht das Familiensystem entlasten.

Zu den häufig – vor allem anfänglich – vorhandenen Informationsdefiziten der Eltern nach der Diagnostik ihres Kindes kommen Gefühle der Ohnmacht und des Alleingelassen-Seins. Dazu besteht die anhaltende Befürchtung, dass in den Zeiten des Wartens und Ausharrens wichtige therapeutische Chancen versäumt werden, in denen ihnen und ihren Kindern vermeidbare, mitunter äußerst negative, wenn nicht sogar traumatische Erlebnisse widerfahren, die wiederum den zukünftigen Förderprozess ihres Kindes bisweilen nachdrücklich erschweren (können).

Auch das Problem der schwierigen bzw. mangelnden Erreichbarkeit und Verfügbarkeit (sowohl zeitlich als auch örtlich) von Angeboten kann für Eltern eine zentrale Barriere darstellen, diese in Anspruch zu nehmen. Besonders in ländlichen Gebieten, in denen beispielsweise die regelmäßige Teilnahme an Selbsthilfegruppen oder die Inanspruchnahme potenzieller Unterstützungsangebote durch die notwendige Überwindung räumlicher Distanzen deutlich erschwert ist, bleiben viele problembelastete Familien mitunter auch unentdeckt bzw. vom Hilfesystem unerreicht.

Ferner ist bekanntlich kein/e Autist/in wie ein/e andere/r, so wie sich auch die jeweiligen Familien meist nur in wenigen Bereichen und Belangen tatsächlich miteinander vergleichen lassen. Bei der Implementierung erforderlicher und passgenauer Hilfen benötigt es damit immer wieder eines neuen, individuellen und vor allem unvoreingenommen Blicks, was in der Praxis nicht immer die Regel ist.

Aufgrund der großen Bandbreite der Symptome bei Autismus, der vielfältigen Komorbiditäten, der Intensität und Individualität der Schwierigkeiten und Probleme benötigt jeder autistische Mensch ein Therapieangebot, welches exakt auf seine Bedürfnisse zugeschnitten ist (Maus & Ihrig, 2024, S. 36 f.).

Jede Familie besitzt überdies ihren individuellen »Rucksack« an Erfahrungen, Ressourcen und Netzwerken, welchen es bei der Suche nach Hilfen zu erforschen gilt. Daraus resultiert wiederum ein »spezifischer Blumenstrauß« an innerfamiliären Bedarfen, Bedürfnissen und Anliegen, so dass im Prinzip jeder neue Antrag bzw. jedes Hilfegesuch auch völlig neu analysiert, ausgewertet und unabhängig von anderen Fällen bearbeitet werden muss. Fachkräfte/Sachbearbeitende vermögen hier auf ihre Erfahrungen und ihr angeeignetes Fachwissen in Teilen zurückgreifen, müssen jedoch immer auch die Offenheit besitzen, im Einzelfall umzudenken und neu hinzuzulernen.

Infolgedessen können ausgewählte Hilfen und/oder auch Personen, die für das eine Kind oder die eine Familie passend erscheinen, sich für eine andere als völlig kontraproduktiv oder ungeeignet herausstellen, so dass es hier die Bereitschaft und Offenheit braucht, die Hilfen flexibel an den Einzelfall anzupassen und nicht der Einfachheit halber auf eine Pauschallösung zurückzugreifen bzw. zu beharren. Diese vermeintliche Mehrarbeit, die eine individuelle Passung von Hilfen mit sich bringt, zahlt sich am Ende in den meisten Fällen aus, da die initiierten bedarfsgerechten Einzelfallhilfen häufig am nachhaltigsten erscheinen. Dazu schaffen sie eine Zusammenarbeit auf Augenhöhe und Vertrauen, was wiederum enorme Reibungsverluste für unnötige und mitunter vorhersehbare Konflikte ersparen kann, so dass letztlich mehr Zeit für andere Aufgaben verbleibt.

Hinzu kommt, dass auch der (passende) Zeitpunkt der Implementierung neuer Hilfen für Familien durchaus entscheidend sein kann, da vor allem der Prozessbeginn von allen Beteiligten enorme Ressourcen in Anspruch zu nehmen vermag, die ihnen bisweilen – je länger sie darauf warten müssen – am Ende gar nicht mehr ausreichend zur Verfügung stehen. So hat jeder Neustart einer Hilfe häufig auch eine Art »homöopathischen Effekt« und führt damit vorerst zu einer weiteren Verschlimmerung der Ausgangssituation, bevor es am Ende – wenn überhaupt – zu einer spürbaren Entlastung im Familiensystem kommt. Jede neue Hilfe ist infolgedessen auch mit Veränderungen, Zweifeln und Ängsten verbunden, die für autistische Kinder mitunter sehr herausfordernd sein können, was sich automatisch auch auf das Familienleben auswirken wird. Die Dauer, bis wann ggf. eine positive Wirkung und damit eine Entlastung eintritt, kann dabei stark variieren und von wenigen Wochen bis hin zu mehreren Monaten betragen.

Ob eine installierte Hilfe dazu noch (beständig) funktioniert oder nicht bzw. tatsächlich die erwartete und erwünschte Entlastung für alle Familienmitglieder mit sich bringt, ist folglich zu Beginn gar nicht absehbar. Sollte jedoch anhaltend kein positiver Effekt eintreten und die Hilfe damit lediglich als zusätzliche Belastung wahrgenommen werden, sollten Eltern (oder das Kind selbst) am Ende auch selbstbewusst entscheiden (dürfen), die Maßnahme wieder zu beenden und mit entsprechender Unterstützung nach einer Alternativlösung zu schauen, bevor das ganze Familiensystem an der Aufrechterhaltung der Hilfe und den damit verbundenen Herausforderungen zerbricht. Immer getreu dem Motto:

»*Never change a running system, but change a system that doesn't work!*«

Eltern haben nach Arens-Wiebel (2019) aufgrund ihrer Erfahrung in der Regel ein gutes Gespür für die Bedarfe ihres Kindes und merken daher sehr schnell, ob die Maßnahme oder das Angebot für das Kind geeignet scheint oder nicht, was durchaus auf der Suche nach bzw. bei der Auswahl geeigneter Hilfen zwingend berücksichtigt werden sollte.

Auf der anderen Seite sieht man jedoch auch immer wieder Eltern, die wie in Schockstarre in dysfunktionalen, scheinbar veränderungsresistenten Unterstützungssystemen ausharren und stumm aushalten/leiden, da diese für sie zu diesem Zeitpunkt »alternativlos« erscheinen und sie sich und ihrem autistischen Kind einen (erneuten) Wechsel bzw. Neuanfang und die damit auch einhergehende Veränderung ersparen wollen. In manchen Fällen fehlt ihnen auch die Kraft und der Mut aktiv gegen ein dysfunktionales System aufzubegehren, die Verantwortlichen zur Rede zu stellen und die Hilfe am Ende notfalls auch eigeninitiativ zu beenden. Begründet liegt dies unter anderem in der Angst unkooperativ und unwillig zu wirken. Weiterhin befürchten sie insgeheim, dass ihnen dieses Verhalten bei Folge- und/oder Neuanträgen ggf. zum Nachteil ausgelegt und damit als Grund für eine Ablehnung weiterer Hilfen herangezogen wird.

Je länger Eltern jedoch ausharren, wohl besseren Wissens, dass die installierte Hilfe bei ihnen oder ihrem Kind scheinbar nicht ankommt, allen Beteiligten im schlimmsten Fall sogar schadet, desto größer erscheint am Ende der Scherbenhaufen, wenn das Unterstützungssystem irgendwann von sich aus zerbricht bzw. scheitert. Eltern leiden hier häufig im Nachgang noch sehr lange unter quälenden Schuldgefühlen, weil sie nicht eher den Absprung gewagt, damit aus ihrer Sicht wertvolle Zeit zur Förderung ihres Kindes schlichtweg verschwendet und im Gegenzug weiter in das dysfunktionale System investiert haben, in der beständigen Hoffnung, dass es nur ein wenig mehr Zeit benötigt und doch noch alles gut wird.

3.1 Auf der Suche nach einem System, das wirklich funktioniert

Jeder Neuanfang birgt am Ende auch neue Ängste und Hoffnungen und verlangt überdies noch von allen Beteiligten zahlreiche Ressourcen, die ihnen nach einer gescheiterten Hilfe oftmals nicht immer ausreichend zur Verfügung stehen. Dennoch raffen sich Eltern in vielen Fällen immer wieder auf und ermutigen sich und ihre Kinder abermals, es ein weiteres Mal zu wagen und sich doch auf eine neue Hilfe einzulassen. Dabei hoffen sie insgeheim bei ihrer Suche irgendwann auf ein funktionales Unterstützungssystem zu stoßen, welches dauerhaft die erforderliche Entlastung schafft und ihrem autistischen Kind im Rahmen seiner individuellen Möglichkeiten langfristig eine Teilhabe am Leben in der Gesellschaft ermöglicht bzw. erleichtert.

Der Weg dahin ist häufig sehr steinig, worauf in den nachfolgenden Abschnitten nunmehr näher eingegangen wird.

3.1.1 Ist das System für das Kind da oder das Kind für das System?

Eltern zeigen auf der Suche nach individuellen und passgenauen Hilfen für ihre autistischen Kinder nicht selten ein hohes Engagement, auch wenn es ihnen zu Beginn, nicht zuletzt aufgrund der Fülle an Therapie- und Unterstützungsangeboten, häufig sehr schwerfällt, sich einen Überblick zu verschaffen und eine geeignete Auswahl zu treffen.

Im Laufe der Zeit und mit zunehmender Erfahrung und Kenntnis bezüglich der Besonderheiten ihres Kindes wissen sie jedoch in der Regel sehr gut, an welchen Stellen sie mitunter Kompromisse eingehen können und wo sie auf eine entsprechende bedarfsgerechte Anpassung der Hilfen beharren müssen, um von diesen auch nachhaltig profitieren zu können und ihr Kind nicht dauerhaft zu überfordern.

Die Praxis zeigt jedoch, dass Hilfe- und Unterstützungssysteme häufig in sich sehr starr, träge und unflexibel erscheinen. Sie besitzen zudem vermeintlich festverankerte und klare, jedoch nicht immer transparente und nachvollziehbare Strukturen, welche sich mitunter Veränderungen und oder individuellen Anpassungen gegenüber durchaus resistent zeigen können, und infolgedessen – bezogen auf die persönlichen Bedürfnisse autistischer Kinder – im Zweifelsfall eher ungeeignet sind.

Dennoch treffen Eltern auch hin und wieder auf Hilfsangebote und/oder Fördermaßnahmen, die sich den individuellen Besonderheiten ihrer Nutzer/innen ohne große Diskussion anpassen und damit zu einem Gelingen derselben beitragen können. Schlimmstenfalls scheitern diese dann wiederum an der Genehmigung des zuständigen Kostenträgers, der mitunter mit dem Anbieter innerhalb der Kooperationsverträge klare Rahmenbedingungen ausgehandelt hat, von denen prinzipiell nicht abgewichen werden soll.

Unser Sohn wünschte sich in der 5. Klasse in eine Nachmittagsbetreuung zu gehen, um regelmäßig Kontakt zu gleichaltrigen Kindern zu haben und mit diesen Zeit verbringen zu können. Das schulinterne Betreuungsangebot war jedoch für ihn zu diesem Zeitpunkt zu offen gestaltet, stellte damit eine völlige Überforderung dar und führte wunschgemäß nicht dazu, neue Kontakte zu knüpfen.

Wir entschieden uns deshalb gemeinsam für den Besuch einer sozialpädagogischen Tagesgruppe (▶ Kap. 2.4.4), um unserem Sohn ein geschütztes, stark strukturiertes und vor allem durch pädagogisches Personal angeleitetes Setting zu ermöglichen, in dem er sich (gefahrlos) im Sozialkontakt mit anderen Kindern ausprobieren konnte.

Konzeptionell war die Tagesgruppe für die betreffenden Kinder prinzipiell auf eine Teilnahme von 4–5 Tagen in der Woche ausgelegt, was für unseren Sohn wiederum jedoch dauerhaft eine soziale Überforderung darstellte, da er zu Hause im Nachgang eines Betreuungstages einen sehr hohen Reflexionsbedarf aufwies, um sich das Verhalten der anderen Gruppenkinder und der Mitarbeitenden erklärbar zu machen. Ferner hatte er zum damaligen Zeitpunkt einen stark strukturierten Wochenplan mit entspre-

3.1 Auf der Suche nach einem System, das wirklich funktioniert

chenden festen Terminen, die er auf alle Fälle beibehalten wollte, so dass wir uns mit den Mitarbeitenden der Tagesgruppe vorerst auf einen Besuch an zwei festen Tagen verständigten.

Für die Einrichtung schien unser Anliegen grundsätzlich kein Problem darzustellen, zumal einige Kinder gegen Ende der Maßnahme auch die Anzahl der Besuchstage reduzierten, so dass dies den Gruppenalltag nicht weiter beeinträchtigte und ohne großen Mehraufwand umzusetzen war.

Das Jugendamt – als zuständiger Kostenträger – forderte hingegen jedoch, diese Reduzierung auf eine Probephase von 6 Monaten zu befristen, so dass unser Sohn im Anschluss daran die Gruppe – wie konzeptionell vorgesehen – an mindestens vier Tagen in der Woche besuchen sollte, da aus ihrer Sicht nur dadurch ein Erfolg der Maßnahme gewährleistet werden könne. Ansonsten würde man einer Weiterbewilligung voraussichtlich nicht zustimmen.

Als wir dann nach 6 Monaten zum Hilfeplangespräch zusammenkamen, um über die ersten kleinen Lernerfolge unseres Sohnes zu berichten, hielt man zunächst an dem geplanten Vorhaben fest und drohte mit Beendigung. Laut Auffassung der Mitarbeitenden des Jugendamts sei dies schlichtweg nicht die richtige Maßnahme, wenn der Junge dauerhaft nicht dazu in der Lage sei, die Tagesgruppe an vier Tagen in der Woche zu besuchen. Alle von uns und den Mitarbeitenden der Tagesgruppe vorgebrachten Argumente, die gegen eine Aufstockung der Besuchstage sprachen, sowie der klare Wille und Wunsch unseres Sohnes schienen hier zunächst keine tragfähige Rolle zu spielen.

Erst nach langem, kräftezehrendem Ringen und einer Auseinandersetzung mit der Behördenleitung wurde die Fortsetzung der Maßnahme dann doch an zwei Tagen in der Woche als »Einzelfalllösung« bewilligt.

Dennoch wurde auch in späteren Konfliktgesprächen seitens des Jugendamts immer wieder darauf Bezug genommen, dass unser Sohn die Tagesgruppe nur an zwei Tagen, statt der vorgesehenen fünf, besuche, was zur Folge haben könnte, dass das wesentliche Ziel der Tagesgruppe (insbesondere in Bezug auf die Verselbstständigung) nicht erreicht werden könne, obwohl der Verlauf innerhalb der Zielerreichungsbögen nachweislich dokumentierte, dass die Maßnahme in angepasster Form durchaus ein Erfolg darstellte – vielleicht sogar gerade weil unser Sohn diese »nur« an zwei Tagen in der Woche besuchte, damit er ausreichend Pause und Zeit zur Verarbeitung der vielen Eindrücke hatte und sich nicht dauerhaft überforderte.

In diesem Kontext nehmen sich Eltern eines autistischen Kindes auch

> [...] immer mehr in eine passive Rolle gedrängt wahr – eine Rolle, bei der ihnen die Umwelt entscheidende Kompetenzen abspricht. Sie haben immer öfter das Gefühl, sowohl von wenigen Fachpersonen als auch von einigen autistischen Menschen gelegentlich rigide wirkende Anweisungen zum Handeln anstatt Hilfen zur Entscheidung zu erhalten. Es findet dabei nicht selten eine Einmischung in Familienangelegenheiten statt, die wohl bei kaum einer anderen Behinderung so anzutreffen ist (Maus & Ihrig, 2024, S. 14).

Gemeinsam individuell danach zu schauen, was das autistische Kind zu dem jeweiligen Zeitpunkt an Unterstützung und Förderung benötigt, ohne es zeitgleich dauerhaft zu überfordern, und die Rahmenbedingungen von Hilfsangeboten im Rahmen der Möglichkeiten auf dessen Besonderheiten abzustimmen/anzupassen, kann somit durchaus ein erfolgreicher Weg für alle Beteiligten darstellen.

Das Kind im Gegensatz dazu, wie häufig gefordert, in vorhandene starre Konzeptionen hinein zu »pressen«, in der Hoffnung, es werde sich schon irgendwann daran gewöhnen, anpassen und diese langfristig aushalten können, kann sich nicht nur dauerhaft kontraproduktiv auf die Gesamtentwicklung des autistischen Kindes auswirken, sondern auch zu einer enormen Belastungsprobe und Überforderung aller Systembeteiligten werden:

- Für das Kind, welches sich als schwächstes Glied in der Kette autismusbedingt nur begrenzt anzupassen vermag, was ihr/ihm

3.1 Auf der Suche nach einem System, das wirklich funktioniert

zudem noch erhebliche Ressourcen kostet und in der Regel nicht dauerhaft aufrechterhalten werden kann.
- Für die Familie, welche diesen Mangel und den daraus unter anderem resultierenden Stresssymptomen am Ende wieder kompensieren und infolgedessen als Tankstelle und Blitzableiter des Kindes herhalten muss, damit es auch am Folgetag wieder funktionabel erscheint.
- Für die Mitarbeitenden des Hilfesystems, für welche die anfallenden Herausforderungen durch die Intensität der Maßnahme in Verbindung mit der zunehmenden Überforderung und dem Ressourcenmangel des Kindes, im Laufe der Zeit ansteigen und schlimmstenfalls langfristig nicht tragbar sind, was schließlich zu einem Scheitern der Maßnahme führen kann.

In diesem Kontext kann es mitunter auch passieren, dass autistische Kinder – selbst nach intensiver Bedarfsermittlung – seitens des Kostenträgers »versuchsweise« für bestimmte Maßnahmen/Gruppen vorgeschlagen bzw. diesen zugeteilt werden, auch dann, wenn deren Rahmenbedingungen aus fachlicher Sicht nicht wirklich für diese geeignet erscheinen. Die Gründe hierfür liegen dann beispielsweise in

- dem Mangel an Autismus-spezifischen Fachkenntnissen des/der fallzuständigen Mitarbeitenden, welche/r die Maßnahme vorschlägt bzw. auswählt und/oder
- dem Mangel an Alternativen und/oder passgenaueren und zeitnah umsetzbaren regionalen Hilfsangeboten und/oder
- dem Erfordernis einer möglichst kostendeckenden Ausgestaltung von Hilfemaßnahmen, so dass diese mitunter auch vorübergehend mit nur bedingt geeigneten Nutzer/innen aufgefüllt werden.

Die langfristigen Konsequenzen für autistische Kinder und deren Familien, die sich bisweilen aus einem wiederholten Scheitern von Hilfemaßnahmen ergeben, bleiben hier in der Regel unberücksichtigt. Mit dem damit einhergehenden Vertrauensverlust beschäftigt sich nun der nachfolgende Abschnitt.

3.1.2 Vertrauen aufbauen, Hilfe annehmen können

Um bestehende Hilfsangebote und Unterstützung im Bedarfsfall in Anspruch nehmen und in den Familienalltag erfolgreich umsetzen zu können, bedarf es insbesondere seitens der Eltern und des autistischen Kindes selbst immer auch eines gewissen Vertrauensvorschusses gegenüber den Helfenden, was mitunter – je nach individuellem Erfahrungsschatz – von Beginn an nicht immer möglich ist und auch zu einer enormen Herausforderung für alle Beteiligten werden kann.

Vertrauen aufzubauen und Vertrauen zu schenken benötigt grundsätzlich Zeit und entsprechende Ressourcen, erscheint jedoch für den Hilfeprozess für alle Beteiligten unumgänglich, um sich zu öffnen und Hilfen annehmen und zulassen zu können. Wiederholt erlebte Vertrauensverluste in der Vergangenheit sind jedoch für das zukünftige Helfersystem in der Regel nur schwer zu kompensieren und benötigen abermals viel Zeit, Empathie und Verständnis, um überhaupt wieder eine neue gemeinsame Vertrauensbasis zu schaffen, so dass Hilfen adäquat implementiert werden können.

So treten beispielsweise Eltern, die mit ihren autistischen Kindern in der Vergangenheit wiederholt im Hilfesystem gescheitert sind, nicht selten aktiv den Rückzug an und verlieren am Ende auch zunehmend die Hoffnung und den Glauben daran, dass es für sie und ihre Kinder irgendwo da draußen überhaupt noch geeignete Hilfen und Unterstützungsmöglichkeiten gibt, die ihnen annähernd und langfristig Entlastung schaffen und von Nutzen sein können.

In diesem Kontext gilt insbesondere zu erwähnen, dass die Biografien vieler autistischer Kinder häufig aus unterschiedlichsten Gründen bereits sehr früh durch zahlreiche Systemwechsel (Kindergarten-, Schulwechsel) und damit verbundene Beziehungsabbrüche gekennzeichnet und geprägt sind, was wiederum auch bei den betroffenen Eltern entsprechende Spuren hinterlässt. So ist es beispielsweise keine Seltenheit, dass innerhalb der einzelnen Unterstützungssysteme im Vorfeld mit den Eltern vielfältige Absprachen zum Wohle und Schutz des autistischen Kindes erfolgen, die dann

3.1 Auf der Suche nach einem System, das wirklich funktioniert

jedoch in der Praxis nicht eingehalten werden (können), so dass die Situation mitunter wiederholt eskaliert und einen Ausschluss des Kindes bzw. ein Scheitern der Hilfe (scheinbar) unumgänglich macht.

Gerade dann, wenn Eltern immer wieder eingreifen, alles stehen und liegen lassen, als Feuerwehr agieren und das Kind abholen müssen, verlieren sie mit der Zeit das Vertrauen in das System oder in die Gesellschaft. Wenn die vermeintliche Lösung aus ihrer Perspektive doch so offensichtlich erscheint, jedoch aus niederen Beweggründen trotzdem nicht umgesetzt wird, reagieren Eltern zudem fassungslos, ohnmächtig und verärgert. Die Sorge um die Zukunft des eigenen Kindes steigt in diesen Situationen ins Unermessliche. Nicht selten werden in diesem Zusammenhang Erklärungsansätze/-versuche von Eltern ignoriert oder als Ausreden abgetan und damit missachtet, da man beispielsweise keine fachliche Einmischung duldet, obwohl das notwendige Verständnis von Autismus-Spektrum schlichtweg fehlt (Hack, 2023, S. 148).

Mit jeder negativen Erfahrung und mit jedem (vermeintlichen) Misserfolg stellt sich mit der Zeit bei allen Beteiligten Müdigkeit und Kraftlosigkeit ein. Eltern und ihre autistischen Kinder fühlen sich in diesen Situationen häufig leer und völlig ausgepowert, funktionieren – wenn überhaupt noch – quasi wie Maschinen. Gerade dann begeben sich Eltern häufig nicht mehr aktiv auf die Suche nach potenziellen Hilfen, scheinen innerlich wie blockiert und auch auf aktive Unterstützungs- und Entlastungsangebote von außen nicht mehr adäquat reagieren bzw. diese annehmen zu können, da sie befürchten sich selbst und ihren Kindern dauerhaft damit keinen Gefallen zu tun und schlimmstenfalls am Ende wieder die Scherben aufkehren zu müssen, die aus der Unwissenheit der Helfenden entstanden sind. Im Gegensatz dazu gehen sie vermehrt in den Widerstand und lehnen Unterstützung dankbar ab, wohlwissend, dass sie diese grundsätzlich bitter nötig hätten.

Auch die Erfahrung, dass fachliche Unterstützung bei Eltern und Kindern durchaus auch zu vermehrtem Stress führen kann, nämlich dann, wenn sie sich nach Arens-Wiebel (2019) z. B. »*im Alltag unter Druck gesetzt fühlten, all das Erlernte möglichst zeitnah umzusetzen*«, vermag dazu führen, dass Hilfen aus Mangel an persönlichen Ressourcen mitunter nicht dauerhaft in Anspruch genommen werden (können).

Hinzu kommt, dass unsere heutige Leistungsgesellschaft Eltern auch kaum noch die Erlaubnis gibt, sich Überforderung und Hilflosigkeit offen einzugestehen, da dieser Begriff meist ein persönliches Versagen impliziert, was es Betroffenen mitunter zunehmend erschweren kann, vorhandene Hilfesysteme von sich aus aktiv zu kontaktieren, zu aktivieren und Hilfe bereitwillig anzunehmen.

Ferner kann auch die Komplexität der Problemlage und die Darstellung derselben für Familien mit autistischen Kindern eine große Hürde darstellen, die sie letztlich daran hindert, sich an bestehende Hilfesysteme zu wenden. Viele alltägliche Dinge und auch Grundbedürfnisse, die bzw. deren Erfüllung für die meisten Menschen unserer Gesellschaft selbstverständlich erscheinen, bleiben Familien mit autistischen Kindern über lange Phasen hin faktisch versagt, ohne dass es von außen zwingend sichtbar sein muss. Dieser Umstand wird für viele Familien im Laufe der Zeit schlichtweg zur »Gewohnheit« oder gar »Normalität«, so dass sie schlimmstenfalls auch gar nicht (mehr) die Notwendigkeit sehen/erspüren, proaktiv Hilfe einzufordern und diese auch ohne schlechtes Gewissen annehmen zu können.

Ein weiterer Aspekt stellt schließlich die persönliche Zunahme an Autismus-spezifischem Wissen und Fachkompetenz der einzelnen Familienmitglieder dar, welches sie sich im Laufe der Zeit anlesen und aneignen, sowie die persönlichen (Lern-)Erfahrungen mit ihrem/ ihrer autistischen Familienangehörigen, die ihnen einen individuellen Blick in dessen/deren Welt ermöglichen und damit bestenfalls neue Handlungsmöglichkeiten eröffnen. Diese können mitunter dazu führen, dass vorhandene Therapie- und Hilfsmöglichkeiten durchaus kritischer betrachtet, analysiert und hinterfragt bzw. nicht mehr so begeistert und hoffnungsvoll in Anspruch genommen werden, da der (zusätzliche) Nutzen derselben im Vergleich zu dessen Aufwand durchaus gegeneinander abgewogen werden. Dies ist vor allem dann der Fall, wenn Eltern beispielsweise nach jahrelanger Wartezeit auf einen Therapieplatz für ihr autistisches Kind im Hilfesystem dann auf eher unerfahrene Fachkräfte stoßen, die bei ihnen überdies den Eindruck erwecken, als müssten sie zunächst noch von ihnen »geschult« werden, bevor man ihnen ihr Kind anvertraut, fernab davon, dass man sich bei dieser Konstellation tatsächlich neue fachliche Impulse für den Familienalltag verspricht, die langfristig für Entlastung sorgen können.

Sehen sich Eltern und ihre autistischen Kinder am Ende jedoch aus verschiedensten Gründen nicht mehr dazu in der Lage, Hilfsangebote aktiv für sich zu nutzen und/oder mögliche Alternativen zumindest kurzzeitig im Familienalltag auszuprobieren/in Erwägung zu ziehen, nehmen sie sich mitunter auch zeitgleich jedweder Möglichkeiten, im vorhandenen Hilfesystem vielleicht doch noch gute Erfahrungen zu generieren, die wiederum individuelle Entlastung bringen und von denen alle profitieren. Auch vermögen diese positiven Erkenntnisse ihrem autistischen Kind letztlich aufzuzeigen, dass externe Hilfen prinzipiell funktionieren können, nämlich immer dann, wenn die richtigen Personen zum richtigen Zeitpunkt am richtigen Ort aufeinandertreffen.

3.1.3 Defizitorientierung und Wortwahl

Familien mit autistischen Kindern kommen in ihrem Alltag – strukturell bedingt – häufig mit einer Vielzahl an (vermeintlichen) Fachkräften (insbesondere medizinisches, therapeutisches und pädagogisches Personal) in Kontakt, die sich mitunter in regelmäßigen Abständen im Rahmen ihrer Möglichkeiten einen Eindruck vom Entwicklungsstand ihres autistischen Kindes machen, um anschließend mit ihnen in den Austausch zu gehen.

Dabei stehen beispielsweise in Hilfeplangesprächen und Unterstützerkreisen, bei Arztterminen und Begutachtungen des Medizinischen Dienstes der Krankenkassen in der Regel überwiegend die Defizite des autistischen Kindes und damit seine unmittelbaren Einschränkungen im Raum, welche nahezu bis ins kleinste Detail diskutiert, analysiert und in langen, ausführlichen Berichten dokumentiert und damit schlichtweg in »Stein gemeißelt« werden. Für Eltern kann dieser defizitäre Blick auf die Dauer sehr belastend sein, da er die Schwächen des Kindes scheinbar unüberwindbar werden lässt und dazu noch dessen bisherige Entwicklungsschritte und auch ihre persönliche Erziehungsarbeit zunehmend in den Schatten stellt.

3 Die Tücken des Hilfesystems – Wenn Hilfe zur Herausforderung wird

Durch die zentrierte Anhäufung von Defiziten kommt dazu bei ihnen nicht selten das Gefühl auf, dass, egal, was sie für das Kind täglich tun und leisten, es wohl niemals ausreichen wird, um es so zu fördern, dass es innerhalb der Gesellschaft mitzuhalten vermag. Weiterhin führt es ihnen auch immer wieder vor Augen, was ihre autistischen Kinder von der vermeintlichen gesellschaftlichen Norm unterscheidet und sie damit als Eltern in der Erziehung vermeintlich falsch gemacht oder vernachlässigt haben. Zukunftsängste und Sorgen der Eltern sind in diesem Kontext genauso vorprogrammiert, wie das wiederholte in Frage stellen der eigenen Erziehungskompetenzen und der Sinnhaftigkeit der eigenen Arbeit am autistischen Kind (Hack, 2023, S. 102).

Dieser anhaltend und einseitig geprägte defizitäre Blick auf das eigene Kind und die damit verbundenen (impliziten) Botschaften hinterlassen langfristig emotional Spuren bei allen beteiligten Familienmitgliedern, lösen Ängste und zusätzliche Sorgen aus, für die im herausfordernden Familienalltag mitunter wenig Raum zur Verfügung steht. So vermögen Eltern und Geschwisterkinder beispielsweise dadurch schlimmstenfalls die Stärken des autistischen Familienmitglieds schlichtweg aus den Augen verlieren, was ihre innere Haltung ihm/ihr gegenüber mitunter nachhaltig (negativ) beeinflussen kann, so dass am Ende im Zusammenleben nur noch die Herausforderungen und Belastungen gesehen und gefühlt werden, infolgedessen auch immer mehr Raum im Familienalltag einnehmen und die positiven Seiten des Individuums damit völlig auf der Strecke bleiben.

Sprache schafft Wirklichkeit – das gilt insbesondere für Beschreibungen oder Zuschreibungen. Defizitäre Beschreibungen von Autismus, die immer noch fast allgegenwärtig sind, behindern die innere Souveränität autistischer Menschen und deren Familien. Familien, die durch defizitäre Beschreibungen konditioniert wurden oder werden, plagen Selbstzweifel und Unsicherheit. Diese führen dazu, dass sie sich und ihrem autistischen Kind wenig zutrauen und mitunter Versagensgefühle entwickeln (Maus & Ihrig, 2024, S. 20).

Darüber hinaus können sich in derartigen Gesprächen und Austauschrunden noch weitere (vermeintliche) Baustellen des Kindes auftun, die zusätzlichen Interventionsbedarf signalisieren und wiederum weiteren Handlungsdruck auf Eltern ausüben, so dass nicht selten das eigene, aufwändig erarbeitete, familiäre Förderkonstrukt

3.1 Auf der Suche nach einem System, das wirklich funktioniert

nochmals neu hinterfragt und wiederholt angepasst werden muss. Dies kann bisweilen auf die Dauer sehr herausfordernd sein und auch dazu führen, dass Eltern derartige Zusammenkünfte möglichst meiden oder zumindest auf ein Minimum reduzieren. Im Gegensatz dazu kann eine defizitorientierte (Fach)Sprache, anhaltend negative Bewertungen und die damit implizierten Abwertungen des autistischen Kindes selbst (und nicht seines herausfordernden Verhaltens) bei Eltern auch zunehmend zu (innerem) Widerstand führen, was sicherlich für eine gute Kooperation und einen konstruktiven Austausch aller Beteiligten dauerhaft nicht förderlich oder zielführend erscheint. Auch die häufig mangelnde Sensibilität bei der Wortwahl bzw. Beurteilung des Kindes löst bei Eltern häufig Abwehr, Wut und schiere Verzweiflung aus und trägt damit keinesfalls zu einem Gelingen einer Hilfe bei.

Für alle Familienmitglieder braucht es deshalb häufig nach diesen Gesprächen auch immer wieder eine gewisse Zeit das Gesagte Revue passieren zu lassen, die Botschaften richtig einzuordnen bzw. einem adäquaten »Realitätscheck« zu unterwerfen, den defizitären Blick abzuwenden und den (familiären) Fokus wieder vermehrt auf die Stärken und Fähigkeiten des autistischen Kindes zu legen. Auch das Kind selbst sowie die Geschwisterkinder benötigen nach diesen Gesprächen meist vermehrte Zuwendung, Aufmunterung und Ermutigung durch ihre Eltern, um Zukunftsängste und aufkommende Sorgen zu verbalisieren, zu verarbeiten und möglichst abzubauen und den Blick wieder auf das bisher Erreichte und die beeinflussbare Zukunft zu richten. So vermögen die familiären Herausforderungen in den Hintergrund rücken, um die Chancen und Möglichkeiten wieder erkennen und nutzen zu können (Hack, 2023, S. 103).

Auf der Suche nach einem geeigneten Hilfesystem, das am Ende wirklich funktioniert, sollte dieser Aspekt deshalb zwingend beachtet bzw. berücksichtigt werden. Dabei geht es allerdings nicht darum, die Herausforderungen und den Bedarf des autistischen Kindes zu beschönigen, zu ignorieren oder gar zu bagatellisieren, sondern um einen wertschätzenden und realistischen Blick auf die Gesamtsituation, der möglichst alle Facetten beinhaltet, so dass die Unterstützung adäquat darauf ausgerichtet und damit auch angenommen werden kann.

3 Die Tücken des Hilfesystems – Wenn Hilfe zur Herausforderung wird

In diesem Zusammenhang gilt es für Außenstehende (insbesondere auch für Fachkräfte) – gerade im Umgang und in der Kommunikation mit Familien und ihren autistischen Kindern – umso mehr, die Wahl ihrer Worte sehr sensibel und achtsam zu handhaben und ihre Botschaften und Bewertungen möglichst nicht unreflektiert in die Welt »hinauszuposaunen«, um die Eltern und ihre autistischen Kinder nicht ungewollt zu verletzen, zu zerstören oder auch dauerhaft zu diskreditieren.

Verändern sich unsere Worte, verändert sich auch automatisch unsere innere Haltung zu dem autistischen Kind. Dies impliziert jedoch nicht nur den bewussteren und sensibleren Sprachgebrauch sowie eine klare Trennung von Verhalten und Person (das Kind ist nicht sein Verhalten!), sondern auch die Akzeptanz und Toleranz von »Anders-Sein«, »Anders-Denken« und »Anders-Machen« (Hack, 2023, S.100).

3.1.4 Hohe Personalfluktuation

Ein weiterer zentraler Stolperstein auf der Suche nach passgenauen Hilfen stellt die hohe Personalfluktuation im sozialen Bereich dar. Hier gilt zu beachten, dass im Zuge der Bedarfsermittlung und der Implementierung von Hilfen für Familien mit autistischen Kindern wiederholt vollkommen fremde Menschen in ihr Leben treten, denen Eltern sich und ihre Kinder anvertrauen und mitunter auch einen Einblick in ihr privates Umfeld gewähren müssen. Dieser Prozess bedarf zu Beginn wiederum einer großen Portion an Vertrauensvorschuss (▶ Kap. 3.1.2) und ist häufig für alle Beteiligten sehr kräftezehrend, da man sich zunächst kennenlernen und aufeinander einstellen muss, auch verbunden mit dem Risiko, dass sich die Person oder die Hilfe am Ende der »Probezeit« als unpassend herausstellt.

Erweist sich die gewählte Maßnahme oder die Helferperson jedoch als vielversprechend und scheint der hierzu erforderliche Beziehungsaufbau zu gelingen, was mitunter bei bestimmten Konstellationen erst nach einiger Zeit wirklich abzusehen ist, vermag auch zunehmend Entlastung im Familiensystem einzutreten, so dass sich die »Investition« der eigenen persönlichen Ressourcen langfristig bestenfalls auch auszahlt und alle davon profitieren können.

3.1 Auf der Suche nach einem System, das wirklich funktioniert

Manchen Betreuern schenken unsere Kinder so viel Vertrauen, dass sie sich mit ihnen zu Ausflügen wagen, die für die meisten Autisten wegen der vielen unbekannten Faktoren, die auf sie zukommen, eine heikle Sache ist. Auf diese Weise baut sich mit der Zeit eine Beziehung auf, Sicherheit entsteht und man hat das Gefühl, dass der Vertrauensvorschuss, den man gegeben hatte, eine gute Entscheidung war (Bauerfeind, 2016, S. 308).

Eine langfristige Stabilität und Kontinuität hinsichtlich des eingesetzten Personals bzw. unter den Helfer/innen erscheint in diesem Kontext – nicht zuletzt für das autistische Kind und dessen persönlicher Sicherheit und Stabilität – folglich unabdingbar, damit es sich auf die Hilfe und Unterstützung einlassen und diese letztlich auch ihre Wirkung erzielen können. Vertrauens-/Bezugspersonen sind infolgedessen für das autistische Kind in der Regel nicht einfach austauschbar oder problemlos zu ersetzen, auch wenn sich deren Funktion/Aufgabe/Tätigkeitsfeld (z. B. Schulbegleitung, Autismustherapeut/in, Pfleger/in) im Prinzip nicht verändert, was bei einem geplanten Personaleinsatz bzw. bei der persönlichen Berufswahl immer mitbedacht und berücksichtigt werden sollte.

Steht die Person dem Kind voraussichtlich langfristig zur Verfügung oder stellt diese Tätigkeit für sie von Beginn an lediglich eine Übergangslösung dar? Ist sie ausreichend motiviert, belastbar bzw. in der Lage, auch in herausfordernden Situationen an der Seite des Kindes auszuharren? Wurde die Person hinreichend informiert und aufgeklärt, was auf sie zukommen wird?

Die Praxis zeigt jedoch, dass gerade dieser Aspekt bei vielen Familien eher die Ausnahme als die Regel zu sein scheint und sie damit im Gegenzug in den verschiedensten Bereichen mit zahlreichen Personalwechseln konfrontiert werden, was das installierte Hilfekonstrukt durchaus zu einer Herausforderung machen kann.

Unser Sohn hatte in der Grundschulzeit in den ersten 2,5 Jahren insgesamt sechs Wechsel innerhalb der Schulbegleitung, was für ihn (und für uns) so herausfordernd und kräftezehrend war, dass er sich zwischenzeitlich nicht nochmals auf eine weitere neue Schulbegleitung einlassen wollte und weiterführende Unterstützung komplett ablehnte, was wiederum binnen kürzester Zeit zwei Schulwechsel erforderlich machte.

Auf der weiterführenden Schule gab es dann später weitere Personalwechsel innerhalb der Schulbegleitung, die teilweise geplant, teilweise aber auch sehr abrupt erfolgten, für ihn in Folge zu enormen Rückschritten im Schulalltag führten und sich dazu noch nachhaltig auf seine persönliche Entwicklung und innere Stabilität negativ auswirkten.

Die Gründe für die zahlreichen Wechsel waren sehr vielfältig und reichten von fehlender Passung oder mangelnder Autismus-Kompetenz bis hin zu Überforderung und fehlender Akzeptanz/Wertschätzung seiner Person. Eine weitere Begleitung musste aufgrund gesundheitlicher Probleme beendet werden, eine anderer endete ohne jegliche Vorankündigung und ohne Angabe von Gründen.

Alle Wechsel hatten jedoch eines gemeinsam: Bei jedem Abbruch bzw. Wechsel ging auch ein Teil in unserem Sohn zu Bruch, und es benötigte im Nachgang seitens der Familie wieder viel Zeit, Kraft und Ausdauer, ihn aufzubauen, die Wunden zu schließen und ihn zum Weitermachen zu ermutigen.

Einige autistische Kinder leiden infolgedessen sehr intensiv und auch nachhaltig unter diesen häufig sehr abrupten, unerwarteten bzw. ungeplanten »Beziehungsabbrüchen« und (erzwungenen) Betreuungswechseln – zumal ihnen, neben dem widerfahrenen Vertrauens- und Kontrollverlust, oftmals das geeignete Erklärungsmodell fehlt und sie damit die Gründe (ausschließlich) bei sich selbst zu suchen scheinen, was sich auch auf ihren Selbstwert negativ auswirken kann: »*Was habe ich denn jetzt schon wieder falsch gemacht? Warum hält es niemand länger mit mir aus? Vielleicht bin ich einfach zu anstrengend gewesen?*«

Für Bauerfeind (2016, S. 307 f) erscheint es in diesem Kontext besonders einschneidend, »*[...], wenn der Abgang einfach passiert, ohne dem Kind ›Lebe wohl‹ gesagt zu haben*«.

Wenn Bezugspersonen des Kindes »einfach« verschwinden, ohne sich zu erklären oder gar adäquat zu verabschieden, stellt dies die Kinder und die Familien demzufolge immer auch vor größere Herausforderungen.

Eltern leiden in diesem Zusammenhang oftmals gemeinsam mit ihren autistischen Kindern, da sie den Wechsel mitunter nicht verhindern können und sie zusehen müssen, wie deren (innere) Welt sukzessive zusammenbricht und sie scheinbar an sich selbst zu verzweifeln drohen. Hinzu kommt, dass Eltern zu diesem Zeitpunkt zunächst selbst ihre eigene Enttäuschung und den persönlichen Vertrauensverlust adäquat verarbeiten müssen, schließlich haben sie sich der Person gegenüber geöffnet und dazu noch ihre begrenzten Ressourcen eingesetzt, damit die Unterstützung gelingen kann. Ferner verspüren sie womöglich Schuldgefühle, weil sie die Situation (vermeintlich) falsch eingeschätzt und sich in ihrem Gegenüber getäuscht haben. Sie verlieren infolgedessen nicht selten für einen kurzen Moment jegliche Hoffnung auf ein »Happy End«, ihre Sicherheit gerät zunehmend ins Wanken, die Enttäuschung über den Verlust hinterlässt bei ihnen mitunter tiefe Wunden und macht sie (vorübergehend) handlungsunfähig.

Dennoch gibt es sicherlich auch nachvollziehbare Gründe, die einen Personalwechsel unvermeidbar machen, so dass dieser Übergang von den Verantwortlichen jedoch möglichst sanft und gut begleitet, rechtzeitig im Vorfeld angekündigt und auch schrittweise und damit ressourcenschonend vollzogen werden sollte, damit sich alle Beteiligten darauf einlassen können und der Schaden gering bleibt.

Wird das Kind allerdings im Gegenzug am Ende schlichtweg (wiederholt) vor vollendete Tatsachen gestellt, kann dies auch immer Konsequenzen für die Nachfolgenden innehaben, denen es dann mitunter umso schwerer fällt oder auch unmöglich scheint, einen guten Zugang und eine vertrauensvolle Arbeitsbeziehung zum Kind aufzubauen und somit eine gelingende Hilfe einzuleiten.

Darüber hinaus sollte niemals vergessen werden, dass jeder Personalwechsel wiederum automatisch mit einem Neuanfang verbunden ist, der einerseits mit Ängsten und Sorgen, aber auch andererseits mit neuen Hoffnungen und Wünschen aller Beteiligten einhergeht und von diesen viel (Vor)Arbeit und Ausdauer abverlangt. Werden die eigenen Erwartungen und Hoffnungen an das System jedoch dauerhaft nicht erfüllt bzw. wiederholt enttäuscht – wobei selten davon ausgegangen wird, dass es von Beginn an reibungslos verläuft –, steigt nicht nur der Druck und die Verzweiflung auf Seiten des autistischen Kindes, sondern auch bei den Eltern wird die Angst vor einem erneuten Scheitern bzw. Personalwechsel zur ständigen Begleiterin.

3.1.5 Erfolglose Therapien

Eltern autistischer Kinder befinden sich gefühlt ihr Leben lang immer wieder auf der Suche nach geeigneten Förder-, Unterstützungs- und Entlastungssystemen, um die bestehenden und – je nach Lebensphase auch wechselnden – Herausforderungen in ihrem Familienalltag möglichst langfristig zu minimieren und ihren Kindern im Rahmen ihrer Möglichkeiten zu einer Teilhabe am Leben in der Gesellschaft zu verhelfen.

Im Dschungel des Hilfesystems stoßen sie dabei mitunter auch auf zahlreiche Maßnahmen und (therapeutische) Angebote, die sich für ihr Kind langfristig als ungeeignet, nutzlos oder schlimmstenfalls auch als kontraproduktiv herausstellen und damit nicht den gewünschten Erfolg erzielen. Ist eine entsprechende Maßnahme erst installiert oder wurde eine Therapie begonnen, bedarf es damit in regelmäßigen Abständen auch immer wieder einer (kritischen) Prüfung derselben, um zu eruieren, ob der Nutzen der Maßnahme überwiegt, so dass sich die damit verbundenen Kosten (z. B. Zeitaufwand) auch tatsächlich lohnen.

> *Therapien können entlastend auf den Familienalltag wirken, wenn sie bei alltagspraktischen Dingen zu Fortschritten führen oder dazu beitragen, dass sich die Kommunikation in der Familie verbessert* (Maus & Ihrig, 2024, S. 20).

3.1 Auf der Suche nach einem System, das wirklich funktioniert

Hier vermag es im Laufe der Zeit – nicht zuletzt entwicklungsbedingt – wiederholt zu Verschiebungen kommen, was durchaus auch immer mit im Blick behalten werden muss. So kann es beispielsweise sein, dass installierte Hilfen, die in einer bestimmten Phase zwingend erforderlich waren, irgendwann überflüssig werden und damit auch nicht mehr passend erscheinen. Auf der anderen Seite können Maßnahmen, die in der Vergangenheit für das Kind nicht funktionabel waren, morgen bereits angezeigt und geeignet sein, so dass es auf der Suche nach adäquaten Hilfesystemen immer auch ein gewisses Maß an Offenheit, Mut, Flexibilität und Experimentierfreude bedarf, um geeignete von ungeeigneten Hilfen bzw. erfolglose von erfolgreichen Therapien voneinander zu unterscheiden. Dies verlangt mitunter auf die Dauer von den Eltern und dem autistischen Kind auch viel ab und ist nicht immer zu jedem Zeitpunkt zu leisten.

Nach Maus und Ihrig (2024) benötigt die Einordnung von Therapien deshalb prinzipiell fachkundiger Unterstützung, da dadurch Ressourcen für andere Dinge freigesetzt und Eltern ermöglicht werde, mit einem guten Gefühl zu handeln.

Hinzu kommt, dass zahlreiche Therapien oder Trainings nach wie vor primär zum Ziel haben, das Verhalten autistischer Menschen an die gesellschaftlich vorherrschende Norm »anzupassen«, statt darauf abzuzielen, ein konkretes Verständnis und einen adäquaten Umgang mit den eigenen Besonderheiten zu erlernen/zu entwickeln, um langfristig funktionabel zu bleiben. Immer wieder das eigene Verhalten anzupassen, die eigenen Bedürfnisse zu unterdrücken, zu ignorieren oder nicht ernst zu nehmen, nach außen hin zu »maskieren« und damit fortlaufend schlichtweg gegen die »eigene Natur« zu arbeiten, verlangt von autistischen Menschen im Alltag zahlreiche Ressourcen, die ihnen häufig dauerhaft nicht zur Verfügung stehen. Derartige Therapien und Maßnahmen sind infolgedessen häufig nicht nur als »nutzlos« einzustufen, sondern können sich dazu vielmehr auch schlichtweg kontraproduktiv auswirken, da sie für die Betroffenen immer auch das hohe Risiko bergen, langfristig auszubrennen und/oder gesundheitlichen Schaden davon zu tragen.

3 Die Tücken des Hilfesystems – Wenn Hilfe zur Herausforderung wird

Bauerfeind ergänzt in diesem Kontext noch, dass man nicht vergessen sollte, dass Autismus nicht heilbar ist und autistische Menschen damit auch immer »*autistisch bleiben werden*«.

Wir können ihnen helfen, Lebensqualität zu verbessern und wir können ihnen Strategien und Strukturen mitgeben, die es ihnen bestenfalls ermöglichen teilzuhaben, wo sie dies gerne möchten (Bauerfeind, 2020, S. 116).

Im Gegensatz dazu gibt es Therapien und Fördermaßnahmen, deren Ausgangspunkt es zu sein scheint, autistischen Kindern eine »schöne Zeit« zu bereiten, die Verantwortlichen es jedoch – mangels fachlicher, Autismus-spezifischer Kompetenzen – scheinbar tunlichst vermeiden, die vorhandenen Herausforderungen konkret anzusprechen/anzugehen, mit dem Kind/Jugendlichen im Rahmen seiner individuellen Möglichketen auch einmal die »Komfortzone« zu verlassen und an vorhandenen »Baustellen« aktiv zu arbeiten. Sicherlich hat es eine Berechtigung, dass autistischen Kindern innerhalb einer Therapie zunächst ein Wohlfühlraum verschafft/ermöglicht wird, in dem sie sich gefahrlos öffnen können. Bleiben jedoch langfristig Folgeschritte oder Erfolge aus bzw. werden Eltern in diesen Prozess nicht aktiv mit einbezogen, kann dies auf Dauer für sie sehr herausfordernd und frustrierend sein. Zumal es häufig nicht der einzige Termin für das Kind in der Woche ist und sie damit durchweg – nicht zuletzt aus einem Mangel an persönlichen Ressourcen – Kosten und Nutzen der Maßnahme gegeneinander abwägen und gegenüberstellen. Weist die Therapie/Maßnahme damit über einen längeren Zeitraum keine konkreten Fortschritte auf, stellt sich deshalb auch immer wieder die Frage, ob diese überhaupt (noch) geeignet scheint.

Werden darüber hinaus seitens der Eltern und des autistischen Kindes konkrete Erwartungen, Ideen, Anliegen und Wünsche an den Therapieprozess gestellt bzw. wurden gemeinsam mit der Fachkraft realistische Ziele erarbeitet und festgelegt, die dann in der Therapieeinheit selbst jedoch nicht aktiv angegangen werden, kann es auf Dauer auch herausfordernd werden. Mit einer Therapieaufnahme – häufig erst nach monate- oder auch jahrelanger Wartezeit – ist schließlich für alle Beteiligten insgeheim auch immer die Hoffnung

3.1 Auf der Suche nach einem System, das wirklich funktioniert

verknüpft, dass langfristig eine Besserung und/oder eine Entlastung des Familiensystems eintritt, indem das Kind beispielsweise schrittweise neue Verhaltensweisen erlernt, die es dann bestenfalls langfristig ohne weitere Unterstützung im Alltag generalisieren und anwenden kann. Stehen stattdessen – aus einer therapeutischen Haltung heraus – ausschließlich die Anliegen und Interessen des autistischen Kindes/Jugendlichen im Mittelpunkt des Prozesses und befindet sich dieses/dieser mitunter dauerhaft in der Vermeidung, vermag die Entwicklung zu stagnieren, so dass die Therapie – zumindest auf Seiten der Eltern – auch als »nutzlos« empfunden werden kann.

Autistische Kinder brauchen hier durchaus nicht selten – neben dem passenden Rahmen – auch aktive Impulse, um bestimmte Themen/Probleme von sich aus anzusprechen und/oder die Notwendigkeit/Vorteile einer Erarbeitung entsprechender Handlungsstrategien (z. B. zur Stressreduzierung) zu erkennen. Hierzu benötigen einige Kinder mitunter mehr Anleitung und Direktive seitens der Therapeutin/des Therapeuten, da sie kaum in der Lage scheinen, ihre Bedürfnisse klar zu benennen und aktiv um Hilfe zu bitten. Ihnen hier zu viel Raum für die eigene Persönlichkeitsentfaltung oder die individuellen Interessen zu lassen, ohne sie auch nur annähernd anzufordern – aus Angst sie zu überfordern –, wäre in diesem Kontext der falsche Weg, da Erfolge dauerhaft ausbleiben und sich eine gewisse (ritualisierte) Dynamik im Therapieprozess zu entwickeln vermag, die nur schwer wieder umzukehren ist.

Aufgrund einer komorbiden Angst- und Zwangsstörung befand sich ein autistischer Junge nach einiger Wartezeit in ambulanter Psychotherapie. Dort spielte er regelmäßig mit seinem Therapeuten Schach, seine Ängste und Zwangsgedanken, die er im häuslichen Rahmen regelmäßig benannte, thematisierte er – trotz seines hohen Leidensdrucks – mit keinem Wort, was jedoch erst nach einiger Zeit im Zuge der begleiteten Elterngespräche deutlich wurde.

Dies ging sogar so weit, dass der Therapeut insgeheim anzweifelte, dass diese Ängste überhaupt bestünden bzw. er tatsächlich darunter leide, da sie ja vom Patienten nicht aktiv angesprochen würden, was eher ungewöhnlich sei.

Nach Rücksprache mit dem Jungen wurde jedoch deutlich, dass er gar nicht verstanden hatte, wozu der therapeutische Rahmen diente, und er damit zunächst die nötige Unterstützung und Anleitung seiner Eltern benötigte, um eine Vorstellung zu erhalten, welche Themen er in diesem Rahmen ansprechen bzw. bearbeiten könne/solle (und welche nicht). Auch den Therapeuten baten sie daraufhin eine aktivere Rolle einzunehmen und ihrem Sohn geeignete Impulse zu geben, damit er seine Anliegen ansprechen und bearbeiten kann.

Für einen erfolgreichen Therapieprozess bedarf es damit einer guten Balance aus fordern und fördern. Wie das Fallbeispiel zeigt, kommen einige autistische Kinder manchmal gar nicht auf die Idee, bestimmte Schwierigkeiten und Anliegen von sich aus zu thematisieren, da ihnen der Mut fehlt oder sie gar nicht wissen, an welcher Stelle oder in welchem Setting sie ihre Anliegen und Fragen ansprechen dürfen/sollen. Therapeut/innen, die dann scheinbar darauf warten bzw. spekulieren, dass der Patient/die Patientin von sich aus schon zu gegebener Zeit die Themen ansprechen wird, warten manchmal auch vergebens und vergeuden damit viel Zeit und Ressourcen aller Beteiligten, die ihnen dann womöglich an anderer Stelle wieder fehlen.

Am Ende als Familie gemeinsam Prioritäten zu setzen, sich auf das Wesentliche zu fokussieren und nicht an allen »Baustellen« gleichzeitig arbeiten zu wollen, stellt hier häufig einer der größten Herausforderungen bei der Suche nach passenden Hilfen dar. Demnach ist

> [...] *Fördern [...] gut und wichtig. Freiraum und das Erfahren von Akzeptanz sind aber auch sehr wichtig.*
>
> *Viele unserer Kinder bekommen durch ständiges Therapieren vermittelt, dass sie nicht in Ordnung sind. Wir sollten viel öfter den Fokus auf ihre Stärken legen und einen guten Mittelweg finden* (Bauerfeind, 2020, S. 116).

3.1 Auf der Suche nach einem System, das wirklich funktioniert

Nach der Erfahrung von Bauerfeind erreichten viele Eltern immer wieder auch den Punkt, an dem sie erkennen (müssen), dass weniger manchmal mehr ist. Laut Arens-Wiebel (2019) berichteten viele Eltern zudem, dass sie im Alltag auch immer unter dem Druck stünden, umzusetzen, was ihnen von therapeutischer Seite gesagt/aufgetragen wurde und sich dann Vorwürfe machten, wenn ihnen dies nicht möglich gewesen sei, was häufig als »*Spießroutenlauf*« empfunden werde.

Therapeutische Prozesse finden damit niemals isoliert statt und müssen auch langfristig in den Familienalltag aktiv übertragen, von allen Beteiligten ausgehalten und (mit)getragen und neue Handlungsstrategien ggf. unter Anleitung der Familienmitglieder (aufwändig) eingeübt werden. Dies bedarf auch von therapeutischer Seite bei der Prozessplanung zwingender Beachtung und Berücksichtigung, da es von den Eltern bei der konkreten Umsetzung und Ausgestaltung immer auch entsprechende Ressourcen einfordert. Ferner sollten in diesem Kontext auch die mitunter damit einhergehenden internen, familiären Reibungsverluste, nicht unterschätzt werden, da sie durchaus dazu führen können, dass die erhoffte und erwartete Entlastung im Familiensystem vorerst ausbleibt bzw. sich verzögert. Familien sollten hier von therapeutischer Seite aus infolgedessen gut begleitet und unterstützt werden, damit auch kleine Erfolge unmittelbar spürbar werden und am Ende alle Beteiligten von der Maßnahme profitieren können.

Haben Eltern nach langer kräftezehrender Suche nunmehr eine geeignete Hilfemaßnahme bzw. ein Unterstützungssystem gefunden und ggf. auch erfolgreich implementiert, beginnt häufig die aktive Auseinandersetzung mit den Kostenträgern, um die vorhandenen Bedarfe des Kindes immer wieder umfassend darzustellen, die Notwendigkeit der Hilfen bzw. deren erforderlicher Umfang fortwährend zu belegen und damit die Kostenübernahme (dauerhaft) zu gewährleisten, was durchaus für Familien zu einer enormen Herausforderung werden kann.

Auf mögliche Fallstricke und Strategien von Kostenträgern soll deshalb im nachfolgenden Abschnitt näher eingegangen werden.

3.2 Strategien der Kostenträger

Auf der Suche nach geeigneten Hilfe- und Fördermaßnahmen müssen sich Eltern autistischer Kinder auch zwangsläufig (wiederholt) mit verschiedenen Kostenträgern bzw. Behörden (z. B. Jugendamt, Sozialamt, Versorgungsamt) auseinandersetzen, um insbesondere Kostenübernahmen zu klären sowie die gesetzlichen Ansprüche ihrer Kinder zu ermitteln und am Ende auch geltend zu machen. Diese Wege und das Wissen hierzu müssen sich Eltern häufig – trotz begrenzter Ressourcen – in mühevoller Kleinarbeit eigenständig und aufwändig erarbeiten/aneignen, da ihnen eine adäquate Begleitung und Unterstützung zum Zeitpunkt der Diagnose in der Regel nicht zur Verfügung steht.

In diesem Kontext machen Eltern mit ihren Kindern im (undurchsichtigen) Dschungel der Behörden- und Verwaltungsapparate nicht selten – früher oder später – auch schlechte Erfahrungen, die sie sprachlos machen und den ganzen Aufwand, der ihnen im Zuge dessen auferlegt wird, auch vermehrt in Frage stellen lassen. So entsteht bei ihnen beispielsweise nicht selten der Eindruck, als gehe es bei der Bescheidung ihrer Anträge nicht in erster Linie um eine adäquate und passgenaue Unterstützung der/des Hilfesuchenden, sondern um vorgefertigte »Pauschallösungen«, verbunden mit einer möglichst effizienten Kostenersparnis der Behörden.

Ablehnungen in der ersten Instanz, trotz klarer und offensichtlicher Rechtsansprüche, sind dabei oftmals eher die Regel, statt die Ausnahme und führen dazu, dass Familien schlichtweg an ihre Grenzen geraten und letztlich auf (finanzielle) Ansprüche gänzlich verzichten, da ihnen im Alltag nicht genügend Ressourcen zur Verfügung stehen, um den Kampf um ihre Rechte bis zum Ende durchzustehen (Hack, 2023, S. 117).

Die Erfahrung zeigt zudem, dass im Zuge leerer Staatskassen gerade im sozialen Sektor vermehrt der Rotstift angesetzt und infolgedessen wiederum bei den Menschen eingespart wird, die am Ende die kleinste gesellschaftliche Lobby innehaben. Der daraus resultierende Sparzwang vieler Städte und Kommunen macht dabei auch vor der

Eingliederungshilfe keinen Halt, was sich dann unmittelbar auch auf den Umfang, die Ausgestaltung und die Art bewilligter Hilfen niederschlägt.

Statt das Wohl und die bestehenden Bedarfe des autistischen Kindes in den Mittelpunkt der Entscheidung zu stellen, scheinen viele Behörden innerhalb des Antragsverfahrens damit auch zunehmend mehr Personalressourcen in die strategische Reduzierung oder gar Verhinderung zwingend erforderlicher Hilfen zu investieren. Dabei werden sie mitunter auch in der Gesetzesauslegung und im Verwaltungshandeln gewissermaßen immer »kreativer«, um ihre Entscheidungen und ihr Handeln nach außen (und vor sich selbst) formal zu rechtfertigen bzw. für eine mögliche Klage unangreifbar zu machen, was Eltern und beteiligte Fachkräfte mitunter fassungslos zurücklässt.

Hilfesuchende Familien werden durch diese Verfahrensweise langfristig jedoch zermürbt und beispielsweise mit unnötig langen und komplizierten Antragsverfahren mit ihrem Hilfegesuch schlichtweg allein gelassen. Ob lange Wartezeiten bis zu einer endgültigen Entscheidung, das Ausformulieren von Widersprüchen oder in letzter Konsequenz auch Klageerhebungen – es kostet die Hilfesuchenden oder deren Angehörigen viele Nerven, viel Zeit, zuweilen auch viel Geld und vor allem sehr viel Kraft, die ihnen dann an anderer Stelle wieder fehlt.

Neben den Autismus-spezifischen Herausforderungen des Familienalltags kommen in diesem Zusammenhang auf Eltern nunmehr weitere zahlreiche kräftezehrende Auseinandersetzungen zu, um die gesetzlichen Ansprüche ihrer Kinder und damit die Bewilligung erforderlicher Hilfen durchzusetzen.

Auf welche möglichen Barrieren sie hierbei stoßen, sollen nun die nachfolgenden Kapitel aufzeigen.

3.2.1 Strukturen der Behörden

Bei der Durchführung und Organisation behördlicher Hilfemaßnahmen handelt es sich prinzipiell um eine Selbstverwaltungsaufgabe, die den kreisfreien Städten und Landkreisen obliegt, welche damit nach eigenem pflichtgemäßem Ermessen über Form und Maß der zu gewährenden Hilfe und Maßnahmen zum Wohl des Kindes im Wege eines Verwaltungsaktes (Leistungsbescheid) entscheiden.

Die Praxis zeigt jedoch, dass Behörden hier sehr unterschiedlich strukturiert und personell aufgestellt sind und damit den »Ermessensspielraum« vielfältig auszulegen wissen, so dass es beispielsweise bei der Bewilligung und Ausgestaltung von Hilfen durchaus einen Unterschied machen kann, welcher Landkreis örtlich bzw. auch welche/r Sachbearbeitende für den/die Hilfesuchenden zuständig ist.

Dies führt dazu, dass einige Familien nach jahrelangem, kräftezehrendem Kampf um die Rechte und Teilhabe ihrer autistischen Kinder unter Umständen sogar über einen Umzug nachdenken, der einen Zuständigkeitswechsel und damit neue Hoffnung auf eine sachgerechte, neutrale Bearbeitung ihrer Anliegen mit sich bringt.

So gibt es neben »öffentlichen Haushaltslöchern« und dem daraus resultierenden behördeninternen Sparzwang, einem latenten Personalmangel (▶ Kap. 3.2.1.1), hohen Krankheitsraten und Fallaufkommen der Mitarbeitenden nach wie vor in vielen Behörden keine entsprechende (fachliche) Spezialisierung, was die/den jeweils fallzuständigen Mitarbeitende/n durchaus vor die Herausforderung stellt, möglichst in allen Bereichen thematisch versiert zu sein und die unterschiedlichen Konstellationen und daraus resultierenden Bedarfe und Hilfen im Fließbandmodus jederzeit im Blick zu behalten, um (fachlich) gutbegründete Entscheidungen zu treffen, was am Ende nur bedingt zu gelingen vermag.

Aber auch bei Behörden mit eigener Fachabteilung der Eingliederungshilfe kann leider nicht automatisch davon ausgegangen werden, dass hier in regelmäßigen Abständen – mangels zeitlicher, finanzieller und personeller Ressourcen – geeignete Schulungen angeboten bzw. die Mitarbeitenden dazu auch angehalten werden, um möglichst bedarfsgerecht mit qualitativ hohem Anspruch über erforderliche und geeignete Hilfen entscheiden zu können. Letztlich hinterlässt es häufig den Eindruck, als hänge es am Ende vom persönlichen Engagement jedes/jeder Mitarbeitenden selbst ab, inwiefern er/sie sich in den jeweiligen Fall einbringt und auch die Bereitschaft, Neugier und Offenheit besitzt, sich mit den bestehenden Thematiken intensiv auseinanderzusetzen, die eigenen Entscheidungen sachlich und fachlich danach auszurichten und auch behördenintern innerhalb des Fallteams zu vertreten/durchzusetzen.

3.2.1.1 Chronischer Personalmangel und fehlende Vertretungen

Neben dem anhaltenden Fachkräftemangel, der natürlich auch vor dem öffentlichen Dienst keinen Halt macht, ist behördenintern häufig eine auffällig hohe Personalfluktuation (▶ Kap. 3.1.4) zu beobachten, die unter anderem durch die dort vorherrschenden hierarchischen Strukturen und/oder auch die für viele äußerst unbefriedigenden Arbeits- und Rahmenbedingungen (hohe Fallzahlen, enorme Verantwortung, wenig Wirkungsspielraum) begründet werden kann.

Dennoch scheint der chronische Personalmangel – insbesondere auch im Hinblick auf die zeitnahe, effektive und auch fristgerechte Bearbeitung von Anträgen – den Behörden durchaus gelegen zu kommen, vielleicht sogar Teil der (internen) Strategie zu sein, um die Bearbeitungsdauer im Einzelfall möglichst weit hinauszuschieben, mitunter vielleicht bis sich das Anliegen von alleine erledigt und/oder frustrierte, ausgebrannte Antragstellende schlichtweg aufgeben, da sie nicht mehr die Kraft haben, an der Sache dranzubleiben und Druck zu machen.

So kann es durchaus sein, dass ein Antrag formal auf dem Schreibtisch oder in das Ressort eines/einer langzeiterkrankten Mitarbeitenden landet und »offiziell« von diesem/dieser auch per Eingangsbestätigung »bearbeitet« wird, obwohl zu diesem Zeitpunkt vielleicht gar nicht absehbar scheint, wann der/die Kolleg/in wieder im Dienst ist. Formal ist die Behörde damit ihrer gesetzlichen Pflicht vorerst nachgekommen. Leidtragende sind jedoch die Antragstellenden, die bei Nachfrage immer wieder vertröstet werden und mitunter mehrere Monate (bis hin zu Jahren) auf eine sachgerechte Prüfung und Bearbeitung ihres Antrags warten müssen, was durchaus erhebliches Konfliktpotenzial birgt und auf Dauer zu einer zusätzlichen Herausforderung für alle Beteiligten werden kann.

Vor einigen Jahren stellten wir bei der fallzuständigen Mitarbeiterin etwa zwei Wochen vor den Sommerferien einen Antrag auf persönliches Budget. Als nach ca. 4 Wochen weder eine Eingangsbestätigung noch irgendeine sonstige Reaktion auf den Antrag erfolgte, fragten wir beim Jugendamt telefonisch nach und erhielten die Information, dass die Mitarbeiterin noch ca. 4 Wochen im Urlaub sei. Wir baten deshalb, uns mit der zuständigen Vertretung zu verbinden, um zumindest den aktuellen Bearbeitungsstand mitgeteilt zu bekommen.

Diese teilte wiederum mit, dass sich der Antrag ihren Kenntnissen nach »unbearbeitet« auf dem Schreibtisch der Kollegin befinde, so dass dieser erst nach ihrer Rückkehr in die Prüfung gehen könne. Da für eine solche Entscheidung das »Vier-Augen-Prinzip« gelte und sie in ihrer Abteilung nur zu zweit seien, müssten diese Anträge eben warten. Wir sollten uns also noch ein wenig gedulden, da auch sie nach der Rückkehr der Kollegin in 4 Wochen ihren mehrwöchigen Urlaub antreten werde.

Wir erhielten in diesem Fall erst nach über 6 Monaten Bearbeitungszeit und unter Androhung einer Untätigkeitsklage einen »Zweizeiler« der Behörde, in dem der Antrag ohne große Begründung abgelehnt wurde. Erst durch das Widerspruchsverfahren kam es dann nach ca. 10 Monaten im Wege einer Anhörung zu einer Einigung und damit zu einer (positiven) Bescheidung unseres Antrags.

In einigen Fällen scheint es behördenintern offenbar auch gar keine Vertretungsregelung zu geben, was mitunter zu nachfolgenden, frustrierenden und absurden Behördenschreiben führen kann:

*in dem Verwaltungsstreitverfahren
Hack ./. Landkreis XY Az.: xxxxxxx*

teilen wir unter Bezugnahme auf die gerichtliche Verfügung vom xxxxxxx mit, dass sich die alleinige Sachbearbeiterin derzeit im Urlaub befindet und voraussichtlich in der Woche ab dem xxxxxxxxx auf die gerichtliche Anfrage zurückkommen wird (Originalzitat der Behörde).

Kurze Anmerkung hierzu:
Die gerichtliche Anfrage lag zu diesem Zeitpunkt bereits seit knapp 8 Monaten bei der »alleinigen Sachbearbeiterin« scheinbar unbearbeitet auf dem Schreibtisch. 12 Monate nach ihrem Urlaub erfolgte – trotz wiederholter gerichtlicher Anfragen – immer noch keine Stellungnahme.

Eltern, die vermehrt die Erfahrung machen, dass die Bearbeitungsdauer ihrer Anträge unverhältnismäßig lange dauert und deren Prüfung auch immer mit viel Aufwand des Nachhakens, Bittens und Bettelns verbunden ist, überlegen sich mitunter immer wieder sehr genau, welche Anträge sie tatsächlich stellen wollen/müssen und wie viel Kapazitäten sie letztlich zur Verfügung haben, um aktiv dranzubleiben und notfalls auch Druck auszuüben, damit es irgendwann vielleicht zu einer Entscheidung kommt. Dieser Umstand spart der Behörde wiederum am Ende bisweilen viel Geld, da zahlreiche Anträge schlichtweg erst gar nicht gestellt werden und Eltern und Betroffene infolgedessen ihre Ansprüche nicht geltend machen, da ihnen die Kraft und die Ressourcen fehlen dranzubleiben, durchzuhalten und für ihre Rechte zu kämpfen.

Solange es im Behördenapparat jedoch lediglich

- *vordergründig um Kostendeckelung geht,*
- *die Fallzahlen der einzelnen Mitarbeiter/innen so hoch sind, dass individuelle Bedarfe in den Hintergrund rücken und lediglich eine pauschalisierte, formaljuristische Bearbeitung erfolgt,*

- das Hilfesystem damit nicht vorrangig für den Hilfesuchenden da zu sein scheint und
- der/die Hilfesuchende immer noch als Bittsteller auftreten muss, der im Prinzip für jede Hilfegewährung dankbar sein sollte,

wird sich daran leider auch langfristig nichts ändern. Dieser Umgang mit Hilfesuchenden bzw. deren Angehörigen bleibt allerdings in der Praxis letztlich selten ohne Konsequenzen und mündet infolgedessen im Hilfeprozess in zahlreichen Fällen in gegenseitigem Kräftemessen und energieraubenden Machtkämpfen [...], aus denen am Ende in der Regel jedoch nur Verlierer hervorgehen (Hack, 2023, S. 119).

Hier zeigt sich, dass die bisweilen dringend benötigten Hilfen bereits bei der Beantragung derselben zu einer echten Herausforderung werden, noch bevor sie innerhalb der Familien überhaupt zum Tragen kommen.

3.2.1.2 Beschwerdemanagement – »Eine Krähe hackt der anderen kein Auge aus!«

Besteht der begründete Verdacht, dass Anträge behördenintern nicht sach- und fristgerecht bearbeitet und geprüft werden oder fühlen sich Hilfesuchende im Hilfeprozess nicht angemessen bzw. ungerecht behandelt, besteht die Möglichkeit, gegenüber dem Behördenhandeln im Allgemeinen oder auch einzelnen Mitarbeitenden Beschwerde einzureichen und um neutrale Prüfung der Sachlage zu bitten.

Dies kann sowohl intern über die Behördenleitung oder den/die Vorgesetzte/n des/der Mitarbeitenden als auch extern über die übergeordnete Rechtsaufsichtsbehörde erfolgen, woraufhin in der Regel ein festgelegtes Beschwerdemanagement in Gang gesetzt wird, indem die Verantwortlichen zunächst um Stellungnahme zu den Vorwürfen gebeten werden und es anschließend ggf. zu einem gemeinsamen Gespräch innerhalb der Behörde kommen kann, um zwischen den Konfliktparteien zu vermitteln und bestenfalls Abhilfe zu schaffen.

Entscheiden sich Eltern für diesen Schritt und legen schließlich Beschwerde ein, haben sie im Vorfeld oftmals bereits sehr lange geschwiegen und stillgehalten, aus Angst vor weiteren negativen Konsequenzen und Eskalationen, die das Antragsverfahren womöglich noch mehr in die Länge ziehen. Auch die Hoffnung, dass sich alles doch noch zum Guten wendet, das Wohl ihres autistischen Kindes am Ende bei der Entscheidung im Mittelpunkt steht und die Vernunft und die Gerechtigkeit siegen werden, stirbt bekanntlich zuletzt.

Die Erfahrung vieler Familien zeigt, dass ihre mitunter zahlreichen Beschwerden über bestehende Missstände im Hilfeverfahren selten an die Öffentlichkeit kommen, scheinbar folgenlos bleiben und/oder seitens der Behörde offenbar sofort im Keim erstickt werden. Für einen offenen Austausch und für konstruktive und durchaus berechtigte Kritik sind die fallzuständigen Mitarbeitenden oftmals nicht zugänglich bzw. scheint dies in dem rigiden Behördenapparat auch nicht wirklich gewollt zu sein. Eltern leiden im Gegenzug stillschweigend und halten aus, aus Angst die gewährten Hilfen ihrer Kinder, wenn auch unzureichend, auch noch zu gefährden.

> *Traut man sich dann noch im Konfliktfall als Eltern beispielsweise auf klare Missstände der Behörden (z. B. Untätigkeit, mangelnde Ansprechbarkeit/Erreichbarkeit) oder des kooperierenden Hilfesystems (z. B. Nichterbringen zugesagter Leistungen) hinzuweisen und damit den Finger in deren eiternde Wunde zu legen, haben diese oftmals am Ende weitgehende Konsequenzen bis hin zur (unrechtmäßigen) Versagung von Hilfen zu befürchten. Unschlagbare Rechtsgrundlage hierfür ist notfalls die »fehlende Mitwirkung und Kooperationsbereitschaft des/der Hilfesuchenden«, die diesen – häufig nicht nachvollziehbaren – Schritt seitens der Behörde (vorläufig) rechtfertigen und absichern soll. Nicht selten wird dabei der Rechtsanwalt/die Rechtsanwältin langfristig zum/zur engen Vertrauten der Eltern* (Hack, 2023, S. 120).

Nimmt man als Eltern in diesem Kontext sein Recht auf Akteneinsicht gemäß § 25 SGB X in Anspruch, um Transparenz in das laufende Verwaltungsverfahren zu erhalten und das Behördenhandeln zu verstehen, bekommt man unter Umständen in diesem Rahmen auch Einblick auf interne Gesprächsprotokolle/-vermerke und wird sich dadurch manchmal erst der Komplexität der Problematik bewusst. Mögliche Einstellungen, Haltungen und Handlungsmotive der Mitarbeitenden, die vorher (insgeheim) noch auf Vermutungen, Befürchtungen und/oder »Bauchgefühlen« basierten, werden nun ggf. durch entsprechende Dokumentationen und interne Berichterstattungen nochmals ersichtlich und/oder belegbar, was Betroffene jedoch wiederum häufig schlichtweg fassungslos zurücklässt:

- Mitarbeitende, die sich selbst in eine Opferrolle begeben und damit die Augen davor verschließen, dass sie selbst in ihrer Rolle die Verantwortung für den Prozess tragen;
- Familien, die intern als »schwierige« und »problematische« Fälle eingestuft werden, weil sie Entscheidungen nicht einfach so hinnehmen und für die Rechte ihrer Kinder eintreten;
- Pläne/Strategien, die intern geschmiedet/diskutiert werden, um Eltern zu diskreditieren bzw. zukünftig möglichst aus dem Prozess auszuhebeln und die eigenen Entscheidungen ohne Rücksicht auf Verluste durchzusetzen;
- (wissentlich) falsche/verzerrte Dokumentation/Darstellung der Ereignisse/Sachlage, die als Grundlage dafür dient, das Behördenhandeln zu rechtfertigen, mögliches Fehlverhalten umzudeuten bzw. Entscheidungen rechtlich abzusichern;
- etc.

Dies sind nur einige (belegbare) Realbeispiele behördeninterner Dokumentationen, die jedoch durchaus an professioneller Distanz und Neutralität der Mitarbeitenden zweifeln lassen und auch eine deutliche (Negativ)Haltung gegenüber den Familien aufzeigen.

Ist die »Rechtmäßigkeit« einer Beschwerde infolgedessen gut belegbar, so dass beispielsweise klare Rechtsbrüche von Mitarbeitenden offengelegt oder auch offensichtliche Missstände oder Fehlverhalten aufgezeigt werden können, bleibt auch dies am Ende noch viel zu häufig für die Verantwortlichen (scheinbar) folgenlos, was ihnen für zukünftige (rechtlich fragwürdige) Aktionen im Konfliktfall durchaus den Rücken stärken kann und Familien am Ende frustriert und erschöpft zurücklässt, so dass sie schlimmstenfalls das Rechtssystem selbst und damit auch das komplette Hilfesystem langfristig in Frage stellen.

Nachdem über einen Zeitraum von etwa vier Jahren kein gemeinsames Hilfeplangespräch durch die zuständige Fallbearbeiterin des Jugendamts erfolgte, da z.B. langfristig anberaumte Termine ihrerseits immer wieder aus »fadenscheinigen« Gründen kurzfristig abgesagt bzw. unhaltbare Alternativtermine von Behördenseite festgelegt wurden und damit nicht stattfinden konnten, unterbreiteten wir der Jugendamtsmitarbeitenden nach Rücksprache mit allen Prozessbeteiligten im Herbst 2022 schriftlich einen neuen Terminvorschlag mit der Bitte um Terminbestätigung. Trotz mehrfacher Nachfragen blieb diese jedoch aus, was allerdings nicht unüblich war, da die Mitarbeiterin die Kommunikation zu uns nahezu eingestellt hatte. Da sie von sich aus jedoch keinen alternativen Terminvorschlag einbrachte, bestand insgeheim die Hoffnung, dass sie dieses Mal an dem Austausch tatsächlich teilnehmen würde.

Im Vorfeld des Termins übersandten wir sodann – wie vertraglich vereinbart – den Entwicklungsbericht der Schulbegleitung und erhielten dadurch die (automatisierte) Information, dass die zuständige Mitarbeiterin im Urlaub war. Eine Vertretung erschien zu dem anberaumten Termin nicht, so dass wir erneut Beschwerde gegen die Behördenmitarbeiterin einlegten, da sie jeglichen Austausch im Hilfeprozess seit Jahren torpedierte.

In einem darauffolgenden Krisengespräch innerhalb der Behörde, an dem die verantwortliche Mitarbeiterin jedoch wiederum nicht teilnahm, gab ihr Vorgesetzter stellvertretend zum Sachverhalt an, dass der genannte Termin durch eine Nachricht auf unserem Anrufbeantworter bereits einige Monate zuvor abgesagt wurde, verbunden mit der Bitte um Kontaktaufnahme zwecks Vereinbarung eines Alternativtermins. Wir als Eltern hätten darauf jedoch nicht reagiert, uns den Anweisungen der Behördenmitarbeiterin widersetzt, an dem geplanten Termin festgehalten und damit schlichtweg auch in Kauf genommen, dass die fallzuständige Mitarbeiterin erneut nicht teilnehmen würde.

Auch wenn wir durch eine Auswertung unserer Telefonanlage eindeutig belegen konnten, dass diese Aussage nicht den Tatsachen entsprach und die Kontaktaufnahme/Terminabsage folglich niemals stattgefunden hatte, spielte dies für ihn keine Rolle. Aus Sicht der Behördenleitung gab es keinen ersichtlichen Grund, warum seine Mitarbeiterin hier die Unwahrheit sagte, so dass der Fehler letzten Ende bei uns zu suchen sei und wir aus seiner Sicht auch die Verantwortung für den misslingenden Hilfeprozess trugen.

Die mitunter berechtigten Beschwerden von Hilfesuchenden bzw. deren Erziehungsberechtigten dauerhaft nicht ernst zu nehmen, sie nicht adäquat und ausreichend (neutral) zu prüfen und zu bewerten, sie schlimmstenfalls aus falsch verstandener »Kollegialität« bzw. »Loyalität« den Mitarbeitenden gegenüber unter den Tisch fallen zu lassen, zu ignorieren und/oder totzuschweigen, wird den daraus resultierenden Konflikt sicherlich nicht lösen und stattdessen für weitere Eskalation sorgen. Behördenleitungen, die zudem noch alles von sich weisen, lieber die Augen vor den Missständen innerhalb ihrer Fachabteilungen verschließen und Beschwerden nach unten delegieren, um sich damit automatisch jeglicher Konfrontation und Verantwortung für das potenzielle Fehlverhalten ihrer Mitarbeitenden zu entziehen, sich auch nicht offen für ein Gespräch mit Betroffenen, für Veränderungsvorschläge oder Prozessoptimierungen zeigen, sind dabei keine Seltenheit.

Im Zuge langanhaltender Konflikte mit den fallzuständigen Mitarbeitenden des Jugendamts richteten wir eine umfassende Dienstaufsichtsbeschwerde an die übergeordnete Behördenleitung der Landkreisbehörde. Diese delegierte die Bearbeitung des Vorgangs jedoch wiederum nach unten an den Jugendamtsleiter, was aus unserer Sicht völlig absurd erschien, da dieser selbst Bestandteil der Beschwerde war und in einem vorgeschalteten persönlichen Krisengespräch mehrfach betonte, dass »*die Mitarbeitenden seiner Abteilung ausschließlich in seinem Auftrag handelten und sich – im Gegensatz zu uns Eltern – nichts zu Schulden kommen lassen hätten. Er sei deshalb in vollem Umfang in das Verfahren eingebunden* und habe dieses auch in seiner Vorgesetztenfunktion abgesegnet/in Auftrag gegeben.«

Das offizielle Pauschalergebnis der Dienstaufsichtsbeschwerde erschien damit für uns nicht sonderlich überraschend und lautete nach mehrmonatiger Prüfung wortgetreu:

»*Ein persönliches Fehlverhalten oder die Verletzung von Dienstpflichten von Mitarbeitern des Landkreises [...] wurde nicht festgestellt*« (Originalzitat der Behörde).

Konkrete Nachweise, die unsere Aussagen/Angaben belegen konnten, schienen für den Prüfenden nicht von Interesse oder Relevanz, deren Aushändigung wurde vielmehr abgelehnt und diese damit auch nicht in die (vermeintlichen) »Prüfungen und Bewertungen« miteinbezogen, schließlich stand das Ergebnis bereits von Beginn an fest.

Konstruktive nachhaltige Veränderungen, die mitunter allen Prozessbeteiligten zugutekommen könnten, werden dadurch sicherlich langfristig nicht initiiert. Dies vermag sich nicht nur kontraproduktiv auf die Arbeitsqualität, das Engagement und die Zufriedenheit der Mitarbeitenden auswirken und wiederum in eine hohe Personalfluktuation (▶ Kap. 3.1.4) münden, sondern auch den Leidensdruck der Hilfesuchenden und damit die Herausforderungen der Familien deutlich erhöhen, so dass diese Form des Beschwerdemanagements am Ende schlichtweg nur »Verlierer« hervorbringt.

3.2.2 Beratungspflicht

Das Sozialgesetzbuch (SGB) enthält im Grunde genommen zahlreiche rechtliche Vorschriften und Paragrafen, welche die zuständigen Kostenträger/Behörden dazu verpflichten, Hilfesuchende und Anspruchsberechtigte (bzw. deren gesetzliche Vertreter/innen) umfassend über ihre Rechte und mögliche Leistungsansprüche zu beraten, um sicherzustellen, dass sie die erforderlichen und notwendigen Hilfen sowie die bestmögliche Förderung erhalten.

Die Praxis zeigt jedoch, dass viele Behörden ihrer Beratungspflicht entweder gar nicht oder nur unzureichend nachkommen, so dass beispielsweise Eltern autistischer Kinder mit ihrem Hilfegesuch auch nur unzureichend über vorhandene Unterstützungsmöglichkeiten, rechtliche Ansprüche und Antragswege informiert werden und sich diese im Gegenzug – trotz begrenzter Ressourcen – in mühevoller Kleinarbeit eigenständig erarbeiten müssen.

Einige Behörden scheuen hierbei offenbar auch nicht davor zurück, (wissentlich) falsche Informationen zu erteilen, um Anspruchsberechtigte mitunter davon abzuhalten, bestimmte Anträge (zeitnah) zu stellen und damit am Ende auch Kosten und Bearbeitungszeit einzusparen. Darüber hinaus kann in diesem Kontext auch die hohe Personalfluktuation (▶ Kap. 3.1.4) in Verbindung mit mangelnder Einarbeitung und damit verbundenen (rechtlichen) Wissenslücken der Mitarbeitenden durchaus dazu führen, dass versehentlich falsche Informationen herausgegeben und damit erforderliche Hilfen schlichtweg nicht in Anspruch genommen werden (können).

> Nach der Autismus-Diagnose unseres Sohnes wurden wir im Zuge unserer Recherchen auf die Möglichkeit der Inanspruchnahme des persönlichen Budgets aufmerksam. Als wir unsere Fallbearbeiterin danach befragten und um weitere Informationen baten, gab sie an, dass es diese Leistungsform bei ihnen nicht gibt, so dass wir auch gar keinen Antrag zu stellen bzw. uns damit nicht auseinanderzusetzen brauchten.
>
> Die Information, dass es sich hierbei jedoch um eine bundesgesetzlich verankerte Wahlleistung handelt, eine Alternative zur herkömmlichen Sachleistung darstellt und die Behörde damit gesetzlich dazu verpflichtet, diese Leistung anzubieten, mussten wir uns im Nachgang selbst erarbeiten.

Der Behörde bzw. deren Mitarbeitenden am Ende bezüglich ihrer Beratungspflichten ein Versäumnis bzw. gar eine Falschberatung nachzuweisen, erscheint im Zuge dessen jedoch fast unmöglich, da viele Informationen (strategisch) nur mündlich erteilt werden und sich infolgedessen im Nachgang auf Behördenseite auch immer darauf berufen werden kann, dass es sich hierbei wohl um ein »kommunikatives Missverständnis« handelt. In diesem Kontext lohnt es sich immer, konkrete Anfragen schriftlich zu formulieren und auch auf eine schriftliche Antwort zu insistieren, um notfalls dagegen vorgehen zu können. Ferner sollten sich Eltern auch niemals davon abhalten lassen, einen schriftlichen Antrag auf eine begehrte Leistung zu verfassen und einzureichen, um damit die Behörde im Zuge eines Verwaltungsakts dazu zu verpflichten, zumindest in die Prüfung des Anliegens zu gehen und einen schriftlichen Bescheid zu erlassen, indem über das Ergebnis der Prüfung informiert wird.

Überdies stellt sich bei der Beratungspflicht der Kostenträger sicherlich auch immer die Frage nach der Objektivität und Neutralität der Informationen, da der immense Kostendruck und die angespannte Haushaltslage vieler Behörden hier durchaus Einfluss nehmen können. Ein Verweis auf externe, unabhängige Beratungsstellen (▶ Kap. 2.5.1) kann hier durchaus eine gute Kompromisslösung für Behördenmitarbeitende darstellen, um hier nicht in einen Loyalitätskonflikt mit dem Arbeitgeber zu geraten, gerade dann, wenn die behördeninternen (mitunter restriktiven) Anweisungen der Leitungsebene mit der eigentlichen Gesetzgebung oder den eigenen Werten nicht konform zu gehen scheinen.

3.2.3   Bedarfsermittlung im Hilfeplanverfahren

Wurde ein Antrag auf Eingliederungshilfe durch die betroffene Person selbst oder deren gesetzliche Vertreter gestellt, wird die Behörde nunmehr in der Folge dazu verpflichtet, ein Hilfeplanverfahren bzw. einen individuellen Bedarfsfeststellungsprozess einzuleiten, in dessen Zuge prinzipiell mit allen am Prozess Beteiligten ein umfassender Teilhabeplan aufzustellen/zu erarbeiten ist, der die wesentlichen Ziele, die vorhandenen Bedarfe und die daraus resultierenden erforderlichen Unterstützungsmaßnahmen konkretisiert und verschriftlicht. Der ermittelte Bedarf sowie die gewährten Hilfen sollen sodann in regelmäßigen Abständen, beispielsweise im Zuge von Hilfeplangesprächen, überprüft und ggf. angepasst werden, um sicherzustellen, dass die Unterstützungsmaßnahmen weiterhin passend und geeignet scheinen, um die aufgestellten Ziele langfristig zu erreichen.

Infolgedessen wird die Bedarfsermittlung dem Grunde nach als »kooperativer Prozess der Mitgestaltung und aktiven Mitwirkung aller Prozessbeteiligten« (insbesondere des Leistungsempfängers/der Leistungsempfängerin bzw. dessen/deren gesetzliche Vertreter/innen) verstanden und obliegt damit nicht allein im Ermessen des zuständigen Kostenträgers, was jedoch in der Praxis nicht immer ausreichend Berücksichtigung findet.

Besteht unter den beteiligten Parteien (z. B. Eltern, Behördenmitarbeitende, Fachkräfte) Uneinigkeit in Bezug auf die Einschätzung des Bedarfsumfangs und/oder die Art und Ausgestaltung der zu gewährenden Hilfen, muss somit innerhalb des Hilfeprozesses letztlich ein Konsens herbeigeführt werden und die Behörde darf im Gegenzug nicht ausschließlich aus eigenem Ermessen heraus agieren oder gar sachfremde Erwägungen (z. B. Kostenreduzierung) in ihre Entscheidung mit einfließen lassen.

Die Praxis zeigt jedoch, dass zuständige Kostenträger wie Jugend- und Sozialämter die Gesetzeslage durchaus unterschiedlich auszulegen/zu handhaben wissen und die Wege und die Qualität der Bedarfsermittlung damit völlig variabel erscheinen, mitunter auch abhängig von dem/der fallzuständigen Mitarbeitenden, so dass auch das Ergebnis dieses Prozesses am Ende maßgeblich von der persönlichen/fachlichen Haltung, der Fachkompetenz, dem Wohlwollen und/oder auch dem vorrangigen Auftrag (Hilfereduzierung/Kostenersparnis vs. umfassende Bedarfsdeckung) dieser Mitarbeitenden abhängig erscheint.

Dies führt schlimmstenfalls dazu, dass sich einige Familien, nach jahrelangen, kräftezehrenden Kämpfen mit ihren zuständigen Sachbearbeitenden und/oder Behörden im Allgemeinen, dazu entscheiden, ihren Wohnort zu verlassen und zum Wohle ihres Kindes umzuziehen, um bezüglich erforderlicher/begehrter Hilfen und Bedarfe einen Neustart bei einer anderen Behörde und/oder einem/einer anderen Mitarbeiter/in zu wagen oder überhaupt erst den Zugang zu bestimmten Hilfen (z. B. einer spezialisierten Schule oder einem bestimmten Angebot eines regionalen Leistungsträgers) zu erhalten.

Dennoch gibt es durchaus auch Kostenträger mit engagierten, wertschätzenden und wohlwollenden Mitarbeitenden, die – wie vom Gesetz intendiert – ergebnisoffen und neutral in das Hilfeplanverfahren starten und in regelmäßigen Abständen alle Prozessbeteiligten an einen runden Tisch zusammenführen, um gemeinsam und transparent die Bedarfe des Kindes in den Fokus zu nehmen, zu diskutieren, abzuwägen und auf dieser Grundlage adäquate Lösungsmöglichkeiten zu erarbeiten und diese auch zu bewilligen.

Aufgrund des immensen Kostendrucks vieler Behörden scheint die Praxis des Hilfeplan-/Teilhabeverfahrens und der Feststellung notwendiger Bedarfe und Hilfen in den letzten Jahren jedoch zunehmend restriktiver zu werden, so dass in einigen Fällen nicht mehr das Kind und dessen tatsächlich vorhandene Bedarfe im Vordergrund stehen, sondern der Fokus der Mitarbeitenden auf Kostenreduktion und damit auf Reduzierung von Hilfen ausgerichtet scheint. Unschlagbares Argument hierfür scheint meist das Ziel einer zunehmenden »Verselbständigung des Kindes« zu sein, welche aus dem Behördenverständnis heraus offensichtlich nur durch eine Reduktion von Fachleistungsstunden erreicht werden kann. Eltern, welche in diesem Zusammenhang gegen diese ankämpfen, werden häufig von der Gegenseite ausgekontert, so dass vermeintlich alles in der Macht der Behörde Stehende angewandt wird, um die Entscheidung für eine Reduzierung rechtssicher auszugestalten. Einigen Behördenmitarbeitenden scheint dabei jedes Mittel recht zu sein, so dass sie auch vor offensichtlich rechtswidrigen Aktionen nicht zurückzuschrecken scheinen, da sie ja erfahrungsgemäß im Konfliktfall um die völlige Rückendeckung ihrer Vorgesetzen wissen (▶ Kap. 3.2.1.2) und sich deshalb in Sicherheit wiegen.

Nachfolgende Beispiele, die allesamt auf Tatsachen beruhen, sollen verdeutlichen, wie dies in der Praxis ausschauen kann und wie durch teilweise völlig absurdes Behördenhandeln der Hilfeprozess für Familien zunehmend zu einer Herausforderung werden kann:

- Behördenmitarbeitende, die im Rahmen der Bedarfsfeststellung an den Erziehungsberechtigten vorbei, mitunter auch ohne Schweigepflichtenbindung, im Hilfesystem völlig autark agieren, Prozessbeteiligte aktiv befragen, jedoch nur die Argumente in der Akte (einseitig) dokumentieren/aufnehmen, die ihre Entscheidung stützen.
- Behördenmitarbeitende, die mitunter Einfluss auf die Ausgestaltung und den Inhalt von Entwicklungsberichten nehmen und damit insgeheim Sorge dafür tragen, dass Bedarfe unzureichend schriftlich dokumentiert werden. So berichten beispielsweise viele Schulbegleitungen davon, dass ihre Entwicklungsberichte mehrfach zurückgegeben bzw. sie nachdrücklich dazu angehalten werden, diese entsprechend zu überarbeiten bzw. anzupassen. In diesem Zusammenhang stößt man wiederum in der Praxis auf »pauschalisierte«, kurzgefasste und wenig aussagekräftige Entwicklungsberichte, die immer wieder neu geschrieben werden, bis sie inhaltlich völlig ausgehöhlt/flach und hinsichtlich der individuellen Situation und Bedarfe des Kindes nicht mehr aussagekräftig erscheinen.
- Behördenmitarbeitende, die in Schulen gehen und (wiederholt) pauschal die Behauptung aufstellen, die Schulbegleitung leiste inhaltliche Hilfestellung, ohne dies auf Rückfrage der Eltern hin entsprechend zu belegen und/oder zu konkretisieren. Dies führte beispielsweise in einem Fall dazu, dass das Vertrauen in die eingesetzte Schulbegleitung auf Seiten der Lehrkräfte verloren ging und diese letztlich unter Generalverdacht stand, was sich auf alle Beteiligten innerhalb des Schulsettings nachhaltig negativ auswirkte. Die Lehrkräfte standen zunehmend unter Aufklärungsdruck, was wiederum dazu führte, dass sie eine Reduzierung der Fachleistungsstunden der Schulbegleitung befürworteten, obwohl es die vorhandenen Bedarfe des Schülers im Grunde genommen nicht zuließ.

3.2 Strategien der Kostenträger

- Die individuellen (sozialpädagogischen) Einschätzungen/Analysen/Diagnostiken von Behördenmitarbeitenden, die häufig lediglich auf einem Kurzkontakt mit dem Kind und/oder beispielsweise auf zeitlich sehr umgrenzte Beobachtungen (z. B. im Rahmen einer Hospitation im Schulunterricht) fußen, jedoch in ihrer Gewichtung mit den umfassenden Beobachtungen/Erfahrungen der Lehrkräfte und der Schulbegleitung als gleichwertig, wenn nicht sogar höherwertig, angesehen werden. Dass diese Beobachtungen innerhalb des Prozesses lediglich als »Momentaufnahme« gewertet werden können, die sicherlich die Gesamtproblematik bzw. den daraus resultierenden Bedarf des Kindes nicht vollumfänglich zu erfassen vermögen, scheint in diesem Kontext keine Rolle zu spielen.
- Fachkräfte, deren Kompetenzen von Behördenmitarbeitenden offen in Frage gestellt bzw. die in Gesprächsrunden fachlich vorgeführt und/oder (behördenintern) diskreditiert werden, um die Absetzung derselben – auch gegen den Willen der Eltern – zu erwirken und/oder zumindest eine Stundenreduzierung zu rechtfertigen.
- Beobachtungen, Protokolle und Stellungnahmen, die strategisch umgedeutet, inhaltlich falsch oder in der Fallakte (einseitig positiv) dokumentiert werden, damit sie für die eigene Argumentation brauchbar scheinen und die Entscheidung für eine Reduzierung fachlich rechtfertigen.
- Eingereichte Arztberichte, fachliche Expertisen, Dokumente und Unterlagen, die im Entscheidungsprozess im behördeninternen Fallteam als »nicht relevant« eingestuft werden, da sie der eigenen Situations-/Bedarfsanalyse (fachlich) widersprechen.
- Eltern, die in behördeninternen Protokollen wiederholt »diskreditiert«/vorgeführt werden, um ihre vorgebrachten Argumente weniger glaubhaft, relevant und gewichtig erscheinen zu lassen.
- Etc.

Es erscheint nicht überraschend, dass diese Vorgehensweise am Ende zu kräftezehrenden Konflikten über die Deutungshoheit und zu viel

Frust bei allen Beteiligten führt. Von Neutralität, einer aktiven Beteiligung und Mitwirkung der Personensorgeberechtigten oder einer Kooperation auf Augenhöhe ist in diesem Kontext leider häufig nicht mehr die Rede. Entsprechende Beschwerden mit Verweis auf die gesetzliche Grundlage bzw. den Willen des Gesetzgebers bleiben jedoch ungehört und für die Mitarbeiterschaft ohne Konsequenz (▶ Kap. 3.2.1.2). Dies hat am Ende für viele Familien nichts mehr mit Eingliederungs-»Hilfe« zu tun, sondern mündet nicht selten in einem (Macht-)Kampf der Eltern für die Rechte ihrer Kinder, die in diesem Prozess das schwächste Glied und damit die Leidtragenden ohne Lobby darstellen.

Um den Bedarf eines autistischen Kindes vollumfänglich zu ermitteln, zu analysieren und zu bewerten und auf dieser Grundlage letztlich eine fachlich fundierte und gut begründete Entscheidung treffen zu können, kann die Behörde infolgedessen vielfältige Maßnahmen ergreifen, die für Hilfesuchende jedoch mitunter auch zu einer zusätzlichen Herausforderung werden können. Einige dieser Interventionen und daraus resultierende Stolpersteine sollen im nachfolgenden Kapitel im Zusammenhang mit der Bedarfsermittlung in Bezug auf Schulbegleitung exemplarisch dargestellt werden.

3.2.3.1 Stolpersteine der Bedarfsermittlung am Beispiel der Schulbegleitung

Erhalten autistische Kinder und Jugendliche im Schulalltag Unterstützung durch eine Schulbegleitung, führen einige fallzuständige Behördenmitarbeitende im Rahmen der Bedarfsermittlung regelmäßige Hospitationen (Unterrichtsbesuche) durch, um sich ein umfassendes Bild über deren Entwicklung und Beeinträchtigungen bzw. den daraus resultierenden Bedarfen im Schulalltag zu verschaffen und die Wirkungsweise und/oder auch Geeignetheit der Schulbegleitung zu beobachten bzw. zu überprüfen. Hospitationen werden damit seitens der Behörde als ein Instrument der sozialpädagogischen Diagnostik sowie als wesentlicher Bestandteil der Bedarfsermittlung betrachtet, um über einen (Weiterbewilligungs-)Antrag auf

3.2 Strategien der Kostenträger

Eingliederungshilfe zur Finanzierung einer Schulbegleitung entscheiden zu können.

Dennoch drängt sich hier oftmals (fachlich und sachlich) die Frage auf, ob eine Hospitation an einem x-beliebigen Schultag im Umfang von ein bis zwei Schulstunden – wie sie im Regelfall aus Kapazitätsgründen der zuständigen Mitarbeitenden – durchgeführt wird, überhaupt ausreichend erscheint oder vielmehr lediglich als kleiner Baustein unter vielen im Rahmen der Bedarfsermittlung betrachtet/bewertet werden kann.

Behördenmitarbeitende treffen in diesen Schulstunden in der Regel auf für sie »fremde« Kinder/Jugendliche, deren (unsichtbaren) Bedarfe sich mitunter noch sehr stark situationsbedingt bzw. tagesformabhängig zeigen, so dass lediglich von einer kurzen Bestands-/Momentaufnahme gesprochen werden kann, welche jedoch der Gesamtproblematik häufig nicht Rechnung trägt.

Dabei kommt es nicht selten vor, dass diese Hospitationen für das autistische Kind und die Schulbegleitung unangekündigt erfolgen, was im schlimmsten Fall zu Störungen und Unruhe innerhalb des Unterrichtgeschehens führen und/oder zumindest große Verunsicherung oder auch Ängste beim/bei der betroffenen Schüler/in, der Schulbegleitung und auch bei der Lehrkraft auslösen kann.

Einige Behördenmitarbeitende bestehen – nicht selten auch ohne Rücksprache mit den Personensorgeberechtigten – darauf, sich neben einer begleiteten Schulstunde als Vergleich auch eine »unbegleitete« Schulstunde ansehen zu dürfen, obwohl dies fachlich betrachtet – aufgrund der häufig hohen Kompensationsmechanismen und Anpassungsleistungen vieler autistischer Schüler/innen – keinerlei Relevanz für den zugrundeliegenden Bedarf der/des Betroffenen hat und lediglich enorme Stressreaktionen zur Folge haben kann.

Für Behördenmitarbeitende sollte deshalb in diesen Situationen maßgeblich das Kindeswohl im Vordergrund stehen und damit immer auch sorgfältig abgewogen werden, ggf. auch nach vorheriger Rücksprache mit den Erziehungsberechtigten, ob dies dem/der betroffenen Schüler/in unter den gegebenen Umständen zumutbar erscheint, welche möglichen Konsequenzen dies ggf. für ihn/sie hat (erhöhtes Stressniveau bis hin zum Meltdown), welchen tatsächlichen Nutzen sich der Mitarbeitende davon verspricht und ob dies die zu erwartenden »Kosten« rechtfertigen kann.

Auch gilt hier zu berücksichtigen, dass ein anschließender fachlicher Austausch mit den Lehrkräften und/oder Klassenleitungen des Kindes – wie er häufig von Behördenmitarbeitenden praktiziert wird – rechtlich nur bei vorliegender Schweigepflichtentbindung erfolgen kann/darf, was von Behördenmitarbeitenden in der Praxis nicht immer berücksichtigt wird. Ferner vermag auch dieser Austausch immer nur einen (kleinen) Einblick in die Bedarfe im konkreten Unterrichtsfach geben. Weiterhin setzt es dazu im Prinzip noch ein entsprechendes Hintergrundwissen der befragten Lehrkraft zwingend voraus, da die konkreten Bedarfe autistischer Schüler/innen häufig unsichtbar bzw. zumindest auf den ersten Blick nicht offensichtlich erscheinen und je nach Unterrichtsfach, Lehrkraft oder konkreter Ausgestaltung des Unterrichts (Frontalunterricht oder Gruppenarbeit) stark differieren kann.

Erfolgte im Vorfeld eines Hilfeplangesprächs mit einem Teil der Prozessbeteiligten (z. B. mit den Lehrkräften) bereits ein intensiver Austausch, liegt die Herausforderung der Eltern häufig darin, die ggf. vorgefertigte Meinung mitunter kritisch zu hinterfragen, zu widerlegen und/oder ggf. entsprechende Gegenargumente zu liefern, die dann jedoch schlimmstenfalls nicht ernst genommen oder gar belächelt werden, da man sich scheinbar bereits einig ist.

Erfolgt der Austausch mit den Lehrkräften dann noch ohne Anwesenheit und gegen den ausdrücklichen Willen der Eltern, bleibt auch diese Vorgehensweise auf Dauer nicht ohne Konsequenz. So kommt es dadurch in der Folge nicht selten zu unnötigen und kräftezehrenden Auseinandersetzungen und Konflikten zwischen Elternhaus und Schule, die eine vertrauensvolle Zusammenarbeit durchaus gefährden können, was sich dann wiederum auch unmittelbar auf die Beschulung bzw. die Stabilität des/der autistischen Schülers/Schülerin negativ auswirken kann.

Um die Gesamtproblematik und die (unsichtbaren) Bedarfe umfassend ermitteln zu können, sollten Beobachtungen und Bewertungen Außenstehender immer wieder auch kritisch hinterfragt und mit engen Bezugspersonen des Kindes entsprechend abgeglichen und rückgekoppelt werden. Zeigt der/die Schüler/in beispielsweise, dass er/sie während einer Hospitation seine/ihre Arbeitsmaterialien selbstständig ordnen kann, bedeutet dies nicht automatisch, dass ihm/ihr diese Kompetenz jederzeit auch zur Verfügung steht, so dass er/sie diese Leistung beispielsweise an manchen Tagen gar nicht aufzubringen vermag und ihn/sie völlig überfordert. Auch die Beobachtung, dass ein Schüler/eine Schülerin z. B. jeden Tag pünktlich zum Unterricht erscheint, ist nicht automatisch als ein Indikator für seine/ihre Selbständigkeit zu bewerten, da mitunter dadurch nicht ersichtlich wird, welcher Aufwand eventuell hierfür innerhalb der Familie täglich notwendig ist, damit das Kind dies schafft.

Die nachfolgenden Auszüge aus einem Hospitationsprotokoll zeigen die fachlichen Einschätzungen und Bewertungen einer Jugendamtsmitarbeiterin, die sie infolge einer zweistündigen Hospitation vorgenommen hat. Unter ihren protokollierten Aussagen befindet sich im Gegenzug jeweils zum Vergleich die entsprechend begründeten Bewertungen der Eltern.

Auszug aus der allgemeinen Diagnostik eines Hospitationsprotokolls:

XY verfügt über einen Handlungsplan und befolgt die Anweisungen der Lehrkräfte sofort und selbstständig.

Er verfügt (immer dann) über einen Handlungsplan, wenn er mit der vorhandenen/vorgegebenen Struktur vertraut ist. Sieht er sich mit neuen, unbekannten Herausforderungen konfrontiert, ist er meist nicht in der Lage, diese ohne Unterstützung und Anleitung der Schulbegleitung im Sinne seines eigenen Leistungsanspruchs zu bewältigen.

Während des Frontalunterrichts ist er der Lehrkraft zugewandt und aufmerksam. Er beteiligt sich aktiv mündlich am Unterricht, meldet sich

und kann abwarten, bis er an der Reihe ist. Bei Unklarheiten oder Fragen wendet er sich selbstständig an die Lehrkraft. XY kann seine Materialien selbstständig organisieren.
Schriftliche Aufgabenstellungen werden von XY sofort und selbstständig begonnen.
Seine Konzentrationsfähigkeit ist altersgerecht.

Aufmerksam zu sein, sich aktiv zu beteiligen, sich zu melden und abzuwarten, bis er an der Reihe ist, gelingt ihm inzwischen überwiegend, sofern ihm die Lehrkraft vertraut und gut gesonnen ist. Bei hoher Stressbelastung handelt er jedoch sehr impulsiv und benötigt deshalb zwingend die Anwesenheit und aktive Steuerung durch die Schulbegleitung (sehr stark tagesformabhängig). Dies bezieht sich auch auf die Bearbeitung von Aufgabenstellungen und seine Konzentrationsfähigkeit, die phasenweise sehr schwankend ist, so dass das Ausmaß der Unterstützung durch die Schulbegleitung immer wieder neu überprüft und an die Bedarfe des Kindes angepasst werden muss (wenig planbar, vorhersehbar).

XY hat alle benötigten Materialien dabei und notiert seine Hausaufgaben selbstständig.

In diesem Bereich werden seine Kompetenzen völlig überschätzt, da nach wie vor die Kindsmutter maßgeblich Sorge trägt, dass er alle Materialien dabeihat. Auch das selbstständige Notieren der Hausaufgaben gelingt nur phasenweise und Bedarf der Überprüfung auf Vollständigkeit/Lesbarkeit durch die Schulbegleitung.

Auf Grundlage der Einschätzung der Behördenmitarbeiterin sollte sich der Umfang der Schulbegleitung in Folge um ein Drittel reduzieren, da das Kind aus ihrer Sicht immense Fortschritte gemacht habe und sie die Funktion, welche die Schulbegleitung in diesem Kontext innehatte (maßgeblicher Sicherheitsanker und Stresskompensator), völlig unterschätzte.

Werden die Beobachtungen nicht adäquat rückgekoppelt und fließen die Erfahrungswerte und das Expert/innenwissen der Eltern damit nicht ausreichend in die Bewertung mit ein, wird das Leistungsvermögen autistischer Kinder im Schulalltag häufig völlig überschätzt und tatsächlich vorhandene Bedarfe schlichtweg übersehen, so dass der Stundenumfang der Unterstützungsleistungen in zahlreichen Fällen deutlich zu gering ausfällt. Dies kann sich am Ende nicht nur nachhaltig auf die Qualität der gewährten Leistung und auf die Stabilität des Kindes innerhalb des Schulkontextes auswirken, sondern insbesondere auch auf das kompensierende Familiensystem, welches das mitunter dauerhaft gestresste und überforderte Kind täglich auffangen und auftanken muss, immer auch mit der Angst im Nacken, wie lange es das autistische Kind auf diesem Niveau noch zu leisten vermag und wann es wohl unweigerlich zusammenbricht.

Mangelndes Wissen über das vorhandene Störungsbild, was am Ende dazu führt, dass aus Beobachtungen falsche Rückschlüsse gezogen werden, lassen damit die Herausforderungen für Familien anwachsen, die sich immer auch in der Verantwortung sehen, die Beeinträchtigungen ihrer Kinder zu verdeutlichen/sichtbar zu machen, mitunter gezeigtes Verhalten zu erklären/in Relation zu stellen und die daraus resultierenden Bedarfe zu begründen, was sie mitunter viel Kraft und Nerven kostet. Fühlen sie sich in diesem Prozess dann noch nicht ernst genommen bzw. scheinen ihre Argumente nicht berücksichtigt zu werden, steigt auch der Druck, der Frust und am Ende auch die Hilflosigkeit der Eltern, die an dem vorhandenen System zu verzweifeln drohen.

> In einem Krisengespräch mit dem Jugendamtsleiter betonte dieser mehrfach, dass die Hospitation und die dort getroffene Einschätzung der zuständigen Fallbearbeitenden für die Bedarfsfeststellung (Höhe und Umfang) und Weiterbewilligung der Schulbegleitung maßgeblich seien und seitens der Behörde auch keine Zweifel daran bestünden. Dass Lehrkräfte, Schulbegleitung und Elternhaus dies gegebenenfalls anders beurteilten, sei durchaus nachvollziehbar, aber letztlich für den Prozess nicht entscheidend.

3.2.3.2 Das Hilfeplangespräch

> SPIEL mit unbekannten REGELN
>
> Nach jahrelangem Kampf um die Bedarfe unserer autistischen Kinder fühlt sich inzwischen jedes neue (Hilfeplan-)Gespräch für uns Eltern an, als sei es für die Behörde ein SPIEL, bei dem die REGELN und STRATEGIEN ohne unser Beisein in einem Hinterstübchen immer wieder neu ausgehandelt oder ausgewürfelt werden, so dass der Überraschungseffekt jedes Mal auf ihrer Seite ist. Sie testen, überraschen, überrumpeln, gehen über Grenzen…
> Dieses SPIEL macht keine Freude, denn es ist kein SPIEL auf Augenhöhe. In diesem SPIEL gibt es jedoch am Ende nur Verlierer – allen voran: Unsere Kinder!
> Ob wir wollen oder nicht, wir werden jedes Jahr zu einer neuen Partie aufgefordert, können uns dieser Herausforderung dauerhaft nicht entziehen, denn Aufgeben ist keine Option.
> Dieses SPIEL kostet uns viel Kraft und Nerven, die uns an anderer Stelle wieder fehlen. Es zermürbt und bringt uns an unsere individuellen Belastbarkeitsgrenzen.
> Während wir uns nach SPIEL-Ende erschöpft zurückziehen und noch die Wunden lecken, sitzen die SPIEL-Führer jedoch schon wieder am runden Tisch und machen sich bereit für »THE NEXT LEVEL«.
> Wir fühlen uns als Eltern jedoch noch lange danach wie »GAME OVER!«.

Im Zuge der Bedarfsermittlung koordiniert die Behörde in regelmäßigen Abständen so genannte Hilfeplan- oder auch Teilhabegespräche, zu denen im Grunde genommen alle am Prozess Beteiligten an einen Tisch zusammenkommen (sollen), um über die vorhandenen Bedarfe des betreffenden Kindes gemeinsam zu beraten und Ziele festzulegen.

3.2 Strategien der Kostenträger

Eltern autistischer Kinder stehen in diesen »Expertenrunden« nicht selten immens unter Druck, da sie insgeheim befürchten müssen, mit ihren Argumenten und Anliegen nicht hinreichend gehört oder ernstgenommen zu werden. Außerdem sind sie unter Umständen anhaltend in Sorge, dass beispielsweise der Umfang einer gewährten Leistung für ihr Kind im Anschluss womöglich reduziert wird und die Hilfe damit dauerhaft nicht ausreichend ist. Hinzu kommt, dass ihnen oftmals geeignete Fachbegriffe bzw. Autismus-spezifische Argumentationsgrundlagen fehlen, um die vorhandenen Einschränkungen und/oder auch erforderlichen Bedarfe ihrer autistischen Kinder nicht wie »aus der Luft gegriffen«, »intuitives Bauchgefühl«, »Größenwahnsinn« und/oder auch »mangelnde Erziehungskompetenz« wirken zu lassen, so dass sie sich bisweilen von den vielen »Expert/innen« und deren »Fachsprache« durchaus eingeschüchtert fühlen und folglich lieber schweigen. Infolgedessen könnte eine fachlich kompetente Unterstützung bei derartigen Terminen eine große Hilfe und Entlastung für Eltern darstellen, auch wenn einige Behördenmitarbeitende dies in der Praxis womöglich anders sehen.

So kann es sein, dass von den Eltern hinzugezogene Fachkräfte von den Behördenmitarbeitenden schonmal als Beistände »degradiert« werden, deren Aussage bzw. Sichtweise damit bei der Entscheidung weniger Gewicht zu haben scheint (sofern sie mit der Behördensicht im Widerspruch stehen), da diese ausschließlich im Sinne der Eltern bzw. des Kindes argumentieren und offenbar nicht aus einer »neutralen Position« heraus. Weiterhin kann es durchaus vorkommen, dass angemeldete Beistände der Eltern – trotz Rechtsanspruch – im Vorfeld von Behördenseite »ausgeschlossen« werden. Sind Eltern in diesem Zusammenhang rechtlich nicht ausreichend versiert, beugen sie sich mitunter dieser Anweisung und verzichten auf die zusätzliche Unterstützung, da sie letztlich auf deren Kulanz angewiesen sind und keinen unnötigen Konflikt provozieren wollen.

Denn die Praxis zeigt durchaus, dass die Behörde im Konfliktfall mitunter eine Vielzahl strategischer Unterfangen anzuwenden vermag, die jeglichen – wie im Gesetz vorgesehen – »kooperativen

Prozess« vermissen lassen und für Eltern in einer weiteren Herausforderung mündet. Beispiele hierfür können unter anderem sein:

- Das Erzeugen eines zahlenmäßigen Ungleichgewichts zwischen anwesenden Behördenmitarbeitenden und anderen am Prozess Beteiligten, was auf Eltern unter Umständen durchaus Druck ausüben und zu deren Einschüchterung beitragen kann.
- (Wiederholt) kurzfristige Terminabsagen/-verlegungen, die Eltern mit ihren meist sehr begrenzten zeitlichen Ressourcen zunehmend unter Druck setzen, um diese überhaupt wahrnehmen zu können, bzw. die es anderen Prozessbeteiligten erschwert, an dem Termin teilzunehmen.
- Sachverhalte und Aussagen, die (absichtlich) falsch, umgedeutet, missverständlich oder auch aus dem Kontext gerissen protokolliert werden, um Prozessbeteiligte zu diskreditieren oder deren Aussagen/Beurteilungen nachdrücklich in Frage zu stellen.
- Gesprächsprotokolle, die Eltern – auch nach mehrmaligen Anforderungen – nicht zur Verfügung gestellt oder erst nach Wochen fertiggestellt und versandt werden, so dass mitunter zentrale Argumente und Absprachen oder auch wichtige Diskussionsinhalte nur sporadisch aufgeführt, vergessen und/oder auch falsch dokumentiert wurden und Eltern mitunter gefordert sind, eine Richtigstellung bzw. Klarstellung einzufordern, um im Klagefall nicht den Kürzeren zu ziehen.
- Etc.

3.2.3.3 Pauschalurteile nach Lehrbuch

Die Klassenleitung eines autistischen Schülers plante innerhalb des Schuljahres einen Museumsbesuch, der mit einem Ausflug in eine nahegelegene Großstadt verbunden werden sollte. Nach Rücksprache mit allen Beteiligten (Klassenleitung, Schüler, Schulassistenz, Elternhaus) wurde die Teilnahme des autistischen Schülers an diesem Tagesausflug befürwortet und auch ein »Notfallplan« erarbeitet. Damit die Schulassistenz den Schüler an diesem Ausflug begleiten konnte, musste im Vorfeld entsprechend den Vorgaben des Kostenträgers eine »Sondergenehmigung« beantragt werden.

Kurz zuvor kam es behördenintern zu einem Zuständigkeitswechsel im Fallmanagement. Der nunmehr zuständige Mitarbeiter lehnte die beantragte Schulbegleitung – ohne Kenntnis des Kindes und auch ohne Rücksprache mit den Eltern – formal ab mit der Pauschalbegründung, dass ein derartiger Tageausflug für einen autistischen Schüler eine völlige Überforderung darstelle und ihm damit nicht zumutbar sei.

Diese Entscheidungen nach Aktenlage – ohne Rücksprache mit den Beteiligten – sind leider keine Ausnahme, da sich Behördenmitarbeitende in vielen Fällen, aus Zeitnot oder mangels persönlicher Ressourcen, (scheinbar) nicht die Mühe machen, sich mit den Besonderheiten des Einzelfalls vertraut zu machen oder sich entsprechend fachlich angemessen damit auseinanderzusetzen.

Pauschalurteile in Bezug auf individuelle (Sonder-)Anträge vereinfachen im Gegenzug das Verwaltungsverfahren immens und sparen zudem langfristig noch Kosten ein, zumal viele Hilfesuchende nicht die Kraft aufwenden, sich zu wehren bzw. dagegen zu argumentieren/vorzugehen, um vielleicht doch noch im Zuge des Widerspruchs (meist sehr kurzfristig) eine Genehmigung zu erhalten.

Betroffene Familien wägen hier auch immer Kosten und Nutzen eines möglichen (zeitaufwändigen) Widerspruchs ab, müssen infolgedessen individuell prüfen, in welche Vorgänge sie weitere Energien fließen lassen bzw. an welcher Stelle sie (auch rechtswidrige) Entscheidungen einfach hinnehmen, um im Alltag nicht völlig auszubrennen. Dennoch führt dies dauerhaft bei ihnen insgeheim zu viel Frust, so dass am Ende schlimmstenfalls gar keine Anträge mehr erfolgen, da man resigniert und im Vorfeld schon davon ausgeht, eine Ablehnung zu erhalten. Dem Kostenträger bleibt somit wiederum viel Geld und Arbeit erspart, weshalb er auch bei offener Kritik keine Grundlage sieht, diese Verfahrensweise zum Wohle des Hilfesuchenden nochmals kritisch zu prüfen bzw. entsprechend anzupassen.

3.2.3.4 Das Aushebeln »schwieriger« Eltern

Je besser Eltern über gesetzliche Rahmenbedingungen und vorhandene Unterstützungsmöglichkeiten informiert sind, je selbstbewusster sie im Hilfeprozess auftreten und je klarer sie den individuellen Bedarf ihrer autistischen Kinder benennen und fachlich untermauern können, desto schwieriger wird es am Ende für die Behördenmitarbeitenden, entsprechend dagegen zu argumentieren und ihre Anträge abzulehnen.

In diesem Zusammenhang kann es durchaus vorkommen, dass diese Eltern von den fallzuständigen Mitarbeitenden behördenintern als »schwierig«, »problematisch« oder auch »unangenehm« eingestuft werden, da sie ihnen viel Arbeit bereiten, restriktive Entscheidungen nicht einfach so hinnehmen wollen und deshalb aktiv und mitunter auch sehr erfolgreich dagegen angehen. Dies kann letztlich jedoch schlimmstenfalls zur Folge haben, dass behördenintern versucht wird die Eltern aus dem Prozess der Bedarfsermittlung/-erhebung weitgehend auszuschließen und im Gegenzug mit den einzelnen Beteiligten (Schulbegleitung, Lehrkräfte, etc.) isoliert in Kontakt zu treten, um dann auch nur solche Aussagen und Angaben in der Akte zu vermerken/zu dokumentieren, welche die eigene fachliche Meinung des/der Behördenmitarbeitenden unterstützen. Gerade dann, wenn es beispielsweise um die intendierte Reduzierung vorhandener Fachleistungsstunden geht, erscheint die unter Umständen im Einzelfall durchaus sehr umfangreiche behördeninterne Dokumentation im Rahmen der Bedarfsermittlung erfahrungsgemäß sehr einseitig und geschönt, um sich vorab gegen eine mögliche Klage entsprechend formal abzusichern.

Auch der Entzug der Schweigepflichtentbindung, um den intensiven und intransparenten Datenaustausch bezüglich des autistischen Kindes – oftmals ohne Rücksprache und hinter dem Rücken der Personensorgeberechtigten – zu unterbinden, hält manche Behördenmitarbeitenden nicht davon ab, aktiv mit den Prozessbeteiligten in den Austausch zu gehen. Mit dem Hinweis auf äußerst fragwürdige Gesetzesgrundlagen sehen sie sich im Rahmen der für die Hilfegewährung zwingend erforderlichen Bedarfsermittlung mitunter dazu ermächtigt, auch gegen den ausdrücklichen Willen der Eltern mit den Beteiligten aktiv in den Austausch zu gehen und zuweilen auch umfangreiche Dokumentationen, Entwicklungsberichte und/oder Stellungnahmen einzufordern, die wiederum jedoch nur dann als relevant erachtet werden, sofern sie ihre eigene Argumentation stützen. Einige Behördenmitarbeitende handeln in diesem Zuge (scheinbar) rein nach dem Motto: »*Wo kein Kläger, da ist auch kein Beklagter!*«, was eine vertrauensvolle Zusammenarbeit mit den Eltern jedoch zunehmend absurder, herausfordernder und/oder auch unmöglich macht.

Nicht zuletzt wird in diesem Kontext auch wiederholt der Versuch unternommen, Eltern zur Abgabe einer Schweigepflichtentbindung zu zwingen, unter dem Druck, die vorhandenen Hilfen sonst einzustellen. Auch innerhalb von Zielvereinbarungen im Rahmen des persönlichen Budgets (▶ Kap. 2.3.3) werden Eltern in einigen Fällen schlichtweg dazu genötigt, einem umfangreichen Datenaustausch mit allen Beteiligten (automatisch) zuzustimmen und Behördenmitarbeitenden damit (scheinbar) die Legitimation bereitet, ohne Rücksprache mit ihnen, unbegrenzt im System zu agieren.

Die Einschätzung einiger (»schwieriger«) Eltern wird in diesem Prozess meist nicht (mehr) aktiv erfragt, ihnen wird mitunter lediglich im Rahmen eines einstündigen Hilfeplangesprächs kurz die Möglichkeit gegeben, sich zu den Bedarfen ihres autistischen Kindes informell zu äußern. Je nachdem, wie gut es ihnen dann gelingt, ihre Perspektive in dieser Runde darzustellen/zu verdeutlichen, nehmen ihre Argumente am Ende Einfluss auf die Gesamtbewertung (oder auch nicht). Häufig wird auch hier die Dokumentation in Form eines Ergebnisprotokolls sehr oberflächlich getätigt, die Argumente der Eltern damit nicht zwingend detailliert aufgeführt, um die offizielle Datenbasis im Zuge eines potenziellen Klageverfahrens möglichst gering zu halten.

Spätestens zu diesem Zeitpunkt geht es dem Kostenträger meist auch (insgeheim) nicht mehr um eine unabhängige Prüfung oder eine Deckung des (tatsächlich) vorhandenen Hilfebedarfs des Kindes, sondern vorrangig darum

- den eigenen Einfluss über die Prozessgestaltung nicht aus der Hand zu geben,
- die Entscheidungshoheit zu bewahren,
- Selbstwirksamkeit zu erfahren und Selbstbestimmung einzufordern,
- dem (vermeintlichen) Gesichtsverlust gegenüber der anderen Konfliktpartei vorzubeugen,
- keinesfalls einzuknicken und Haltung zu bewahren,
- Recht zu bekommen und nicht als Verlierer dazustehen,
- etc.

Eltern sollten deshalb im Konfliktfall möglichst darauf beharren, sich entsprechende Protokolle, Dokumentationen, etc. durch die fallzuständigen Behördenmitarbeitenden übersenden zu lassen und diese gegebenenfalls auch mit eigenen Anmerkungen zu ergänzen, zu berichtigen oder auch zu entkräften, um am Ende gewährleisten zu können, dass ihre Argumente in der Verwaltungsakte ihres autistischen Kindes verschriftlicht, dokumentiert und sichtbar sind und damit in die Bedarfsermittlung miteinfließen müssen. Dies kostet mitunter viel Kraft und Energie, scheint in einigen Fällen jedoch der einzige Weg zu sein, um überhaupt in dem Prozess als »Expert/in« des Kindes gesehen, gehört und berücksichtigt zu werden.

3.2.3.5 Mitwirkungspflichten und unrealistische Erwartungen

Neben den gesetzlich verankerten Leistungsansprüchen der Eltern für ihre autistischen Kinder gibt es auch eine Reihe von (Mitwirkungs-)Pflichten, auf die sie gerne – gerade im Konfliktfall – seitens der Behörde nochmals explizit und schonungslos hingewiesen werden und die sie phasenweise auch schlichtweg an ihre Belastungsgrenze führen können.

Zeigen sich Eltern beispielsweise mit der Arbeits-/Vorgehensweise des Kostenträgers nicht einverstanden, äußern sie offen Kritik oder verweigern sie in bestimmten Punkten die Zustimmung und damit insgeheim auch ihre Mitwirkung, wird dies selten zum Anlass für einen »konstruktiven« Austausch genommen, um gemeinsam nach Lösungsmöglichkeiten zu schauen, so dass im Gegenzug von Behördenseite häufig zügig mit der potenziellen Einstellung und/oder Nichtgewährung von Hilfen gedroht wird, um entsprechend Druck auszuüben.

Dennoch erscheinen diese Mitwirkungspflichten seitens der Behördenmitarbeitenden häufig sehr einseitig gesehen und interpretiert zu werden, obwohl auch ihnen im Sozialgesetzbuch (SGB) umfangreiche Pflichten auferlegt sind, die sicherstellen sollen, dass der Prozess fair und effektiv verläuft. Kommt die Behörde ihrer Mitwirkung somit dauerhaft nicht nach, indem sie beispielsweise die Bearbeitung von Anträgen aussetzt oder den Kontakt zum/zur Antragsstellenden verweigert, gibt es für Eltern scheinbar kaum eine Möglichkeit, dagegen anzugehen oder zu sanktionieren.

Während Familien mitunter mit kurzen Bearbeitungsfristen, z.B. für das Einreichen diverser Nachweise und Dokumente unter Druck gesetzt werden, lässt sich die Behörde im Einzelfall ausreichend Zeit für die Prüfung derselben und betroffene Familien infolgedessen im sprichwörtlichen Sinne »am langen Arm verhungern«. Werden Termine von Behördenseite wiederholt kurzfristig abgesagt, sollen Eltern – trotz begrenzter Ressourcen – scheinbar jederzeit parat stehen und die Bereitschaft zeigen, auch kurzfristig anberaumte Alternativtermine wahrzunehmen, um den Prozess nicht unnötig zu verzögern oder gar zu gefährden.

Hinzu kommt, dass nicht selten in Telefonaten, Gesprächen und/oder Verhandlungen feste Absprachen und konkrete Zusagen bezüglich des weiteren Vorgehens getroffen werden, die dann jedoch wiederum von Behördenseite – ohne Angabe von Gründen – nicht (fristgerecht) eingehalten werden (können). Es erfolgen »Ankündigungen« oder »Versprechungen«, welche dann allerdings nicht in die Umsetzung gelangen, ohne dass Eltern die Behördenmitarbeitenden hierfür zeitnah zur Rechenschaft ziehen können. Im Gegenzug dazu erfolgen die Sanktionen der Behörde jedoch sehr zügig und unmittelbar, was das ungleiche Machtverhältnis mehr als deutlich werden lässt.

Dabei erzeugt jede nicht eingehaltene Absprache, jedes Hinterhertelefonieren, Bitten und freundliche Nachhaken auf Elternseite enormen Frust und kostet dazu noch zahlreiche Ressourcen, die betroffenen Familien im Endeffekt selten ausreichend zur Verfügung stehen.

> Ausschnitt aus einer Dienstaufsichtsbeschwerde an die Behördenleitung:
>
> *»[...] All die investierte Zeit in Telefonate, E-Mails, Nachfragen, Bitten, Flehen, ohne klares Ergebnis, machen uns mürbe. Hilfeplangespräche und Fallteams, in denen es scheinbar nur darum geht, wie man uns als Eltern weitere Steine in den Weg legen und die Hilfen für unseren behinderten Sohn untersagen bzw. die Gewährung derselben noch möglichst weit in die Länge ziehen kann. Wenn man bedenkt, wie viele Stunden Ihre Mitarbeitenden hier bereits investiert haben, ohne dass es zu einem Abschluss des Verfahrens kommt, wie viele Steuergelder dies gekostet hat, verliert man langsam den Glauben an den Rechtstaat.«*

Die Anforderungen der Behörde an Eltern autistischer Kinder in Bezug auf ihre Mitwirkungspflichten im Hilfeverfahren und damit auch an ihr persönliches Funktionslevel erscheinen im Einzelfall durchaus massiv zu sein, schließlich erwarten diese ja nicht selten eine kostenintensive Leistung der Behörde und sollen dafür auch entsprechend in Vorleistung gehen. Dass Eltern jedoch im Alltag dauerhaft an ihren Belastungsgrenzen hantieren und zeitweise schlichtweg darauf angewiesen sind, dass man ihnen auch im Antrags-/Hilfeverfahren mit mehr Kulanz, Verständnis und Hilfsbereitschaft möglichst weitgehend entgegenkommt, ist seitens der Behörde scheinbar nicht zwingend vorgesehen.

In Gesprächen bekommen Eltern im Gegenzug manchmal (insgeheim) vermittelt, dass sie im Prinzip dankbar sein müssen, überhaupt Hilfen zu erhalten und sich *»bitte schön mit dem zufriedengeben sollen, was die Behörde bereits alles für sie leistet«*. Die damit einhergehende

Erwartung einiger Behördenmitarbeitenden an Eltern, auch einmal Ruhe zu geben, Geduld zu haben oder auf das zu schauen, was man schon erreicht hat, wirkt in diesen Momenten auf Eltern völlig unangemessen und zeigt unterdessen, wie wenig Verständnis für die individuelle Problematik aufgebracht wird. Dazu lässt es erahnen, wie das Behördensystem (vermeintlich) funktionieren kann, ohne dass einzelne Mitarbeiter/innen im Rahmen ihrer mangelhaften Mitwirkungspflichten langfristig zur Verantwortung gezogen werden.

> *Statt persönliches Versagen oder Fehlverhalten von Mitarbeiter/innen in der Praxis aufzuarbeiten bzw. Widersprüche oder auch dysfunktionale Strukturen innerhalb des Behördenapparats zu erkennen, zu analysieren und gegebenenfalls zu klären und zu verändern, versucht man diese in der Praxis häufig zu »vertuschen«, zu umgehen oder gar formal zu rechtfertigen, was auf Betroffenen- oder auch Elternseite nicht selten zu einem erheblichen Vertrauensverlust führen kann. Eltern und Hilfesuchenden wird in diesem Kontext oftmals vermittelt, dass sich Behörden bzw. deren Mitarbeiter/innen scheinbar alles erlauben können, sie selbst jedoch im Hilfeprozess möglichst widerstandslos zu funktionieren haben, sich anpassen bzw. keinen Ärger machen sollen, um die »konstruktive« Zusammenarbeit nicht zu gefährden und damit die Versagung der beantragten Hilfeleistung nicht zu riskieren. Weiterhin entsteht dabei der Eindruck, dass eine positive und zügige Bescheidung von Hilfen nicht selten von der Kulanz und dem Wohlwollen der zuständigen Behördenmitarbeiter/in abhängt, was sicherlich vom Gesetzgeber nicht gewollt sein kann. Eltern sind infolgedessen auch immer wieder darauf angewiesen und müssen vorrangig möglichst alles dafür tun, dass ihnen die Mitarbeiter/innen der entsprechenden Behörden wohlgesonnen und ergebnisoffen gegenübertreten, da die Entscheidungsgewalt und damit das Machtverhältnis auch hier klar verteilt scheint* (Hack, 2023, S. 122).

3.2.4 Überformalisierung und Verschleierung der Hilfeprozesse

Je länger sich Eltern in den Mühlen der Behördenapparate befinden, je mehr Erfahrungen sie dort sammeln und je intensiver ihr Einblick in Verwaltungshandeln erfolgt, desto fassungsloser lässt es sie am Ende mitunter zurück. Im Kampf um bedarfsgerechte Hilfen für ihre autistischen Kinder stoßen sie dabei nicht selten auf eine Überformalisierung des Verfahrens, so dass die Bedarfe ihres Kindes in der Praxis (zeitweise) scheinbar völlig aus dem Fokus geraten, da man sich im Verwaltungshandeln zu verlieren droht.

Überformalismus bedeutet in diesem Kontext beispielsweise

- das Übersenden von äußerst bürokratischen, unverhältnismäßig überreglementierten, für den Laien unverständlichen Schreiben, die mitunter noch mit zahleichen (scheinbar wahllosen) Gesetzesparagrafen ausgestattet sind, um Eltern einzuschüchtern oder zum unmittelbaren Handeln aufzufordern;
- die Bezugnahme auf Urteile und/oder Gesetzestexte, die mitunter schlichtweg falsch oder nur unzureichend zitiert bzw. zugunsten der Behörde ausgelegt werden, um die eigene Argumentation bzw. Verfahrensweise formal zu begründen, zu untermauern oder zu rechtfertigen und Eltern mundtot zu machen, da sie dies in der Regel ohne Rechtsbeistand nicht ausreichend prüfen können. Ferner möchte die Behörde dadurch den Eindruck erwecken, als habe man die Gesetzeslage selbst intensiv gesichtet und geprüft, so dass ihnen damit schlichtweg bei der Entscheidung die Hände gebunden seien;
- (wiederholte) Terminanfragen der Eltern, die schlichtweg nicht bedient und denen formale Gründe (z. B. interne Umstrukturierungsmaßnahmen) vorgeschoben werden, um die Kontaktaufnahme möglichst in die Länge zu ziehen;
- das mehrmalige Anfordern umfangreicher Nachweise und Unterlagen, die dann wiederum einer zeitintensiven Prüfung bedürfen und Verfahren vorübergehend auch schlichtweg zum Erliegen bringen können (bevor xy nicht erledigt ist, kann yz nicht erfolgen);
- das willentliche Zurückhalten von Unterlagen und Informationen, die für den Bearbeitungsstand des Hilfeprozesses für die Eltern mitunter von äußerster Relevanz sein können, um rechtzeitig, z. B. im Zuge von Stellungnahmen, reagieren/intervenieren zu können;
- dass zahlreiche, auch »lapidare« Entscheidungen nicht durch eine/n Mitarbeiter/in getroffen werden können, sondern zur

persönlichen Absicherung ein separates Fallteam einberufen werden muss, welches aus Mangel an personellen und zeitlichen Kapazitäten jedoch nur unregelmäßig stattfinden kann;
- das Miteinbinden zusätzlicher, fachfremder Mitarbeitender, die z.B. im Konfliktfall im Rahmen von Fallteam-Beratungen für die rechtliche Absicherung sorgen, infolgedessen jedoch ihrer eigentlichen Arbeit nicht nachkommen (können) und mitunter auch viel Unruhe im Verfahren stiften können. Die Entscheidungen des pädagogischen Personals erhalten durch einen zusätzlichen »Support« aus der Rechtsabteilung mitunter eine ganz neue Richtung/Wendung;
- das (vermeintlich) sture Entlanghangeln an gesetzlichen Rahmenbedingungen, um das Verwaltungshandeln abzusichern, fernab aller Logik und der Besonderheiten des Einzelfalls, für die das Gesetz im Rahmen des Ermessens durchaus zahlreiche Spielräume für individuelle Entscheidungen bereithält.
- Etc.

Für Hilfesuchende bzw. deren gesetzliche Vertretung werden die Hilfe- bzw. Verwaltungsprozesse infolgedessen immer unverständlicher, absurder und intransparenter, was sicherlich auf die Dauer nicht zu einem unkomplizierten, reibungslosen und kooperativen Verfahrensablauf beiträgt. Ferner vermag diese Überformalisierung nicht selten dazu führen, dass Hilfeprozesse unnötig in die Länge gezogen und mögliches Behördenversagen oder auch deren Untätigkeit schlichtweg verschleiert werden, was Eltern am Ende durchaus verzweifeln lässt und vor neue Herausforderungen stellt. Auf der Suche nach potenziellen Auswegen aus diesem »Hamsterrad« werden die (absurden) Erfahrungen mit der Behörde zeitweise zum zentralen Familienthema und Ressourcenfresser, die allen Beteiligten viel abverlangt.

Eltern setzen in diesem Fall aus Hilflosigkeit nicht selten auf die Unterstützung von Rechtsanwält/innen und/oder Fachberatungsstellen (► Kap. 2.5.1). Schalten sich diese aktiv in den Prozess mit ein, werden sie dann jedoch von beauftragten Behördenmitarbeitenden mitunter sehr extrahiert und einseitig über Verfahrensabläufe informiert, so dass ihnen wesentliche Inhalte verschwiegen werden, um sich als Behörde wiederum möglichst nicht angreifbar zu machen, sondern engagiert und kompetent darzustellen, eigene Versäumnisse und Verfahrensfehler zu verschleiern und die eigene Untätigkeit vordergründig mit »Ankündigungen von Handlungen« oder »offenen und ungeklärten Fragen« zu begründen, rein nach dem Motto: *»Wir wollen doch leisten, können aber nicht, da die Eltern nicht ausreichend mitwirken und die dringend benötigten Unterlagen zur Verfügung stellen!«*

Werden Entscheidungen oder Angaben der Behörde dennoch eindeutig widerlegt oder durch ein Urteil der zuständigen Gerichte gar aufgehoben, zeigen sich einige Mitarbeitende davon scheinbar wenig beeindruckt und scheuen auch nicht davor zurück, im nächsten Fall Betroffenen gegenüber genau die gleiche Argumentations- und Gesetzesgrundlage gebetsmühlenartig herunterzuleiern und auch anzuwenden, wohlwissend, dass nur wenige Antragstellende die finanziellen Möglichkeiten oder die zeitlich erforderlichen Ressourcen verfügen, diese kritisch zu hinterfragen und ggf. anzufechten.

> *In diesem Kontext kommt es damit nicht selten auch zu klaren Rechtsbrüchen der Behörde, indem beispielsweise Anträge »verloren« gehen, Eltern falsche Auskünfte erteilt, erforderliche Verwaltungsprozesse (bewusst/versehentlich) übergangen, (vorübergehend) ausgesetzt oder auch Fristen »verschleppt« werden, was sich dann jedoch auf Elternseite nur schwer nachweisen lässt. Auch auf der Ebene der Behördenleitung treffen Eltern in diesen Fällen mit ihren Anliegen häufig auf eine Mauer des Schweigens und damit auf bedingungslose Rückendeckung des Mitarbeiters/der Mitarbeiterin, so dass ihre häufig durchaus berechtigten Beschwerden selten Gehör finden. Zuständige (erfahrene) Fallbearbeiter/innen ziehen sich dabei im Konfliktfall häufig auf formelle Handlungsstränge und Leitlinien zurück, verstecken sich bei ihren Stellungnahmen und Entscheidungen hinter juristischen Floskeln und konzentrieren sich (scheinbar) bei jedem Folgeschritt in erster Linie auf ihre formale und verwaltungsrechtliche Absicherung, um sich letztlich nach außen nicht angreifbar zu machen. Für den eigentlichen Hilfeprozess erscheint diese Handhabung jedoch sicherlich in den meisten Fällen nicht förderlich oder gar zielführend, für Hilfesuchende und deren Eltern teilweise auch völlig kontraproduktiv oder absurd* (Hack, 2023, S. 120 f).

3.2.5 Die Mühlen der Justiz

Werden Leistungsanträge nur unzureichend, unverhältnismäßig lange, gar nicht oder mit fragwürdiger Rechtsgrundlage bearbeitet oder kommt es auch nach einem Widerspruch zu einer Einstellung und/oder Ablehnung erforderlicher Hilfen, bleibt den antragstellenden Eltern am Ende nur noch der Weg der Klageerhebung, verbunden mit der Hoffnung, hierdurch die Leistungsansprüche ihrer autistischen Kinder doch noch durchsetzen zu können.

So kann beispielsweise ein gerichtliches Eilverfahrens in dringenden Fällen eine vorläufige Entscheidung über die begehrte Leistung herbeiführen, um drohende, schwerwiegende Nachteile oder irreparable Schäden (z. B. Schulausschluss durch fehlende Schulbegleitung) abzuwenden. Das Gericht prüft in diesem Kontext summarisch, ob prinzipiell ein Anspruch auf die begehrten Leistungen besteht und ob eine besondere Dringlichkeit vorliegt, was von Elternseite jedoch hinreichend begründet bzw. belegt werden muss und damit nicht immer zum erwünschten Erfolg führt.

Kündigen Behörden in diesem Zusammenhang in ihrer Stellungnahme zum Eilverfahren dann noch an, dass sie nunmehr vorsehen und/oder planen, die beantragte Leistung zeitnah zu bescheiden, kann das bereits dazu führen, dass Eilverfahren »vorschnell« abgelehnt werden, da das »Rechtschutzbedürfnis« des/der Anklagenden dadurch entfällt. Ob diese Absichtserklärungen dann zeitnah tatsächlich umgesetzt werden und beispielsweise Bewilligungsbescheide erfolgen, wird dann jedoch seitens des Gerichts in der Regel nicht mehr weiter überprüft, da das Verfahren abgeschlossen und damit nicht mehr im Verantwortungsbereich der Justiz liegt, so dass den Eltern infolgedessen nur die Möglichkeit einer erneuten (Untätigkeits-)Klage bleibt.

Infolgedessen gibt auch diese Form des Rechtsmittels innerhalb des Verwaltungsverfahrens erfahrungsgemäß keine Garantie, dass behördliches Zögern oder auch Verzögern überwunden und den Betroffenen damit zu einer zeitnahen Entscheidung verholfen wird, da es auch hier scheinbar entsprechende behördeninterne und rechtlich zulässige Wege und Ausweichmöglichkeiten gibt, um Verfahren weiterhin – bis ins unermessliche – strategisch in die Länge zu ziehen und mögliche Antragstellende damit langfristig zu zermürben.

Auch hier schlägt letztlich der Personalmangel bei Richter/innen in Verbindung mit der ansteigenden Anzahl von Klageverfahren mit voller Wucht zu, so dass komplexe Verfahren der Einfachheit halber mitunter abermals auf »Wiedervorlage« gesetzt und beispielsweise Behörden damit (unbegrenzte) Freiräume für erforderliche Stellungnahmen zum Sachverhalt oder Akteneinsichten eingeräumt werden, die dann wiederum manchmal erst nach Jahren erfolgen, was Eltern bisweilen zunehmend an ihre Belastungsgrenzen bringt.

Richter/innen oder Rechtsanwält/innen, die aufgrund der Vielzahl unerledigter, teilweise Jahre andauernder Verfahren völlig überlastet sind, können sich dazu selten den Besonderheiten eines Einzelfalls explizit und zeitnah widmen, um angemessene Rechtsprechung zu vollziehen. Dies kann für Eltern dauerhaft sehr frustrierend sein und sie den Glauben an einen deutschen Rechtsstaat durchaus verlieren lassen.

Hinzu kommt, dass in (zeitlich verzögerten) behördlichen Stellungnahmen häufig Sachverhalte (scheinbar) völlig kontextlos, einseitig und mitunter auch (wissentlich) falsch dargestellt und diese damit der Gesamtproblematik nicht gerecht werden. Notfalls erinnern sich Verantwortliche auch nicht mehr an bestimmte Details und Abläufe, da diese ja womöglich bereits viel zu lange zurückliegen und damit nur äußerst schwer korrekt abgebildet und im Nachhinein noch nachvollzogen werden können. Diese Strategie der Kostenträger scheint in der Praxis sehr erfolgreich zu sein und am Ende auch beteiligte Rechtsanwält/innen an ihre Grenzen zu bringen, die im Laufe der Jahre schlimmstenfalls ihre Mandate niederlegen, da sich der zeitliche Aufwand für sie am Ende finanziell nicht rechnet.

Hier bleibt jedoch festzuhalten, dass Eltern sicherlich nicht aus einem Vergnügen oder aus Streitlust heraus diesen Weg bestreiten, sondern aus Verzweiflung und Ohnmacht, weil ihnen dringend erforderliche Hilfe für ihre autistischen Kinder womöglich vorenthalten werden.

Hinzu kommt, dass eine Vielzahl der Verfahren bei Gericht im Prinzip nicht erforderlich wäre, wenn Behördenmitarbeitende schlichtweg ihren Job machen und über Anträge pflichtgemäß, frist- und bedarfsgerecht bescheiden würden. Kommt es dann jedoch zu einem Eilverfahren oder Untätigkeitsklagen, müsste die Behörde gezwungen sein, binnen einer angemessenen Frist zu entscheiden/zu reagieren, was jedoch leider nicht automatisch der Fall ist.

Wenn sich Behördenmitarbeitende – wie in unserem Fall – auch im Zuge von Untätigkeitsklagen ohne Konsequenzen über zwei Jahre Zeit lassen können, um eine Stellungnahme zum Verfahren abzugeben, entsprechende Klageerhebungen nochmals erfahrungsgemäß mehrere Jahre andauern können, bis schließlich eine gerichtliche Entscheidung erfolgt, dann wundert es kaum, dass viele Eltern nicht bis zuletzt um die Rechte ihrer autistischen Kinder kämpfen, sondern irgendwann aufgeben und (vermeintliches) Unrecht stillschweigend hinnehmen. Auf der anderen Seite lehnen sich Behördenleitungen jedoch zurück, wohlwissend, dass sie auch im Klagefall vorerst keine weitreichenden Konsequenzen zu befürchten haben. Eine Privatperson wäre im Gegenzug dazu vom deutschen Staat schon längst mit Zwangsgeldern oder Ordnungshaft belegt worden, wenn es die Aufforderungen des Gerichts oder der Behörden so lange missachten würde.

> In einem Krisengespräch mit der Jugendamtsleitung, in dem wir Eltern einen Bescheid über unseren Antrag forderten und auf die bestehende Rechtsgrundlage verwiesen, lachte sie uns großspurig ins Gesicht mit dem Kommentar:
> *»Gegen uns sind aktuell etwa 50 Klagen anhängig, da kommt es auf die eine oder andere mehr von ihnen auch nicht mehr an. Sie können also gerne ihre Rechte einklagen, dies wird aber vorerst nichts ändern. Sie wissen ja inzwischen, wie lange so etwas dauern kann.«*

Dieser Umstand verleiht Kostenträgern am Ende des Tages eine Macht, die sie in einem deutschen Rechtsstaat nicht innehaben sollten, weshalb es dringend einer Reformierung bedarf, die darauf abzielt, diese Verfahren deutlich zu verkürzen, um damit den Handlungsdruck auf Behördenmitarbeitende zu erhöhen.

3.3 Autismus-Spektrum ist keine befristete Teilzeit-Behinderung

Viele Eltern erleben in der Praxis der Leistungsbewilligung immer wieder, dass der gewährte Umfang der Hilfen mitunter nicht ausreichend erscheint und die tatsächlich vorhandenen Bedarfe ihrer autistischen Kinder damit nicht vollends abgedeckt werden, was vom Familiensystem schlimmstenfalls in Folge wieder kompensiert werden muss und damit dauerhaft zu einer echten Belastungsprobe werden kann.

Familien mit autistischen Kindern befinden sich infolgedessen manchmal zeitlebens auf der Suche nach und im Kampf um geeignete, verlässliche und bedarfsdeckende Strukturen und Unterstützungsmaßnahmen, die dauerhaft funktionieren und zu einer Entlastung führen. Dies kann in manchen Fällen durchaus (gefühlt) zu einem »Fulltime-Job« ausarten, der betroffenen Eltern mitunter viel Kraft kostet und zu einer echten Herausforderung werden kann.

Was heute noch passt, kann sich morgen für ihr autistisches Kind bereits als ungeeignet herausstellen, so dass die etablierten Maßnahmen immer wieder auch der kritischen Überprüfung und Anpassung bedürfen. Dabei vermag die Umsetzung der durch die Eltern mit hohem Energieaufwand erarbeiteten Interventionsmaßnahmen/Strukturen in der Praxis nicht selten an Marginalien, Vorbehalten und/oder auch vermeintlichen, (scheinbar) vorgeschobenen Formalitäten zu scheitern und damit in Folge dauerhaft keine Früchte zu tragen, was für die Betroffenen sehr unbefriedigend sein kann.

Darüber hinaus kommt es immer wieder vor, dass Hilfen nicht vollumfänglich, sondern – wenn überhaupt – aus Kostenersparnis oder mangelndem Fachwissen heraus nur in »abgespeckter«/reduzierter Form umgesetzt werden, so dass sie sich am Ende schlimmstenfalls als »ungeeignet« herausstellen, getreu dem Motto: *»Wir haben es ja versucht, sind aber leider gescheitert. Insgeheim haben wir es gleich gewusst, dass es nicht funktionieren kann.«*

So sollte beispielsweise nach Funke (2023) eine Schulbegleitung zwingend mit einer ausreichenden Stundenzahl beantragt werden – auch wenn der erforderliche Umfang der Maßnahme und damit der tatsächliche Bedarf des autistischen Kindes noch unklar erscheinen. Sollte sich dann im Verlauf der Entwicklung zeigen, dass die zu begleitende Stundenzahl mit der Einwilligung aller Beteiligten verringert werden kann, ist dies grundsätzlich jederzeit möglich, immer mit der klaren Haltung bzw. in dem Bewusstsein: *»So viel Hilfe wie nötig, so wenig Hilfe wie möglich!«*

> *Wenn der Schulstart jedoch ohne oder mit zu geringer Unterstützung beginnt, wird es schwierig, dem Kind zeitnah eine ausreichende Hilfe zur Verfügung zu stellen. Die bis dahin erlebten negativen Erfahrungen und auch die Schwierigkeiten in der Interaktion mit MitschülerInnen erschweren den weiteren Schulbesuch, Teilhabe und die Möglichkeit zum Lernen* (Funke, 2023, S. 163).

Ob umfangreiche Teilhabekonzepte oder auch kleine Veränderungen innerhalb bestehender Strukturen – die Bedarfe des autistischen Kindes und die daraus resultierenden Interventionen können in der Praxis durchaus sehr variieren und benötigen damit in der Regel auch immer einer individuellen Prüfung und einer Einzelfallentscheidung.

Im Gegenzug dazu werden Eltern vom Hilfesystem, aufgrund ihres hohen Engagements und ihres Kämpferwillens, in einigen Fällen scheinbar ausschließlich als »fordernde«, »übergriffige«, »unersättliche«, »blutsaugende Monster« oder auch »Helikoptereltern« wahrgenommen, die sich niemals zufriedengeben und immer noch mehr wollen. Der Deutung einiger Beteiligter und/oder Außenstehender nach scheint es Eltern womöglich »Spaß zu machen«, ihrem Kind durchweg eine Sonderrolle zu verschaffen und es damit in den Mittelpunkt der Aufmerksamkeit zu rücken.

Das Autismus-Spektrum ist – als eine Form der Neurodiversität – nicht heilbar, verschwindet nicht einfach oder wächst sich mit der Zeit entwicklungsbedingt aus, sondern stellt – auch nach intensiver Förderung, Unterstützung und/oder Therapie – ein Leben lang ein wichtiger Bestandteil der betreffenden Person dar. Menschen im Autismus-Spektrum entwickeln im Laufe des Lebens bestenfalls Strategien, die ihre Beeinträchtigung »unsichtbarer« erscheinen und/oder für sie handhabbarer werden lassen, beispielsweise um

- mit der Flut an Reizen besser umzugehen,
- ihre eigenen, individuellen Bedürfnisse zu identifizieren und gegenüber ihrer Umwelt zu kommunizieren,
- ihr Umfeld und die Welt besser zu verstehen und sie damit weniger bedrohlich erscheinen zu lassen,
- ihr »Ander-sein« zu verstehen, zu akzeptieren und auch zu wertschätzen,
- etc.,

und am Ende im Rahmen ihrer Möglichkeiten als ein Teil der Gesellschaft ein glückliches und zufriedenes Leben führen zu können.

Darüber hinaus lernen sie im Zuge dessen mitunter, sich innerhalb der Gesellschaft (bedingungslos) anzupassen, zu »maskieren«, um nicht aufzufallen, was sie im Gegenzug jedoch enorme Kraftreserven und Energie kostet, dauerhaft zu Lasten ihrer Gesundheit und Leistungsfähigkeit geht und damit für viele nicht langfristig aufrechterhalten werden kann. Ihre individuellen Schwierigkeiten und Herausforderungen bleiben am Ende jedoch die gleichen, sie sind damit nicht »weniger autistisch«, auch wenn sich ihre Bedarfe nach außen hin verändern oder weniger auffällig erscheinen.

> *Sicherlich können sich Autisten positiv entwickeln und Strategien erlernen, um besser mit ihrem Leben zurechtzukommen. Das ist erfreulich, aber die Tatsache, dass sie damit unauffälliger wirken, bedeutet nicht, dass sie keine Autisten mehr wären und keiner Hilfeleistungen mehr bedürften* (Bauerfeind, 2018, S. 145).

3.3 Autismus-Spektrum ist keine befristete Teilzeit-Behinderung

In diesem Kontext wird das ständige Anzweifeln der Diagnose bzw. daraus resultierender Bedarfe, z.B. im Zusammenhang mit Weiterbewilligungsanträgen, mitunter auch verbunden mit der wiederholten Aufforderung zu einer »neuen Diagnostik«, für manche Familien zu einer dauerhaften Herausforderung. Diese mündet wiederum schlimmstenfalls darin, dass auf die Inanspruchnahme erforderlicher Hilfen gänzlich verzichtet wird, da man dem Kind oder Jugendlichen den kräftezehrenden Weg und/oder den »Spießroutenlauf« einer (neuen) Diagnostik möglichst ersparen möchte. Anstatt sich zu wehren, gibt man auf, was am Ende vielleicht vom Kostenträger auch beabsichtigt wurde.

Dabei erlauben sich bisweilen auch Fachpersonen ein Urteil, die das autistische Kind nur in einem ganz begrenzten Rahmen beobachtet und kennengelernt haben und damit die Komplexität des Gesamtkontextes gar nicht erfassen können, was Eltern mitunter fassungslos zurücklässt.

> Im Rahmen eines runden Tisches, der die zukünftige Beschulung unseres Sohnes zum Thema hatte, war auch eine Schulpsychologin anwesend. Diese lernte unseren Sohn bei zwei kurz aufeinanderfolgenden Hospitationen innerhalb des Schulunterrichts kennen, die jeweils zwei bis drei Schulstunden umfassten.
>
> Da die Meinungen der Anwesenden, welchen Rahmen unser Sohn für eine erfolgreiche Weiterbeschulung benötigte, stark auseinandergingen, äußerte die Schulpsychologin schließlich ihre fachliche Einschätzung, dass unser Sohn gar kein Autist sei und deshalb auch nicht den angeforderten Nachteilsausgleich benötige.
>
> Wir »bedankten« uns anschließend für ihre fachliche Expertise und entgegneten, dass wir sehr überrascht und irritiert seien, wie schnell und fundiert sie Diagnosen überprüfen/stellen könne, unser SPZ habe hierfür knapp zwei Jahre gebraucht.

Der Kraft- und Zeitaufwand, der eine neue Diagnostik für alle Beteiligten am Ende mit sich bringt, verbunden mit den Ängsten und

Sorgen, dass die für die Eltern inzwischen »offensichtliche Diagnose« ggf. wieder aberkannt werden könnte, da ihr Kind zum Zeitpunkt der Untersuchungen vermeintlich »zu gut funktioniert/maskiert«, ist für Außenstehende kaum nachvollziehbar. Auch der damit einhergehende Druck, dringend erforderliche Hilfen im Nachgang ggf. versagt zu bekommen, bringt Familien häufig in eine Schockstarre, die bis zur Bestätigung der Diagnose anhalten und bisweilen zu vielen schlaflosen Nächten führen kann. Das Ausmaß an Ressourcen, die in diesem Zusammenhang förmlich verpuffen, wird hier noch nicht berücksichtigt, genauso wenig wie die (negativen) Auswirkungen auf die betroffene Person, die sich mitunter dadurch selbst immer wieder in Frage stellt und keine Ruhe finden kann.

3.4 Die Macht des Schweigens

Eltern autistischer Kinder treffen im Laufe ihres Lebens in verschiedensten Bereichen ihres Alltags immer wieder auf eine »Mauer des Schweigens«, welche die persönliche Ohnmacht und Hilflosigkeit immens zu verschlimmern vermag und sie nicht selten vor eine innere Zerreißprobe stellt. So spüren sie in mitunter zahlreichen Begegnungen und Gesprächen, dass »etwas nicht stimmt«. Fragen sie jedoch aktiv nach, scheint man ihnen auszuweichen und/oder sie erhalten keine klare, zufriedenstellende Antwort, was sie manchmal ihre eigene Wahrnehmung, ihr Urteilsvermögen oder auch ihre Intuition durchaus anzweifeln lässt.

Ob beispielsweise

- in der eigenen Familie, in der die Beeinträchtigung des autistischen Kindes verleugnet, nicht gesehen und/oder auch totgeschwiegen wird,
- im Bereich Kindergarten und Schule, in dem Eltern über die tatsächlichen Entwicklungen ihres Kindes oder die daraus resultie-

3.4 Die Macht des Schweigens

renden Probleme und Herausforderungen im Alltag im Dunkeln gelassen werden, da man sonst vielleicht eine Einmischung derselben befürchtet,
- innerhalb behördeninterner Fallkonferenzen, in denen die Familie oder das Kind wiederholt analysiert und intensiv diskutiert wird, jedoch ein aktiver Austausch oder Abgleich mit den Eltern nicht stattfindet,
- etc.

In zahlreichen Kontexten machen Eltern infolgedessen unter Umständen die leidvolle Erfahrung, dass vermehrt »*über sie, statt mit ihnen gesprochen*« bzw. dass lieber »*über sie geurteilt, statt aktiv nachgefragt*« wird, was für sie zunehmend zu einer Herausforderung werden und letztlich zu ihrem Rückzug führen kann.

So wird beispielsweise nicht selten innerhalb des Hilfesystems in internen Fallbesprechungen wiederholt über die Negativentwicklung des autistischen Kindes diskutiert und insgeheim über mögliche Gründe spekuliert. Aus diesem fachlichen Austausch erfolgen mitunter Lösungsansätze und Interventionen, die scheinbar experimentell an dem Kind erprobt, jedoch mit den Eltern nicht offen kommuniziert werden, aus Angst vor deren Widerspruch oder Ablehnung. Nach außen hin wird auf Nachfrage der Eltern jedoch die »gute Arbeit« und das »außergewöhnliche Engagement« aller Beteiligten hervorgehoben, die Negativentwicklung des Kindes wird ihnen im Gegenzug notfalls verschwiegen, um sich die Überforderung nicht einzugestehen und drohender Kritik der Eltern möglichst aus dem Weg zu gehen.

Eltern autistischer Kinder empfinden eine tiefe Verletzung durch Botschaften der Schuldzuweisung von Seiten des Umfeldes, zum Beispiel aus der eigenen Familie oder aus dem Freundeskreis. Sie leiden unter dem Stillschweigen von Menschen, die ihnen begegnen, und beschreiben dieses als unerträglich. Sie wünschen sich Offenheit, um dieses Gefühl der Ausgrenzung zu verlieren. Auch wenn sie selbst aktiv werden und von sich aus beginnen, die Problematik der Behinderung anzusprechen, stoßen sie wiederum auf Stillschweigen und interpretieren dieses Verhalten der Umwelt unter dem Gesichtspunkt der Abwendung und Ablehnung (Lorenz, 2003, S. 238).

Auch in der Zusammenarbeit mit Kostenträgern stoßen Eltern bisweilen früher oder später auf eine »Schweigemauer«. Kommt es beispielsweise im Zuge der Antragstellung zu unverhältnismäßigen Verzögerungen, so dass Eltern mitunter wiederholt nachhaken und dadurch eventuell auch Druck auf die Behörde ausüben, stellen sich Behördenmitarbeitende nicht selten »tot«, gehen willentlich nicht mehr ans Telefon, lassen sich verleugnen, reagieren nicht mehr auf schriftliche Anfragen und Verschwinden damit in der Versenkung. Eltern lässt dies im Gegenzug fassungslos und verzweifelt zurück, spüren sie doch in diesen Momenten, wie machtvoll dieses Schweigen sein kann, dem sie vermeintlich auch nichts entgegensetzen können.

So kann das Warten auf dringend erforderliche Leistungsbescheide, zeitweilig verbunden mit dem täglichen Gang zum Briefkasten, dem Hoffen und Bangen, endlich eine Rückmeldung auf ihren Hilfeantrag zu erhalten, die tiefsitzende und quälende Angst, eventuell doch mit einer Ablehnung konfrontiert zu sein, Eltern schlichtweg verrückt werden lassen, zumal man ihnen auch auf freundliche Rückfrage hin scheinbar keine konkrete Auskunft geben mag, wie lange sie sich noch gedulden müssen. Mit einer Kooperation auf Augenhöhe hat dies am Ende nichts gemein, zumal dieses Verhalten durchaus spürbar mit fehlender Wertschätzung, eingeschränktem Verständnis für den individuellen Leidensdruck und/oder auch mangelndem Interesse einhergehen kann.

Das fortwährende Gefühl der Stagnation, des »Nicht-Voran-Kommens« oder »Auf-der-Stelle-Tretens« im Hilfeprozess ist für viele Eltern kaum auszuhalten, zumal sie insgeheim durchaus vermuten/wissen, dass sich »hinter den Kulissen« doch sehr viel mehr abspielt, was ihnen jedoch nicht transparent gemacht wird und damit für sie im Verborgenen bleibt. Eltern verzweifeln förmlich an diesem Schweigen und der Ungewissheit, Verstummen äußerlich, obwohl sie innerlich nach Transparenz, Aufklärung und Erklärungen schreien. Diese Zerreißprobe kostet sie viel Energie und es tut sich am Ende immer wieder die Frage auf, ob es das tatsächlich Wert ist oder sie einfach aufgeben sollten.

Eine Familie beantragte bei der Behörde eine Aufstockung der Fachleistungsstunden der Schulbegleitung und begründete bzw. belegte diese auch ausführlich durch den gestiegenen Bedarf ihres autistischen Kindes.

Nachdem die Behörde zunächst gar nicht auf den Antrag reagierte und die Familie offiziell Beschwerde einreichen musste, eröffnete der fallzuständige Mitarbeitende schließlich Wochen später die Bedarfsermittlung und führte in Abständen mehrere Hospitationen im Schulunterricht durch. Trotz mehrfacher Rückfrage durch die Kindsmutter erfolgte zunächst über Monate hinweg keine Rückkopplung bzw. kein aktiver Austausch mit den Personensorgeberechtigten.

Nach ca. einem dreiviertel Jahr gab es wiederum ein Hilfeplangespräch, welches jedoch auch sehr unbefriedigend verlief, da der Fokus des Mitarbeitenden ausschließlich auf die Person der Schulbegleitung und dessen Kompetenzen, statt auf die individuellen Bedarfe des Kindes ausgerichtet war.

Wieder verging viel Zeit des Wartens und der Ungewissheit. Vier Wochen später erfolgte schließlich ein internes Fall-Team, in dem die Bedarfe des Kindes seitens der Behörde erörtert und festgelegt werden sollten. Ein Protokoll des Hilfeplangesprächs sowie eine Auskunft über das Ergebnis der Bedarfsermittlung erfolgte trotz mehrfacher telefonischer und schriftlicher Rückfragen der Eltern selbst nach Monaten nicht. Die Behörde hielt es scheinbar nicht für erforderlich, zu dem Antrag der Eltern offiziell Stellung zu beziehen und den Eltern damit auch die Möglichkeit zu geben, ggf. dagegen rechtlich vorzugehen.

Bleiben Mitarbeitende im Hilfesystem – wie in diesem Fallbeispiel – in ihren Handlungen und Entscheidungen intransparent, fühlt sich jede (unbegründete und unangekündigte) Intervention wie ein Messer im Rücken der Eltern an und stößt mitunter unverzüglich auf Widerstand, weil die Motive dahinter unklar bleiben. Bringen Eltern dazu bereits zahlreiche unschöne und negative Erfahrungen in der Zusammenarbeit mit – wie es in vielen Familien der Fall ist –, gehen sie automatisch auch immer vom Schlimmsten aus und bewerten jeglichen unabgesprochenen Eingriff im Hilfesystem als potenzielle Gefahr oder zumindest als Risiko, vor dem sie ihr Kind schützen oder dem sie mitunter etwas entgegensetzen müssen.

Dieser anhaltende »Kampfmodus« verbunden mit dem Gefühl, permanent auf der Lauer zu liegen, um jederzeit reagieren und kontern zu können, da scheinbar niemand mit ihnen offen und ehrlich kommuniziert, kostet viel Energie und Kraft, die ihnen dann an anderer Stelle nicht mehr zur Verfügung stehen. Darüber hinaus kann auf dieser Grundlage keine vertrauensvolle Zusammenarbeit (► Kap. 3.1.2) entstehen, was sich im Endeffekt auch immer langfristig auf den Verlauf der Hilfe negativ auswirken kann.

3.5 Kooperationen und Abhängigkeiten

Werden Leistungen der Eingliederungshilfe nach meist intensiver Bedarfsermittlung durch den Kostenträger (z.B. Jugendamt) bewilligt, beauftragt dieser in der Regel einen Leistungsträger/Kooperationspartner, der die bewilligte Hilfe/Maßnahme umzusetzen hat. Nicht selten bleibt hier das gesetzliche »Wunsch- und Wahlrecht« der Hilfesuchenden unberücksichtigt und es wird im Gegenzug auf Einrichtungen und Träger zurückgegriffen, mit denen man als Kostenträger seit Jahren gut und vertrauensvoll zusammenarbeitet, um zumindest auf dieser Seite eventuelle Reibungsverluste zu minimieren.

Kommt es jedoch seitens des Leistungserbringers bei der Umsetzung der Hilfen – beispielsweise aufgrund von Personalmangel – zu erheblichen Verzögerungen und/oder Konflikten bzw. Uneinigkeit bei der Auswahl und dem Einsatz geeigneter Fachkräfte für das autistische Kind, hält sich der Kostenträger bei der inhaltlichen Ausgestaltung der Hilfen häufig bedeckt/zurück, schließlich möchte er dem Leistungserbringer nicht unnötig in den Rücken fallen und damit die vertrauensvolle Kooperation gefährden.

Der Leistungsanbieter wiederum begibt sich durch diese (nach außen hin) mitunter »vollumfängliche Rückendeckung« auch automatisch in eine Abhängigkeitsposition gegenüber dem Kostenträger. Infolgedessen verliert er damit schlimmstenfalls in seiner fachlichen Einschätzung in Bezug auf das autistische Kind auch an »Neutralität«, da er das Wohlwollen des Kostenträgers und damit auch die Vermittlung von Folgeaufträgen schlichtweg nicht gefährden möchte. Statt als eingesetzter Dienstleister eine Vermittlerposition zwischen Familie und Behörde einzunehmen, agieren sie am Ende – wenn auch widerwillig – nicht selten als deren Erfüllungsgehilfen, getreu dem Motto: »*Man beißt nicht in die Hand, die einen füttert!*«

Hinzu kommt, dass in der Praxis – aufgrund der Vielzahl an Fällen – systembedingt bisweilen ein engerer Kontakt bzw. Austausch zwischen Kostenträger und Leistungserbringer als zwischen Kostenträger und Hilfesuchenden selbst bzw. dessen Eltern besteht, was durchaus problematisch sein kann. Nicht selten kommt es hier im Konfliktfall (im Übrigen auch ohne vorhandene Schweigepflichtentbindung) hinter verschlossen Türen (»*Das bleibt jetzt mal hier im Raum!*«) zu einem intensiveren/weitreichenden Fallaustausch und/oder (strategischen) Absprachen, als es gemäß der Datenschutzrichtlinien rechtlich zulässig ist. Ohne Dokumentation gibt es auch keine Nachweise.

Leistungserbringer befinden sich an dieser Stelle gegenüber den Familien häufig in einem Loyalitätskonflikt, da sie insgeheim viel stärker in das Verfahren involviert und mit ihren Mitarbeitenden näher am autistischen Kind und an deren Familien dran sind, mitunter den Leidensdruck deutlich spüren und Verständnis für deren Beweggründe und Anliegen haben. Dennoch verlangt ihre Vermittlerrolle im Grunde genommen eine gewisse Neutralität beider Parteien (Behörde und Familie) gegenüber, wobei im Konfliktfall nicht selten im Vorfeld an ihnen gezerrt und eine gewisse (parteiliche) Positionierung eingefordert wird. Obwohl ihre Rolle ihnen die Identifikation vorhandener »Systemfehler« prinzipiell ermöglicht, obliegt es ihnen in der Regel nicht, bestehende Missstände offen anzusprechen, zu kritisieren oder gar zu politisieren und womöglich noch klar Stellung zu beziehen und sich ggf. gegen den eigenen Kostenträger zu stellen. Leistungserbringer hängen hier schlichtweg an dessen Tropf, müssen folglich eher zurückhaltend, gut überlegt und im Hintergrund agieren, um nicht weitreichende Konsequenzen zu riskieren und das Kooperationsverhältnis zum Kostenträger zu riskieren. Hier zeigt sich wiederum erneut das klare Abhängigkeitsverhältnis, was im schlimmsten Fall – gerade für kleine Träger – durchaus existenzgefährdend sein kann. So vermag beispielsweise eine Fahrtkostenabrechnung – wir sprechen hier bei einem kleinen Leistungsträger auch schnell mal von einer 5-stelligen Kostensumme –, die über mehrere Wochen und Monate vom Kostenträger »unbearbeitet« bleibt, diesen langfristig in finanzielle Schwierigkeiten bringen und damit nachhaltig viel Druck ausüben, sich mitunter zukünftig mit kritischen Äußerungen besser zurückzuhalten.

Auch die Genehmigung neuer Projekte bzw. die Dauer bis zu derselben können stark von der Kulanz und der Qualität der Beziehung zu den »richtigen« Personen abhängen, wiederum nach dem Motto: *»Eine Hand wäscht die andere!«* Hier geht es am Ende auch immer darum, wie zugewandt Entscheidungs- und Leistungsträger zueinander sind bzw. wie eng und vertrauensvoll Beziehungen miteinander »gepflegt« werden, um Angelegenheiten als Leistungserbringer im Einzelfall auch »auf dem kurzen Dienstweg« klären zu können und nicht in die Mühle eines »Antragstellenden« zu geraten, dessen Anliegen auf unbestimmte Zeit mitunter in einem Stapel verschwindet. Für den Fortbestand und die Weiterentwicklung eines Trägers sind diese Aspekte durchaus bedeutsam, so dass sie bei jeglichen Handlungen, Entscheidungen und Tätigkeiten im Hinterkopf behalten werden müssen und bei Eltern bisweilen auch für viel Frust sorgen können, gerade dann, wenn alle Beteiligten klare Regelverstöße des Kostenträgers sehen/identifizieren, der Leistungserbringer jedoch nicht offiziell Stellung beziehen kann/möchte.

Leistungserbringer müssen deshalb in ihren Entscheidungen/ Handlungen immer auch gut abwägen, zumal die Beziehung zum

3.5 Kooperationen und Abhängigkeiten

Klienten/zur Klientin im Regelfall »befristet« ist, die Kooperation mit dem Kostenträger jedoch bestenfalls langfristig erfolgt und z. B. im Zuge der immer wiederkehrenden Kostenverhandlungen zahlreiche Möglichkeiten für potenzielle »Retourkutschen« bestehen. Dies führt in der Praxis meist dazu, dass Leistungserbringer eher dazu neigen, sich auf die Seite des Kostenträgers zu stellen und sich damit auch (gewollt oder ungewollt) im Konfliktfall wie eine Front gegen die Familien zu richten, was den Eltern am Ende auch im Klagefall jegliche Chance nimmt, eine neutrale Entscheidung durch das Gericht zu erwirken. Ferner wird dem Leistungserbringer in diesem Kontext nicht selten hinter verschlossenen Türen schlichtweg auf diktiert (oder zumindest der Versuch unternommen), wie er sich bisweilen zu verhalten hat bzw. welche Erwartungen der Kostenträger an einen »loyalen Partner« hegt, so dass hier unmissverständlich auch Druck ausgeübt wird, in ihrem Sinne zu »funktionieren«.

So vermögen beispielsweise auch Mitarbeitende von Beratungsstellen, die sich mitunter zunächst von Behördenmitarbeitenden manipulativ umgarnen lassen, anschließend unter der Macht, dem Druck und der restriktiven Praxis derselben einzuknicken und ihre Beratungsinhalte entsprechend danach auszurichten, aus Angst am Ende als unnötiger Kostenfaktor im Hilfesystem aussortiert zu werden. Statt unbequem zu werden und Behördenhandeln offen in Frage zu stellen, fügen sie sich der Vernunft willen, um zumindest ein Minimum an Forderungen und Anliegen ihrer Klient/innen durchsetzen zu können, die jedoch in der Praxis für die Betroffenen und deren Familie nicht automatisch eine grundlegende und/oder zufriedenstellende Verbesserung darstellen (müssen).

Dies kann sich dann wiederum langfristig auch auf die Ausgestaltung und die Qualität der Hilfsangebote auswirken, beispielsweise wenn die Bedarfe und Nöte autistischer Kinder zwar erkannt und identifiziert werden, es in der Praxis jedoch regelmäßig an der Entwicklung bedarfsgerechter Angebote scheitert, da das Alltagsgeschäft keine zeitlichen Kapazitäten dafür lässt, diese mitunter einer gesonderten Genehmigung bedürfen und/oder die Kosten vom Kostenträger nicht übernommen werden.

Dass die Vorgehensweisen und Entscheidungen von Kostenträgern in vielen Fällen nicht im Sinne der Hilfesuchenden sind und im Prinzip auch nicht zwingend dem Wesen der Eingliederungshilfe entsprechen, scheint hier für viele Leistungserbringer vordergründig (offenbar) keine Rolle zu spielen. Im Gegensatz dazu passt man die eigene Leistung den Gegebenheiten vor Ort (schweigend) an und empfiehlt Eltern letztlich sich zum Wohle ihrer Kinder dem System zu beugen/zu fügen, um sich das Leben nicht unnötig schwer zu machen. Im Hinblick auf die enorme Belastung vieler Familien ist diese fachliche »Empfehlung« sicherlich verständlich, mit Inklusion und Recht hat dies am Ende jedoch leider nicht viel zu tun.

3.5.1 Zur Personalsituation von Leistungserbringern

So wie die einzelnen Kostenträger (▶ Kap. 3.1.4) haben auch die Leistungserbringer in der Praxis mit Fachkräftemangel und hoher Personalfluktuation zu kämpfen, deren Konsequenzen für das autistische Kind und deren Familien mitunter sehr weitreichend sein können. Dennoch erscheinen diese »Probleme« beim genaueren Hinschauen auch »hausgemacht« oder zumindest nicht sonderlich überraschend. Neben schlechter Bezahlung und (befristeten) Arbeitsverträgen, die in der Ausgestaltung eher an modernen Sklavenhandel erinnern, wird aus der Not heraus auch in äußerst komplexen Fällen ohne große Einarbeitungszeit auf unerfahrene (günstige) Hilfskräfte zurückgegriffen, die dann noch aus Gründen des Zeitdrucks möglichst zügig, ungeschult und ohne adäquate fachliche Begleitung ins kalte Wasser geworfen werden.

In diesem Kontext kann es auch durchaus vorkommen, dass Familien und Kostenträgern pädagogische »Laien« auf dem Papier als Fachkräfte »verkauft« werden, um die geforderten Qualitätskriterien der Behörde zu erfüllen und den höheren Kostensatz abzurechnen, da dies in der Regel nicht überprüft wird und die Definition der »Fachkraft« in der Praxis durchaus sehr weit ausgelegt werden kann. Auch ein pädagogischer Ausbildungshintergrund allein macht eine

Person nicht automatisch zu einer »Autismus-spezifischen« Fachkraft bzw. wird dadurch keine qualitativ hochwertige Arbeit mit dem autistischen Kind garantiert. Familien machen hier nicht selten die absurdesten Erfahrungen und merken damit sehr schnell, dass da, wo *»Fachkraft draufsteht, nicht immer auch Fachkraft drin sein muss«*, was mitunter sehr herausfordernd sein kann.

Konkrete Handlungsstrategien im Umgang mit oder auch über auftretende individuelle Herausforderungen und Besonderheiten dieser Klientel werden in diesem Zusammenhang in der Regel mit dem eingesetzten Personal im Vorfeld nicht intensiv besprochen. Infolgedessen müssen sie dieses Fachwissen erst innerhalb der Arbeit durch entsprechende Weiterbildungen erwerben oder es sich selbst »autodidaktisch« aneignen, was für die eingesetzten Arbeitskräfte mitunter langfristig durchaus heikel werden kann. Hinzu kommt, dass die Problematiken im Umgang und in der Arbeit mit autistischen Kindern auch von Leistungserbringern selbst schlichtweg unterschätzt und die damit verbundenen (individuellen) Anforderungen an die Fachkraft nicht unmittelbar erkannt werden.

Bereits bei den offenen Stellenausschreibungen zahlreicher Leistungserbringer wird häufig deutlich, dass man eine möglichst breite Zielgruppe an potenziellen Interessent/innen erreichen möchte, auf die man dann in der Praxis scheinbar ohne große Eignungsprüfung und/oder Erwartungs-/Anspruchshaltung in Bezug auf deren fachliche Qualifizierung zurückgreifen kann. Obwohl ihnen die entsprechenden ausgebildeten Fachkräfte schlichtweg fehlen, müssen sie dennoch ihren Kooperationsvertrag mit der Behörde erfüllen und entsprechendes Personal zeitnah bereitstellen (können). Teilweise wird beispielsweise gegenüber den Bewerber/innen nicht einmal explizit erwähnt, dass sich das potenzielle Begleitkind im Autismus-Spektrum befindet, um diese nicht von Beginn an »abzuschrecken«.

Eine adäquate Aus- und Weiterbildung, zumindest eine angemessene Einarbeitung oder auch Kontaktanbahnung, bevor die »Fachkraft« für das autistische Kind in der Praxis zuständig wird, findet dabei in der Regel – schon allein aus Kostengründen und aufgrund der Kurzfristigkeiten – oftmals nicht statt, so dass beispielsweise Kind und Schulbegleitung in vielen Fällen erst innerhalb der Schule erstmalig aufeinandertreffen und sich kennenlernen können.

Aussage einer Schulbegleitung:

»Als ich damals bei dem Träger XY neu startete, wurde ich zunächst intensiv über die negativen Erfahrungen mit den Eltern des Kindes informiert und zur Vorsicht innerhalb der Zusammenarbeit angemahnt. Konkrete Fachinformationen zu den Besonderheiten des Kindes, für welches ich zukünftig zuständig sein sollte, erhielt ich im Gegenzug nicht.«

Diese Form der »Einarbeitung« und Vorwarnung vor dem hohen Anspruch der Eltern bzw. der herausfordernden Zusammenarbeit mit Bezugspersonen zeigt mitunter den Fokus der Verantwortlichen in kritischen Fallkonstellationen, den Mangel an Reflexionsbereitschaft, Wertschätzung sowie an Neutralität und Loyalität gegenüber betroffenen/beteiligten Familiensystemen, was mitunter kein Einzelfall darstellt. Eine entsprechende Schulung zum Thema Autismus-Spektrum oder auch eine Aufklärung über die individuellen Besonderheiten des zu betreuenden Kindes im engen Austausch mit den Bezugspersonen wird damit scheinbar von einigen Leistungs- und Kostenträgern auch nicht als zwingend erforderlich angesehen. Dass diese Konstrukte in der Praxis jedoch häufig wiederholt scheitern, was wiederum auf Kosten aller Beteiligten geht, wird in diesem Kontext scheinbar in Kauf genommen.

Durch Überforderung und Ohnmacht, die man jedoch oftmals aus Scham und Angst vor einem persönlichen Gesichtsverlust als womöglich angepriesene Fachkraft gegenüber den Eltern nicht zu zeigen vermag, geraten schlimmstenfalls alle Beteiligte – insbesondere die autistischen Kinder – zunehmend an ihre persönliche Leistungs- und Belastungsgrenze, bis das System am Ende in sich zusammenbricht und scheitert. Kurzfristige Kündigungen und damit verbundene Beziehungsabbrüche sind zu diesem Zeitpunkt keine Seltenheit (▶ Kap. 3.1.4), was den Frust der Eltern über ein weiteres gescheitertes Hilfesystem und das Vertrauen in Helfer/innen nachhaltig

3.5 Kooperationen und Abhängigkeiten

erschüttert (▶ Kap. 3.1.2). Dem enormen Leidensdruck des Kindes, welches diese negative Erfahrung nicht mit der mangelnden Professionalität oder Eignung der Person in Verbindung bringt, sondern immer auch an sich selbst festmacht, haben Eltern häufig nichts entgegenzusetzen.

Andere Leistungserbringer haben – trotz vorliegender Kostenzusage – mitunter sehr lange Wartezeiten, manchmal auch über mehrere Jahre, bis das Kind schließlich einen Förderplatz in einer Einrichtung zugesprochen bekommt, was für Eltern durchaus zu einer Zerreißprobe werden kann. Viele Eltern eignen sich in dieser Zeit häufig enormes Fachwissen an, besuchen Fortbildungen oder schließen sich Selbsthilfegruppen (▶ Kap. 2.5.6) an, um ihre Handlungskompetenzen auszubauen und zumindest zeitweise ein wenig Entlastung und Selbstwirksamkeit zu erfahren. Je länger die Wartezeit, desto größer sind häufig auch die Erwartungen und die Hoffnungen an das entsprechende Hilfesystem. Treffen Eltern dann jedoch auf junge, unerfahrene Kräfte, die im Umgang mit ihrem autistischen Kind völlig überfordert erscheinen und keine Antworten auf ihre Fragen haben, landen sie schlimmstenfalls aus Mangel an personellen Alternativen erneut auf langen Wartelisten und verlieren damit schnell den Glauben oder auch das Vertrauen in das System, was sie am Ende mehr Kraft kostet, als es ihnen tatsächlich nutzt.

Ferner wird es für Eltern immer dann besonders herausfordernd, wenn sich vermeintliche »Fachkräfte« auf ihre Erfahrungen und ihr angelesenes Halbwissen berufen und infolgedessen den mitunter anstrengenden, zeitaufwändigen und regelmäßigen Austausch mit ihnen meiden oder gar ablehnen, zumal dieser häufig vom Leistungserbringer nicht automatisch auch »vergütet« wird. Gerade dann, wenn autistische Kinder und Jugendliche sich nach außen sehr adäquat und eloquent ausdrücken können, werden sie häufig in ihren Handlungskompetenzen schlichtweg überschätzt und ihnen damit nicht selten über das Hilfesystem viel zu viel zugemutet, was dann auf Seiten der Familie wieder aufgefangen werden muss. Das autistische Kind/der Jugendliche kommt oftmals nicht auf die Idee, von sich aus aktiv davon zu berichten. Bleibt der Austausch mit den Familien-

3 Die Tücken des Hilfesystems – Wenn Hilfe zur Herausforderung wird

systemen jedoch aus, gehen mitunter wichtige und grundlegende Informationen über (unsichtbare) Bedarfe schlichtweg verloren oder bleiben im Alltag des betroffenen Kindes unberücksichtigt, so dass die angestrebte Hilfe der Komplexität der Problemlage häufig gar nicht gerecht werden kann.

> Ein Einzelfallhelfer, der für einen knapp 17-jährigen jungen Mann zuständig war, hielt es von sich aus nicht für erforderlich in den aktiven Austausch mit dessen Eltern zu gehen, schließlich ginge es in der Hilfe um eine Verselbstständigung und eine Unterstützung im Ablöseprozess des Jungen vom Elternhaus. Er traf deshalb Verabredungen und Terminabsprachen ausschließlich mit dem jungen Autisten, der von sich aus in der Folge gar nicht auf die Idee kam, die vereinbarten Termine sowie den daraus ggf. resultierenden Unterstützungsbedarf (Fahrt zum Bahnhof) rechtzeitig mit seinen Eltern abzusprechen. Aufgrund seiner Autismus-spezifischen Besonderheiten innerhalb der exekutiven Funktionen und seiner eingeschränkten Theory of Mind ging er schlichtweg immer davon aus, dass seine Eltern von dem Termin wüssten und – wie gewohnt – entsprechende Vorbereitungen (für ihn) trafen.
> So kam es mehrfach dazu, dass er erst sehr kurzfristig Termine ansprach und seinen Unterstützungsbedarf äußerte, was wiederholt familienintern zu Konflikten führte und die Eltern infolgedessen immer wieder vor die Herausforderungen stellte, kurzfristig alles stehen und liegen zu lassen, um die Einhaltung des Termins nicht zu gefährden.

3.5.2 Zu viele Köche verderben den Brei

Haben sich Eltern durch den Dschungel der Leistungssysteme gekämpft, entsprechende Anträge gestellt und verschiedene Hilfen in den Familienalltag sukzessive integriert, können sie im Laufe der Zeit durchaus die leidvolle Erfahrung machen, dass, je mehr Hilfen installiert sind, desto größer am Ende auch die (innerfamiliäre) Herausforderung zu werden vermag.

Eltern sehen sich im Zuge dessen zu Hilfebeginn zunächst unter Umständen mit verschiedenen Fachabteilungen, unterschiedlichsten Strukturen, Ansprechpartner/innen und Zuständigkeiten innerhalb einer Behörde bzw. eines Kostenträgers konfrontiert, die häufig zudem noch losgelöst und unabhängig voneinander arbeiten, manchmal auch gar keine Kenntnis voneinander besitzen, da es auch hier – aufgrund der hohen Personalfluktuation (▶ Kap. 3.1.4) – behördenintern ständig zu Zuständigkeitswechseln kommt, so dass am Ende nicht nur den Eltern schlichtweg der Überblick fehlt.

Verschiedene Hilfen bedeuten darüber hinaus mitunter auch unterschiedliche Leistungserbringer, die allesamt ihre eigenen internen Strukturen und Arbeitskräfte mitbringen, welche wiederum in unterschiedlichster Form und Intensität in den Familien und/oder für das autistische Kind tätig werden. Ein regelmäßiger Austausch in Form eines runden Tisches, um die anfallenden Aufgaben und Anliegen ggf. untereinander aufzuteilen, zusammenzufassen und entsprechend zu bündeln, findet aus Zeitmangel und aufgrund hoher Fallzahlen oder auch fehlendem Interesse nur selten oder gar nicht statt. So doktert am Ende jede beauftragte (Fach-)Kraft für sich allein im System herum, hat ihren persönlichen Blick auf das »Problem« bzw. daraus resultierende Bedarfe, bringt ihre eigenen Lösungsideen ein und setzt spezifische Maßnahmen für das Kind um, die dann ggf. schlimmstenfalls noch mit einer »Parallelhilfe« komplett im Widerspruch stehen. Um die vorhandenen, meist sehr komplexen Aufgabenfelder gut zu sortieren und voneinander abzugrenzen, eine vermeintliche Doppelung von Hilfen zu vermeiden und letztlich innerhalb des Familiensystems gemeinsam an einem Strang zu ziehen, bedarf es jedoch zwingend eines regelmäßigen und vertrauensvollen Austauschs zwischen den Hilfesystemen. Dies vermag wiederum Reibungsverluste zu minimieren und die Familien mit widersprüchlichen Aussagen und Interventionen nicht noch zusätzlich zu belasten oder zu überfordern.

3 Die Tücken des Hilfesystems – Wenn Hilfe zur Herausforderung wird

Auch eine Bündelung und Entfristung einzelner Hilfen, eine Reduktion der Ansprechpartner/innen sowie eine generelle Entbürokratisierung von Verwaltungsverfahren innerhalb eines Kostenträgers kann für Eltern im Alltag sehr entlastend sein und darüber hinaus noch, bei genauerer Betrachtung, allen Beteiligten viel Zeit, persönliche Ressourcen und Geld einsparen.

Dies soll an dem nachfolgenden Beispiel nochmals verdeutlicht werden:

> Unser Sohn erhält seit vielen Jahren Fachleistungsstunden in Form einer Autismus-spezifischen Förderung, die in der Regel etwa innerhalb eines Jahres (je nach Umfang der Stunden und der individuellen Bedarfe unseres Sohnes) aufgebraucht sind und folglich neu beantragt werden müssen. Hierzu ist im Vorfeld ein sogenannter **Unterstützerkreis** zwischen der fallführenden Jugendamtsmitarbeiterin, der Autismus-Therapeutin und den Eltern vorgesehen.
>
> Darüber hinaus hat unser Sohn als Unterstützung eine Schulbegleitung, die inzwischen über das persönliche Budget finanziert wird. Hierzu fordert das Jugendamt jährlich **zwei Hilfeplangespräche** ein, an denen in der Regel die Klassenleitung, die Schulbegleitung, die fallführende Jugendamtsmitarbeiterin und die Kindseltern teilnehmen. Durch die Inanspruchnahme des persönlichen Budgets stehen für uns zusätzlich noch **jährliche Zielvereinbarungsgespräche** an, bei denen über die Rahmenbedingungen und die Ausgestaltung desselben (neu) verhandelt wird.
>
> Ferner besucht unser Sohn an zwei Tagen in der Woche eine sozialpädagogische Tagesgruppe. Bei dieser Maßnahme sind **regelmäßige Elterngespräche** mit dem fallführenden Mitarbeitenden der Tagesgruppe (ca. alle 6 Wochen) sowie **zwei Hilfeplangespräche** im Jahr mit einer weiteren Mitarbeiterin des Jugendamts aus einer anderen Fachabteilung vorgesehen.
>
> Allein für diese Unterstützungsmaßnahmen des Jugendamts, die für uns in der jeweiligen Beantragung und den daraus resultierenden Verhandlungen über deren Ausgestaltung bereits viel Zeit

3.5 Kooperationen und Abhängigkeiten

in Anspruch genommen haben, müssen wir als Eltern im Jahr ca. **12–14 Zusatztermine** einplanen, um die Weiterbewilligung der Hilfen nicht zu gefährden. Diese Termine benötigen dazu noch in der Regel einer intensiven Vor- und Nachbereitung, weil die nahtlose Weiterbewilligung der Hilfen im gleichen Umfang keinesfalls ein Selbstläufer ist.

Wird parallel dazu innerhalb des Schulkontextes noch ein Förderplanprozess angestoßen – wie bei uns in der Grundschule erfolgt –, werden mitunter noch weitere schulinterne und -externe Fachpersonen als Hilfen miteingebunden, so dass es für die Eltern unter Umständen zu weiteren regelmäßigen (kräftezehrenden) Gesprächsrunden kommt, in denen über die individuellen Bedarfe und die Entwicklung des autistischen Kindes intensiv debattiert wird.

Andere Familien haben darüber hinaus als zusätzliche Unterstützung noch eine sozialpädagogische Familienhilfe (▶ Kap. 2.4.3) und/ oder auch Einzelfallhilfen (▶ Kap. 2.4.2) für die Geschwisterkinder mit an Bord, so dass hier innerfamiliär wiederum weitere Hilfesysteme mit zusätzlichen Ansprechpartner/innen aktiviert sind, die abermals ihre eigenen internen Gesprächsrunden zur individuellen Planung und Zielsetzung der Hilfen mit sich bringen.

Hat das autistische Kind dazu noch einen Pflegegrad (▶ Kap. 2.1.1), kommen weitere ein bis vier Termine für so genannte Beratungseinsätze der ambulanten Pflegedienste sowie mitunter alle zwei bis drei Jahre ein Besuch eines/einer Gutachter/in des Medizinischen Dienstes zur Überprüfung des Pflegegrads hinzu. Auch hier müssen sich Eltern entsprechend Kapazitäten freiräumen und Vorbereitungszeiten miteinplanen.

Diese Aufzählung ist für viele Familien mit autistischen Kindern sicherlich nicht vollständig und erlaubt damit nur einen kleinen Einblick, der jedoch deutlich macht, dass am Ende bereits die Koordination der unterschiedlichen Hilfen und Leistungen und die daraus resultierenden Termine, verbundenen mit einem regelmäßigen, konstruktiven Austausch mit den jeweiligen, die individuelle Hilfeform betreffenden Personen, für Familien unter Umständen eine

Mammutaufgabe darstellt. Diese zu stemmen hat wiederum langfristig nichts mehr mit Hilfe oder Entlastung, sondern nur noch mit individuellem Organisationstalent zu tun. Die mitunter regelmäßig anstehenden (Fach-)Arzttermine sowie ambulante Termine für das autistische Kind (z. B. zur Ergo- und Physiotherapie), die im Einzelfall phasenweise auch sehr zahlreich sein können, wurden in diesem Kontext noch gar nicht berücksichtigt bzw. mitgezählt.

Stoßen vorhandene Systeme (z. B. Kindergarten und Schule) durch das Verhalten des Kindes sukzessive an ihre Grenzen, werden auch von dieser Seite unter Umständen immer neue Unterstützungssysteme gefordert und installiert, in der Hoffnung, »*das Problem würde sich damit in Luft auflösen*«. Eltern lassen dies oftmals zunächst stillschweigend zu, um nicht als unkooperativ zu wirken und möglichst keinen Ausschluss ihrer Kinder zu riskieren. Dennoch machen sie auch hier die Erfahrung, dass viele dieser Hilfen meist nicht den erwünschten Erfolg bringen, sondern lediglich neue Herausforderungen für alle Beteiligten in sich bergen. Manchmal scheinen diese Handlungen und Interventionen externer Systeme zudem noch eine gewisse »Alibi-Funktion« für die Verantwortlichen innezuhaben, um sich intern »abzusichern« oder auch nach außen hin als kompetent und hochengagiert darzustellen, obwohl man sich eigentlich insgeheim völlig überfordert fühlt. Sollte das System dann am Ende dennoch misslingen, da man beispielsweise trotz aller Expertise nicht bereit ist, die Rahmenbedingungen an das Kind ausreichend anzupassen, kann man dann zumindest sagen/belegen, dass man wirklich »*alles in der Macht stehende*« unternommen hat.

> *Einige Eltern von Kindern, die die Diagnose im Kindesalter erhielten, geben an, dass die eingeleiteten Therapien und Fördermaßnahmen viel Zeit und andere Ressourcen verschlungen haben, aber nicht den erwünschten Erfolg brachten. Diese Zeit hätten sie im Rückblick lieber in die Familie investiert* (Maus & Ihrig, 2024, S. 191).

Trotz mitunter zahlreich installierter Hilfen und Fördermaßnahmen machen Eltern autistischer Kinder dennoch häufig die Erfahrung, dass viele Maßnahmen bei ihnen oder ihrem autistischen Kind nicht anzukommen und/oder geeignet scheinen bzw. sie auf eine Vielzahl ihrer Fragen schlichtweg keine tragfähigen/befriedigenden Antworten erhalten, so dass sie fortwährend auf der Suche nach einem Unterstützungssystem sind, welches am Ende tatsächlich funktioniert bzw. sich für sie und ihr Kind als hilfreich erweist (▶ Kap. 3.1). Manche Eltern brechen in diesen herausfordernden Zeiten gar in »blinden Aktionismus« aus, kontaktieren und aktivieren in der Folge aus Hilflosigkeit und Ohnmacht mitunter zahlreiche Hilfesysteme, erhalten dann jedoch wiederum nicht die erwünschte oder dringend erforderliche Entlastung und/oder Hilfestellung und bringen damit vielleicht vorübergehend (unwillentlich) noch mehr Chaos und Frust in ihr turbulentes Leben.

Viele beteiligte Personen bedeuten in der Regel auch viele unterschiedliche, manchmal auch widersprüchliche Ansichten und Meinungen, was nun als nächstes getan bzw. was zukünftig dringend unterlassen werden sollte. Einige Eltern fühlen sich dadurch oftmals noch mehr verunsichert oder innerlich unter Druck gesetzt und verlieren mit der Zeit das Vertrauen in die eigene Intuition. Dazu geraten sie hier auch manchmal in eine Art »Loyalitätskonflikt« zwischen den verschiedenen Helfer/innen, da sie sich ja mitunter irgendwann für einen der empfohlenen Wege entscheiden müssen/sollten. Dies kann schlimmstenfalls ihrerseits in einer innerlichen Totalblockade münden, so dass zwischenzeitlich überhaupt keine Entscheidung mehr getroffen wird, da die zahlreichen »Rat-Schläge« sie völlig überfordern.

Hier bewahrheitet sich jedoch mitunter am Ende das alte Sprichwort *»Viele Köche verderben den Brei«*, was im Einzelfall durchaus berücksichtigt werden sollte. Denn je mehr Personen unter Umständen am Hilfeprozess beteiligt werden/sind, desto umfangreicher, (zeit-)aufwändiger, komplizierter und herausfordernder vermag sich dies letztlich auch auf die Prozessgestaltung auszuwirken, beginnend bereits bei der gemeinsamen Terminfindung im Rahmen eines Hilfeplangesprächs. Wird das betreffende Kind oder der Jugendliche ab einem bestimmten Alter im Rahmen seiner Möglichkeiten mit hinzugezogen, kann es für ihn/sie mitunter auch sehr einschüchternd oder überfordernd sein, je mehr Personen in dieser Runde beteiligt sind und mitsprechen wollen, so dass ggf. die Anzahl auf ein Minimum begrenzt werden sollte. Viele Personen bedeuten bisweilen auch viele unterschiedliche Perspektiven und Meinungen zu den vorhandenen Bedarfen oder den Erfordernissen, was es wiederum schwierig machen kann, am Ende einen gemeinsamen Konsens/Weg zu finden, von dem das Kind und die Familie nachhaltig profitiert.

3.6 Expertengerangel und mangelndes Fachwissen

Das Thema Autismus-Spektrum ist leider nach wie vor noch sehr begrenzt und unzureichend in den verschiedenen Systemen (Schulen, Kindergärten, etc.), bei Leistungserbringern (Beratungsstellen, Einrichtungen, etc.) oder auch zentralen Entscheidungsträgern (Behördenmitarbeitende, Lehrkräfte, Gutacher/innen, etc.) implementiert. Alternativ dazu wird überdies oftmals von Agierenden auf ein Halbwissen und/oder persönliche Erfahrungswerte früherer Begegnungen mit Autist/innen zurückgegriffen, was jedoch den individuellen Bedürfnissen des Einzelfalls schlichtweg nicht gerecht wird und aus fachlicher Sicht weitaus kontraproduktiver erscheint, als wenn von Beginn an den Eltern gegenüber offen mit Unwissen und fehlender Autismus-Kompetenz umgegangen wird.

Dies kann mitunter zur Folge haben, dass (unsichtbare) Bedarfe des autistischen Kindes nicht erkannt oder gesehen und zwingend erforderliche Teilhabeleistungen versagt werden, da man ohne Kenntnis der Besonderheiten des Einzelfalls der Einfachheit halber lieber pauschal entscheidet und begründet:

> *»Der Ausflug stellt eine unzumutbare Überforderung für Autisten dar.«*
>
> *»Autisten fasst man doch nicht an!«*

3.6 Expertengerangel und mangelndes Fachwissen

»Ich habe bereits ausreichend Erfahrungen mit autistischen Kindern gesammelt, ich kenne mich deshalb mit diesem Thema bestens aus und Sie brauchen mir hierzu wirklich nichts zu erklären.«

.... sind nur einige Beispielaussagen, auf die ich in den letzten Jahren in meiner Beratungsarbeit und/oder meinem privaten Umfeld wiederholt gestoßen bin.

Die Herausforderung für Eltern autistischer Kinder liegt in diesen oder vergleichbaren Äußerungen vor allem darin, dass externe Hilfs- und Schulungsangebote von diesem Personenkreis oftmals ausgeschlagen bzw. abgelehnt werden, aus der (inneren) Überzeugung heraus, dass man fachlich gut aufgestellt ist, sich nicht von außen belehren lassen und/oder sich schlichtweg selbst beweisen möchte, dass man in der Lage ist, mit der bestehenden Herausforderung adäquat umzugehen, jedoch ohne Rücksicht auf Verluste und mögliche Konsequenzen für das autistische Kind zu nehmen. Mit dieser Haltung ist am Ende niemanden geholfen, weder dem betroffenen Kind selbst, der Familie noch der Lehr- oder Fachkraft. Scheitert das System dennoch, wird die Verantwortung hierfür im Regelfall externalisiert und beispielsweise auf die fehlende Mitwirkung der Eltern oder die mangelnde Eignung des vorhandenen Systems zurückgeführt. Eine Selbstreflexion findet hier meist nur sehr eingeschränkt statt, um die eigene Handlungskompetenz im Nachgang nicht in Frage zu stellen, was Eltern jedoch mitunter frustriert zurücklässt.

Autistische Kinder werden infolgedessen häufig in der Gesamtbetrachtung bezüglich ihres individuellen Leistungspotenzials von Außenstehenden entweder völlig über- oder auch unterschätzt, was Eltern wiederholt in Erklärungs-, Rechtfertigungs- und Argumentationsnöte bringt. Sind die passenden Rahmenbedingungen und Hilfen installiert und wird dem autistischen Kind damit die nötige Sicherheit gegeben, vermag es zeitweise in der Lage sein, Erstaunliches zu leisten. Ist das System jedoch instabil, da beispielsweise die Schulbegleitung erkrankt, vermag es das Kind vielleicht kurzfristig noch zu kompensieren, was allerdings gleichzeitig zu Lasten seiner persönlichen Leistungsfähigkeit geht und sich über kurz oder lang auch auf seine Stabilität, seine Impulskontrolle und damit auch auf sein Verhalten auswirken kann.

Die Überzeugung, alles zu wissen und damit keine weiterführende Unterstützung zu benötigen, den Austausch mit Fachleuten zu meiden und/oder auch aktiv abzulehnen, erscheint in meinen Augen jedoch im Umgang und in der Arbeit mit autistischen Menschen nicht zielführend und häufig aus der Angst heraus zu resultieren, als Fachkraft (und Mensch) »nicht kompetent« genug eingestuft oder bewertet zu werden. Dies vermag im Einzelfall wiederum Selbstzweifel hervorrufen und am eigenen Selbstverständnis nagen, liegt jedoch letztlich an der Persönlichkeit des-/derjenigen selbst und hat damit in aller erster Linie nichts mit dem autistischen Kind zu tun, welches dieser Person schlimmstenfalls noch permanent dessen persönliche Defizite offen und schonungslos widerspiegelt und sie damit (insgeheim) herausfordert.

Nach außen hin unbedingt kompetent wirken zu wollen, um z.B. die eigene Position zu stärken und das Gesicht zu wahren, jedoch gleichzeitig mit unreflektierten Äußerungen und Pauschalurteilen aufzuzeigen, dass die Autismus-Thematik von Grund auf nicht verstanden und/oder missverstanden wurde, erzeugt bei Eltern wenig Vertrauen und/oder Respekt (▶ Kap. 3.1.2). Das Ziel, sich vor anderen Personen keine Blöße zu geben, sich nicht blamieren zu wollen oder die eigenen Wissenslücken zu verheimlichen, wird dadurch mit Sicherheit weit verfehlt, da Eltern und ihre autistischen Kinder hier erfahrungsgemäß im Laufe der Zeit äußerst sensible Antennen entwickeln und damit relativ schnell identifizieren, ob das Gegenüber wirklich autismus-kompetent ist oder nur den Anschein erwecken möchte.

Eine offene Fehlerkultur sowie Authentizität bezüglich vorhandener Wissenslücken hingehen schaffen die Basis für einen konstruktiven Austausch zum Wohle des betroffenen Kindes. Eltern erwarten dabei gar nicht von ihrem Gegenüber, dass er/sie alles weiß und für jedes Problem eine Lösung parat hat, machen sie selbst doch viel zu oft die Erfahrung, dass es für einige Herausforderungen scheinbar langfristig keine für alle Beteiligten zufriedenstellende und/oder auch dauerhaft geeignete Lösung gibt und manche Dinge schlichtweg so hingenommen, ausgehalten und damit akzeptiert werden müssen, wie sie sind.

> *Oft existiert zudem ein Machtgefälle, denn Fachpersonen sind nicht nur Experten für Autismus, sondern auch für das familiäre Zusammenleben mit einem solchen Kind, obwohl sie nie einen Tag, eine Woche, einen Monat oder gar ein Jahr permanent mit einem autistischen Kind zusammengelebt haben. Damit wird nicht nur das familiäre Zusammenleben und die Selbstbestimmung der Eltern erschwert, sondern außerhalb der Familie auch die Teilhabe und Selbstverwirklichung.*
>
> *Die Art und Weise, wie Fachpersonen mit Eltern umgehen, wirkt sich unmittelbar auf das Handlungsvermögen von Eltern aus* (Maus & Ihrig, 2024, S. 20).

Das Verhältnis zwischen Expert/innen und Eltern ist damit in vielen Fällen, vielleicht auch aufgrund zahlreicher Negativerfahrungen, leider nicht zwingend durch gegenseitiges Vertrauen und Verständnis gekennzeichnet, was mitunter auf die Dauer wiederum zu einer Herausforderung für alle Beteiligten werden kann. Hinzu kommt, dass sich Eltern und Fachpersonen darüber hinaus nicht immer einig sind, wenn es um die Behandlung, die erforderlichen Schritte, die Bedarfe und das Wohl des autistischen Kindes geht, was sicherlich bisweilen verständlich, jedoch in der Zusammenarbeit nicht sonderlich hilfreich erscheint.

> *Eltern können schlechte Erfahrungen mit Kollegen gemacht haben, sind belastet, verständlicherweise ungeduldig, enttäuscht, dass kein Heilungserfolg in kurzer Zeit erreicht wird, und haben evtl. andere Ideen und Vorstellungen von Therapie, d. h. erleben die Schulmedizin als unflexibel, stur oder arrogant. Fachleute fühlen sich u. U. zu unrecht angegriffen, weil man ihnen einen Mangel an Einfühlungsvermögen oder Kompetenz unterstellt, bzw. argwöhnt, sie wollten dem betroffenen Kind Hilfen vorenthalten.*
>
> *Eltern haben ein Recht darauf, dass ihr Kind die bestmögliche Diagnostik und Therapie erfährt, informiert zu werden, kritische Fragen zu stellen und zu erwarten, dass ein Arzt oder Psychologe seine Kompetenzen richtig einschätzen kann. Zudem können sie verschiedene Meinungen einholen und sich an andere Stellen wenden,*

wenn sie nicht zufrieden sind oder die Arbeit eines konsultierten Fachmanns anzweifeln (Poustka et. al, 2009, S. 35 f).

Infolgedessen erscheint es in der Zusammenarbeit zwischen Fachkräften und Eltern zum Wohle des autistischen Kindes zentral, sich nicht in Kompetenzstreitigkeiten oder »Besserwisserei« zwischen Erwachsenen bzw. Expert/innen zu verlieren, sondern die Bedarfe des Einzelfalls in den Mittelpunkt zu stellen, die immer wieder neu ergründet, überprüft und erhoben werden müssen. Eltern sollten in diesem Kontext in ihrer Expert/innenrolle zwingend ernstgenommen werden, da sie meist den besten Einblick über den aktuellen Zustand ihres Kindes innehaben.

Auch die Offenheit, Neues zu lernen, sich auf das Individuum einzulassen und mit ihm/ihr und von ihm/ihr zu lernen, neugierig zu sein, Mut zur Lücke zu haben, einen offenen und vertrauensvollen Austausch zu pflegen und sich im Bedarfsfall immer wieder auch fachlichen Support ins System zu holen, birgt langfristig die Chance, dass alle Beteiligten aneinander wachsen, voneinander profitieren und Teilhabe ermöglicht wird. Selbstüberschätzung hingegen birgt am Ende immer das Risiko, dass erarbeitete Lösungen oder Interventionen scheitern und implementierte, vielleicht auch »gut gemeinte« Hilfen nicht ankommen bzw. zu einer zusätzlichen Herausforderung für alle Beteiligten werden.

3.6.1 Eltern als Therapeuten?

Werden Eltern in den Förderprozess ihrer autistischen Kinder integriert, können sie unter anderem durch die Anleitung der Therapeut/innen lernen, das Verhalten ihres Kindes sicherer zu deuten sowie Erklärungsmodelle, Techniken und konkrete Handlungsstrategien zu entwickeln, um die Entwicklung ihres Kindes adäquat begleiten zu können, damit das Familienleben am Ende gelingen kann.

In diesem Kontext ist es zentral, dass Eltern und Therapeut/innen gemeinsam Ziele besprechen und festlegen, um damit an einem

3.6 Expertengerangel und mangelndes Fachwissen

Strang zu ziehen und mit vereinten Kräften zum Wohle des Kindes positive Veränderung zu erreichen. Dabei bleibt es auch nicht aus, dass Eltern auch nach der Therapieeinheit aktiv gefordert sind, die vermittelten Inhalte im familiären Setting mit ihrem Kind zu besprechen, nachzubearbeiten, ggf. zu modifizieren und/oder auf einen neuen Kontext zu übertragen, Verhaltensweisen zu üben und zu generalisieren, um langfristig einen Therapieerfolg zu erzielen und zu verstetigen.

Ob Eltern diese hochkomplexe Arbeit dauerhaft zu leisten vermögen bzw. bei allen Beteiligten entsprechende Ressourcen zur Verfügung stehen, kann dabei sehr unterschiedlich ausfallen und durchaus in verschiedenen Lebensphasen stark variieren. Persönliches Engagement und Wille der Eltern sind hier nur zwei, in einem komplexen Zusammenspiel verschiedenster Faktoren und familiärer Dynamiken, was von Therapeut/innen immer auch bedacht und berücksichtigt werden sollte. Ferner sollten ihre eigenen Erwartungen an den Förderprozess darauf abgestimmt bzw. danach ausgerichtet sein, um eine dauerhafte Überforderung und Frustration aller Beteiligten möglichst vorzubeugen.

Niemand wird so viel Liebe, Zeit und Energie in ein betroffenes Kind investieren können wie die Eltern. Daher besitzen die Eltern ein großes Potenzial, an der Förderung des Kindes mitzuwirken. Viele Eltern haben ein gutes Gespür, was für ihre Kinder gut ist (Poustka et al., 2009, S. 38).

Aus Fürsorge und Angst können jedoch einige Eltern mitunter dazu neigen, alles Erdenkliche für ihr autistisches Kind zu tun bzw. ihm/ihr im Alltag abzunehmen, um es zu schützen und seiner dauerhaften Überforderung präventiv entgegenzuwirken. Dem Kind hin und wieder auch die Möglichkeit zu geben, sich ausprobieren zu dürfen und Aufgaben selbst zu erledigen, bestimmte Anforderungen an ihn/sie zu stellen und dabei mitunter zu riskieren, dass es auch mal scheitert, kostet diese Eltern viel Mut und Selbstvertrauen sowie die nötige Kraft, das Kind bei einem möglichen Scheitern entsprechend auffangen zu können und zu ermutigen, es ein weiteres Mal zu versuchen. Dies erscheint jedoch wichtig, um es am Ende in seiner

Entwicklung nicht zu hemmen und seine Selbständigkeit im Rahmen seiner Möglichkeiten zu fördern. Zwischen »Fordern« und »Überfordern« ist meist nur ein schmaler Grat und es ist Eltern häufig nicht möglich, zu jedem Zeitpunkt die optimale Linie zu treffen, da das Leistungspotenzial des eigenen Kindes sowie seine persönlichen Ressourcen mitunter sehr starken Schwankungen unterliegen.

Im Gegensatz dazu gibt es innerhalb der Autismus-Therapie auch Intensivkonzepte, bei denen Eltern mitunter gefordert sind, auch im häuslichen Setting in die Rolle des/der »Therapeut/in« zu schlüpfen und aus dieser heraus zu agieren, um ihrem Kind den bestmöglichen Förderrahmen zu bieten, in dem es sich »optimal« entwickeln kann. Dies birgt jedoch dauerhaft die Gefahr, dass sich Eltern von außen permanent unter Druck gesetzt fühlen, die Aufgaben der Therapeut/innen möglichst fehlerfrei und direkt umzusetzen und sich kaum eine Pause gönnen, aus Sorge, ihr autistisches Kind könne durch ihre Nachlässigkeit mitunter Rückschritte machen.

Nach Poustka et al. (2009) sollten Eltern deshalb keinesfalls das Gefühl vermittelt bekommen, permanent als Therapeut/innen auftreten zu müssen, sondern stattdessen versuchen, die Empfehlungen der Fachkräfte in ihren individuellen Erziehungsstil zu übertragen, da die Ansprüche und Erwartungen an das eigene (therapeutische) Handeln sowie an die eigene multifunktionale Rolle sie sonst langfristig an ihre Belastungsgrenze bringt.

Eltern sollten zudem auch immer Eltern bleiben und sich zur eigenen Selbstfürsorge auch erlauben, ihre Kinder zwischenzeitlich »doof« zu finden, was diese selbst im Übrigen auch immer wieder tun und hin und wieder für das eigene seelische Gleichgewicht auch sehr entlastend sein kann. Erwarten Eltern jedoch im Gegenzug von sich aus durchgängig zweifelsfreie Liebe und tiefe Innigkeit zu ihren Kindern zu empfinden und dazu noch Professionalität in all ihren Handlungen, da dies in ihrer Rolle als Eltern und Expert/in des Kindes (vermeintlich) so gefordert wird, werden sie am Ende schlimmstenfalls an sich selbst scheitern, da sie ihren eigenen Erwartungen und Ansprüchen nicht gerecht werden können.

Von Fachkräften und Therapeut/innen hingegen wird – vor allem in kritischen Situationen – durchaus eine professionelle Distanz zum Kind sowie eine hohe Reflexionsbereitschaft vorausgesetzt/gefordert, die Eltern – aufgrund ihrer Rolle, der Intensität und Qualität ihrer Beziehung zum Kind oder auch der Quantität an kritischen Situationen – so nicht zu jedem Zeitpunkt erbringen können. Erleben Fachkräfte jedoch, dass sie dauerhaft das Kind (innerlich) ablehnen bzw. keinen positiven Kontakt zu ihm aufbauen und/oder halten können, sollten sie sich immer auch die Frage stellen, ob sie nicht den Fall an eine Kollegin und einen Kollegen abgeben können.

Hierin vermag dann auch der größte Unterschied zwischen Therapeut/innen- und Elternrolle liegen, da diese bei mangelnder Passung nicht einfach so »abgelegt« werden kann.

3.6.2 Die Schuldfrage

Bei all den Herausforderungen, die Eltern im Laufe der Entwicklung ihres autistischen Kindes bewältigen müssen, stellt sich ihnen immer wieder auch die Frage nach den individuellen Verantwortlichkeiten der unterschiedlichen Systeme (Familie, Kindergarten, Schule, Jugendamt, etc.). Kommt es in diesem Kontext in der Zusammenarbeit zwischen Eltern und externen Fachkräften zu Auseinandersetzungen und/oder handfesten Konflikten, bleiben erwünschte/erhoffte Erfolge dauerhaft aus oder scheint sich die Situation trotz installierter Hilfen sogar noch zu verschlimmern, liegt die Schuldfrage bezüglich dieser Negativentwicklung offenkundig auf dem Tisch und bedarf meist einer grundsätzlichen Klärung.

Gerade dann, wenn das Thema Autismus-Spektrum (noch) nicht richtig verstanden wurde, liegt hier für Außenstehende häufig die Vermutung nahe, es in der Zusammenarbeit wohl mit »erziehungsinkompetenten« Eltern oder auch mit »unerzogenen, erziehungsresistenten« Kindern zu tun zu haben, so dass der eigene Anteil an der Konfliktsituation der Einfachheit halber eher marginalisiert wird und in den Hintergrund tritt.

Infolgedessen wird die Schuld für die »Verhaltensschwierigkeiten« der Kinder in aller erster Linie oftmals zunächst bei den Eltern gesucht, die ihren Kindern beispielsweise (vermeintlich) nicht genügend Grenzen setzen oder auch in jeglicher Hinsicht in ihrer Erziehungsrolle scheinbar schlichtweg versagt haben, was die Hilflosigkeit und Ohnmacht der betroffenen Eltern jedoch noch weiter steigert.

Hinzu kommt, dass diese Schuldzuweisungen gegenüber den Eltern in der Regel sehr subtil erscheinen und damit nicht offen kommuniziert werden, so dass sie sich zumindest dagegen zur Wehr setzen könnten. Ferner treffen diese dazu noch häufig auf äußerst verunsicherte Eltern, die sowieso in vielen Situation völlig überfordert scheinen und sich insgesamt in ihrer Rolle als wenig selbstwirksam in Bezug auf ihr autistisches Kind erleben, was es sicherlich für sie nicht einfacher macht.

Gerade dann, wenn entsprechende Hilfesysteme installiert und unterschiedliche »Helfer/innen« beteiligt sind, vermag es immer wieder verschiedene Perspektiven und Meinungen, aber auch mitunter starke Differenzen bezüglich der Definition und Einschätzung der vorhandenen Problemlage geben (▶ Kap. 3.5.2), was Eltern in diesem Kontext noch zusätzlich verunsichern und herausfordern kann. Fehlen dann auch noch Autismus-spezifische Erklärungsmodelle sowie der regelmäßige Austausch mit dem Familiensystem, kann die Beurteilung der vermeintlichen Fachkraft durch die mangelnde Einordnung in den Gesamtkontext der eigentlichen Problemlage des Kindes niemals gerecht werden, so dass am Ende, statt über vorhandene Bedarfe und notwendige Unterstützungsangebote, über die vermeintliche Schuldfrage und das Fehlverhalten der Eltern diskutiert wird, was jedoch für alle Beteiligten nicht wirklich hilfreich ist.

> *Oftmals trägt die Umwelt noch dazu bei, diese Schuldgefühle zu verstärken, indem sie die Eltern ungefragt mit Hinweisen für den richtigen Umgang mit dem Kind überschütten oder die Probleme des Kindes auf ein vermeintliches Fehlverhalten der Eltern zurückführen* (Schirmer, 2006, S.18).

Eltern fühlen sich infolgedessen häufig bereits von sich aus für jede Negativentwicklung ihres autistischen Kindes schuldig und verantwortlich, hadern zeitweise mit sich selbst, ihrer Elternrolle und ihren Kompetenzen, was sie schlichtweg in Schockstarre versetzen und sie handlungsunfähig machen kann. Sie sind sich damit selbst gegenüber oftmals der/die größte Kritiker/in, hierzu benötigen sie gar keine Be- bzw. Verurteilung durch Dritte.

Der individuelle Anspruch bzw. die eigene Erwartungshaltung an die Elternrolle, möglichst zu jedem Zeitpunkt und in jedem Bereich immer die »richtige« Entscheidung für ihr autistisches Kind treffen zu müssen, was beispielsweise mitunter bedeutet für oder gegen

- einen bestimmten Kindergarten oder eine Schule,
- eine Therapie oder eine spezifische Fördermaßnahme,
- eine weiterführende Diagnostik oder eine Medikation,
- etc.

zu sein, erscheint für Eltern zeitweise völlig überfordernd oder auch erdrückend, zumal es in vielen Fällen häufig auch keine »gute Lösung« gibt und ihnen damit nur eine Entscheidung zwischen »Pest und Cholera« verbleibt.

Hinzu kommt, dass unter Zeitdruck und emotionaler Belastung häufiger Fehler passieren, so dass ihnen – mitunter trotz besseren Wissens, welches in Extremsituationen auch nicht immer abrufbar ist – der Blick für das vermeintlich Richtige und manchmal sogar für das Naheliegende und/oder Logische schlichtweg verstellt ist, was im Nachgang wiederrum in Schuldgefühlen münden kann.

Die Haltung, sich als Eltern schuldig gemacht zu haben, indem man beispielsweise bei der Förderung des Kindes etwas verpasst oder vernachlässigt haben könnte, ist damit in einigen Familien durchaus omnipräsent und benötigt mitunter dringend eines Realitätschecks durch Außenstehende. Entsprechende Aufklärung und Informationen vermögen für Eltern infolgedessen oft entlastend und auch ermutigend sein. Denn, obwohl sie als Eltern keine Schuld trifft an den Herausforderungen ihres Kindes, können sie doch entscheidend dazu beitragen, dass die Entwicklung ihres autistischen Kindes voranschreitet. Solange sich alle Beteiligten jedoch mit der Schuldfrage beschäftigen, eingesetzte Fachkräfte ggf. noch die individuelle Verantwortung oder auch den eigenen Anteil an einer Eskalation oder einem Scheitern konsequent von sich wegweisen, da sie beispielsweise in ihrer Situationsbewertung nicht die Komplexität des Gesamtgeschehens bzw. den Einfluss oder die Rolle der eigenen Person erkennen oder auch berücksichtigen, geraten mögliche Lösungsvisionen und/oder auch die Bedarfe des autistischen Kindes letztlich in den Hintergrund.

Fachkräfte sollten infolgedessen möglichst offen, vorurteilsfrei und neutral an die Familien und die individuellen Problemlagen ihrer Klientel herantreten und sich – auch im Hinblick auf die Gesamtdynamik – keinesfalls dazu hinreißen lassen, die Schuldfrage zu stellen oder gar im Konfliktfall offen Partei für eine Seite zu ergreifen, da sich dies für den weiteren Verlauf und/oder auch für eine vertrauensvolle (innerfamiliäre) Zusammenarbeit äußerst kontraproduktiv auswirken kann. Gerade in diesen Momenten wird für Eltern wiederum die (vermeintliche) Hilfestellung zur Herausforderung.

3.7 Unterstützungssystem Familie und andere Bezugspersonen

Auf der Suche nach geeigneten Unterstützungsmöglichkeiten, die wirklich funktionieren und damit dauerhaft Entlastung für alle Beteiligten schaffen können, liegt es für Eltern sicherlich im ersten Moment nahe, sich zunächst intern an die eigene Familie (Großeltern, Tanten, Onkel, etc.) und/oder auch den engeren Freundes- und Bekanntenkreis zu wenden, um sich dort Hilfe zu holen. So vermag die Herkunftsfamilie für viele Eltern mit autistischen Kindern durchaus ein wichtiger und zentraler Unterstützungsfaktor und/oder Anlaufpunkt darstellen, auf den sie regelmäßig oder zumindest in Krisenzeiten jederzeit zurückgreifen, um dauerhaft die Herausforderungen des Familienalltags stemmen zu können.

Für viele Familien mit autistischen Kindern kann jedoch gerade dieses private Unterstützungssystem oder Netzwerk unter Umständen wiederum auch enormen (Erwartungs-)Druck ausüben und damit zahlreiche weitere Herausforderungen in sich bergen, von denen sie sich nur schwer abzugrenzen bzw. zu lösen wissen, was mitunter durchaus zu zusätzlichen Konflikten und Belastungen führen kann, die für sie zeitweise im Alltag kaum zu bewältigen sind.

So erscheinen beispielsweise Personen aus dem näheren Umfeld des Kindes und/oder der Eltern, die es prinzipiell gut mit der betroffenen Familie meinen, sich jedoch vehement weigern, die Diagnose des Kindes anzuerkennen oder ernst zu nehmen, sich mit dieser konstruktiv auseinanderzusetzen und ihre Handlungen, ihre Kommunikation und ihr Verhalten entsprechend danach auszurichten/anzupassen, meist wenig hilfreich, da sie im Endeffekt das Gesamtsystem (unwillentlich) mehr herausfordern, als dass sie es entlasten.

Auch sich immer wieder vor Familienangehörigen, Freund/innen und Nachbar/innen rechtfertigen und erklären, ihre mitunter kritischen Blicke und/oder Kommentare, ihre Bevormundung und/oder »fundierten Rat-Schläge« aushalten zu müssen, da man mit ihren »ungewöhnlichen« Erziehungsmethoden oder Reaktionsweisen nicht einverstanden scheint, stellt für Eltern eine enorme Belastung dar, die sie aus Ressourcenmangel häufig in den Rückzug zwingt, um einer ständigen Konfrontation möglichst aus dem Weg zu gehen. Da man ihren Kindern die Beeinträchtigung nicht ansieht, ist für sie damit auch immer wieder die Auseinandersetzung verbunden, wem sie diese Diagnose offenbaren (und wem lieber nicht).

Viele Eltern wägen deshalb auch immer wieder gut für sich ab, ob sie das autistische Kind an der einen oder anderen Stelle tatsächlich für einige Stunden »abgeben« können/wollen, um sich dadurch ggf. Freiräume für andere Verpflichtungen oder auch Entlastung zu verschaffen. Schlimmstenfalls erhalten sie bereits nach wenigen Stunden ein Kind zurück, welches unter anderem völlig »durcheinander«, »überreizt« und/oder »überfordert« erscheint, infolgedessen im Familiensystem für einen bestimmten Zeitraum gar nicht mehr funktioniert und erst mit viel Kraftaufwand und Geduld wieder »eingenordet« werden muss. Statt die notwendige Entlastung zu erfahren, fungiert die Familie im Gegenzug nur noch als »Blitzableiter« und »Feuerwehr«, um die zahlreichen Brände bei ihren Kindern zu löschen, die Außenstehende aus Unwissen und/oder auch Gleichgültigkeit bei diesen entfacht haben. Dies verlangt Eltern am Ende jedoch augenscheinlich mehr Ressourcen ab, als ihnen mitunter die »kurze Auszeit« tatsächlich zurückgeben konnte, so dass es faktisch ein »Minus-Geschäft« bleibt. Für einen kurzen Moment der Entspannung und des Durchschnaufens erntet man schlimmstenfalls die nächste Krise des Kindes, die man dann im familiären Rahmen wieder auffangen muss.

Andere Eltern müssen sich unter Umständen im Nachgang noch lange Vorhaltungen über das »ungebührende« und »grenzüberschreitende« Verhalten ihres Kindes machen lassen und sich damit immer wieder auch überaus »dankbar« zeigen, dass das Gegenüber diese »unzumutbare Herausforderung« überhaupt für sie in Kauf genommen hat, so dass sie sich beim nächsten Mal durchaus gut überlegen, ob sie diese Möglichkeit nochmals nutzen wollen.

Gerade dann, wenn Eltern im Vorfeld vermehrt darum gebeten und darauf hingewiesen haben, auf was möglicherweise bei ihrem Kind geachtet bzw. welche Rahmenbedingungen möglichst eingehalten werden sollten, sie jedoch wiederholt nicht ernstgenommen oder im Gegenzug sogar insgeheim belächelt werden, wird es für diese immer herausfordernder, vorhandene (familiäre) Unterstützungssysteme dauerhaft und aktiv für sich in Anspruch zu nehmen.

> Wenn man als Bauer immer wieder Samen austrägt, in der Hoffnung, dieser möge irgendwann auf fruchtbaren Boden treffen und ein Pflänzchen daraus erwachsen, die Ernte jedoch nur sehr spärlich ist oder ganz ausbleibt, wechselt man bestenfalls das

> Stück Land und versucht es an anderer Stelle erneut. Die Alternative dazu ist, man geht gar nicht mehr raus und wechselt am Ende den Beruf.

Infolgedessen erweist sich die Herkunftsfamilie oder auch der nähere Freundeskreis in vielen Fällen nicht als dauerhafte, verlässliche und krisenfeste Hilfe für Familien mit autistischen Kindern oder sie stehen ihnen schlichtweg im Laufe der Zeit auch nicht (mehr) zur Verfügung, da beispielsweise das eigene Kind als Überforderung und/oder Belastung wahrgenommen wird, welche man sich am Ende nicht zumuten mag oder auch zutraut. Das bewusste Abwenden von Bekannten, Freunden und/oder Familienmitgliedern, die nur wenig Verständnis für das autistische Kind und die mit ihm/ihr verbundenen Auswirkungen auf das Familienleben zeigen, ist für Eltern durchaus bedrückend und verletzend, zumal sie im Kontakt mit ihrem autistischen Kind nicht ausschließlich die Herausforderung, sondern auch das liebevolle Wesen, ihren Regenbogen sehen, was sie der Welt wiederum gerne vermitteln und zeigen wollen. Bleiben dann die Türen verschlossen und der Kontakt verwehrt, verbleiben Familien schlimmstenfalls dauerhaft in der Isolation, bis sie förmlich von der Bildfläche zu verschwinden drohen.

Ein privates, tragfähiges Hilfenetzwerk zu finden, auf dass man in regelmäßigen Abständen oder zumindest im Notfall jederzeit zurückgreifen kann, welches

- das Kind in all seinen Besonderheiten akzeptiert und toleriert,
- die Bereitschaft zeigt, sich ohne Diskussion auf das Kind einzulassen und ihm für einen begrenzten Zeitraum die notwendigen Rahmenbedingungen zu bieten,
- die notwendige Ruhe und Geduld mitbringt, sich mit dem Kind konstruktiv und wertschätzend auseinanderzusetzen,
- die Leistungen und Belastung der Eltern (an)erkennt und wertschätzt, ohne sie ständig in Frage zu stellen, bevormunden oder korrigieren zu wollen,

- das nötige Wissen mitbringt, um das Kind nicht dauerhaft zu überfordern und es (bewusst oder unbewusst) zur Anpassung zu zwingen,
- nicht nur die Herausforderungen, sondern auch die Stärken des Kindes (an)erkennt,
- etc.,

erscheint für viele Familien am Ende wie ein »Sechser im Lotto«. Denn nur, wenn die oben genannten Voraussetzungen annähernd gegeben sind, stellen diese Unterstützungssysteme letztlich auch eine spürbare und nachhaltige Entlastung für Familien mit autistischen Kindern dar. Eltern autistischer Kinder benötigen aus diesem Grund auch an dieser Stelle durchaus viel Kraft und Ausdauer, um über die Besonderheiten ihres Kindes geduldig aufzuklären und eine akzeptierende, wertschätzemde Haltung zu erreichen, damit die Unterstützung angenommen werden kann.

Abschließend sollte man bei diesem Thema jedoch auch den Aspekt der Geschwisterkinder nicht ganz aus den Augen verlieren. Auch wenn private Unterstützungssysteme für das autistische Kind selbst dauerhaft nicht passend erscheinen, könnten diese dennoch eine enorme Entlastung für die Geschwisterkinder mit sich bringen, die sich hierüber regelmäßige (Autismus-)Auszeiten nehmen und für einen kurzen Augenblick in das Zentrum der Aufmerksamkeit rücken können. Dieser Nebeneffekt sollte nicht unterschätzt werden, da die Erholungszeiten der Geschwisterkinder häufig auch die (soziale/innerfamiliäre) Dynamik des Familiensystem entschleunigen und damit für eine Entlastung aller Beteiligten sorgen können. Eltern fällt es in diesem Kontext jedoch häufig (noch) sehr schwer, die Geschwisterkinder »regelmäßig« bei Großeltern, Pat/innen, Bekannten und Freund/innen »zu parken«, da es sich für sie mitunter an dieser Stelle wie ein Scheitern ihrer Elternrolle sowie ein »Abschieben des Kindes« anfühlen kann, so dass es von außen durchaus auch Ermutigung und die Erlaubnis benötigt, dies tatsächlich tun zu dürfen, mitunter auch tun zu müssen, um dauerhaft »funktionabel« zu bleiben.

3.8 Wenn Hilfe eine Neiddebatte auslöst

Eltern autistischer Kinder sehen sich neben den alltäglichen Herausforderungen und Belastungen, die aus den (Verhaltens-)Besonderheiten ihrer Kinder resultieren, im Laufe der Jahre immer wieder gezwungen, zum Wohle ihrer Kinder ungewöhnliche, kreative und individuelle Wege einzuschlagen, deren Suche und Bewältigung allen Beteiligten viel Kraft und Nerven abverlangen.

Haben Eltern auf dieser Reise passende Unterstützungsmaßnahmen gefunden und fest im Alltag ihres Kindes installiert, bleibt für sie anschließend der fortwährende (unsichtbare) Kampf um deren Aufrechterhaltung und Weiterbewilligung, so dass sie immer auch mit der Angst und Sorge leben müssen, dass diese Hilfen – z. B. aufgrund des Sparzwangs vieler Kostenträger – langfristig wieder gestrichen und/oder zurückgefahren werden. Auch dieser Umstand kostet Eltern im Alltag zahlreiche persönliche Ressourcen und bringt sie teilweise an ihre Belastungsgrenzen.

Werden erforderliche Hilfen oder Maßnahmen – oftmals auch gegen ihren ausdrücklichen Willen – im Umfang reduziert oder komplett eingestellt, sehen sich Eltern darüber hinaus noch mit den absurdesten »Pauschal«-Begründungen konfrontiert, um diese Entscheidungen »fachlich« zu rechtfertigen. »Totschlag-Argument« der Gegenseite ist hier oftmals die intendierte »schrittweise« Verselbständigung des Kindes, die man scheinbar nur durch eine »Reduktion« von Hilfen erreichen und/oder verstetigen kann.

Dazu wird innerhalb der öffentlichen Diskussion häufig nicht der Weg oder auch der anhaltende Kampf der Eltern, sondern nur das unmittelbare Ergebnis desselben und damit die (vermeintlichen) Vorteile, Privilegien oder auch die »Sonderbehandlung« des autistischen Kindes gesehen, was mitunter durchaus bei vielen in eine Neiddebatte münden kann, da die Notwendigkeit der Maßnahmen nicht erkannt und verstanden wird.

»Dein Kind hat es gut. Es kann morgens mit dem Taxi in die Schule fahren!«

> »Wir leisten doch bereits in einem großen Umfang. Was wollen sie denn jetzt noch von uns?«

> »Warum hat er/sie für die Klassenarbeit länger Zeit und darf diese auch noch in einem separaten Raum schreiben? Mein Kind hätte dadurch sicherlich auch bessere Noten.«

> »Mit Schulbegleitung würde es mein Kind auch auf einem Gymnasium schaffen. Warum geht er/sie nicht einfach auf eine Realschule?«

Dabei stellt in diesem Kontext beispielsweise die Durchsetzung von Nachteilsausgleichen (▶ Kap. 2.5.2) für das betroffene Kind selbst in der Regel keinesfalls ein Privileg, sondern vielmehr eine Überlebenshilfe im (Schul-)Alltag dar, um die vorhandene, mitunter unsichtbare Behinderung auszugleichen, dauerhaft leistungsfähig zu bleiben, auftretendes »Störverhalten« möglichst zu vermeiden oder zumindest zu reduzieren und am Ende annähernd mit Gleichaltrigen mithalten zu können, was jedoch nicht immer von allen Beteiligten (Lehrkräften, Miteltern, etc.) auf den ersten Blick erkannt und verstanden wird. Die genannten Beispielsaussagen verdeutlichen deshalb nochmals umso mehr, dass in diesem Bereich noch viel Aufklärungsarbeit notwendig erscheint, damit Eltern nicht immer wieder in Situationen geraten, in denen sie sich für ihre Kinder und/oder ihre Interventionen und Entscheidungen erklären und rechtfertigen müssen, was für diese bisweilen zu einer enormen Belastung werden kann.

Wird infolgedessen am Ende in der Öffentlichkeit nur (einseitig) über das Ergebnis und damit die (vermeintliche) Sonderrolle des autistischen Kindes und dessen Privilegien diskutiert, finden die damit einhergehenden individuellen Herausforderungen und Beeinträchtigungen, die Arbeit bzw. der Aufwand, der Zeitfaktor und mitunter auch die Verluste/Nachteile dieser Maßnahmen keinerlei Berücksichtigung.

Diese Ausgangslage macht es Eltern auf ihrer Suche nach und in ihren Entscheidungen für individuelle Lösungen und Nachteilsausgleiche für ihre autistischen Kinder gewiss nicht immer einfach. Ganz im Gegenteil wird die Notwendigkeit dieser Interventionen innerhalb

3.8 Wenn Hilfe eine Neiddebatte auslöst

der Gesellschaft oftmals so lange (hinterrücks) in Frage gestellt, bis Eltern diese schlimmstenfalls selbst anzweifeln oder von sich aus aufgeben. Statt ihren Kindern die erforderlichen Nachteilsausgleiche und Hilfen ohne bürokratischen Aufwand zu gewähren, die im Übrigen niemand anderem Schaden zufügen, wird die dauerhafte Durchsetzung derselben zeitweilig zur nächsten, alltagsfüllenden Herausforderung, so dass Eltern am Ende notfalls gänzlich darauf verzichten, da dessen Anwendung nicht die erhoffte und grundsätzlich auch implizierte Entlastung für das Kind mit sich bringt, sondern lediglich eine zusätzliche Belastung darstellt.

Ferner darf in diesem Kontext nicht vergessen werden, dass sich auch Eltern und ihre autistischen Kinder nur allzu häufig insgeheim ein bisschen mehr »Normalität« in ihrem Alltag wünschen und sie nicht zwingend gerne im Mittelpunkt stehen, indem sie fortwährend um die Berücksichtigung der individuellen Besonderheiten sowie um eine Anpassung der Rahmenbedingungen »betteln« oder werben müssen, damit ihren Kindern am Ende eine Teilhabe ermöglicht werden kann. Viele würden sicherlich gerne auch Mal den vorhergesehenen, »einfachen« Weg bevorzugen, ohne immer wieder nach einer Alternativlösung Ausschau halten zu müssen, was auf Dauer sehr anstrengend ist.

Nach der intensiven Darstellung zahlreicher Herausforderungen des Hilfesystems wird im nächsten Abschnitt nunmehr auf mögliche Lösungsansätze eingegangen.

4 Lösungsansätze – Wie Hilfe gelingen kann

Eltern autistischer Kinder merken in der Regel bereits sehr früh, dass herkömmliche Erziehungsmethoden wirkungslos zu sein scheinen und das eigene, intuitive Erziehungsverhalten bei ihren Kindern häufig nicht zu den erwünschten Ergebnissen bzw. Erfolgen führt. So benötigen Kinder im Autismus-Spektrum nicht nur ein besonderes Verständnis für ihre speziellen Problemlagen und Verhaltensweisen sowie adäquate Strukturen und Rahmenbedingungen, sondern auch einen anderen Zugang und Blick auf ihre Welt, um ihnen im Alltag effektive Unterstützung und Hilfestellungen zu geben und sie adäquat in ihrer Entwicklung zu fördern, ohne sie fortwährend zu überfordern.

Eine intensive Auseinandersetzung mit der Thematik, eine positive (Grund-)Haltung gegenüber ihren Kindern und deren individuellen Besonderheiten sowie ein hohes Maß an Selbstreflektion und Empathie – sowohl auf Seiten der Eltern als auch auf der potenzieller Unterstützer/innen – stellen dabei wichtige Grundvoraussetzungen dar, um betroffenen Eltern den Umgang mit ihren autistischen Kindern im Alltag zu erleichtern, ihnen neue Handlungskompetenzen und Selbstwirksamkeit zu ermöglichen und damit für nachhaltige Entlastung aller Beteiligten zu sorgen. Auch Kreativität und Mut auf der Suche nach neuen, mitunter auch ungewöhnlichen Lösungswegen sowie Geduld, Ausdauer und einen langen Atem, da sich viele Verbesserungen oftmals erst nach längerer Zeit im Familiensystem bemerkbar machen, erscheinen in diesem Kontext für einen gelingenden und nachhaltigen Hilfeprozess unabdingbar zu sein. Erziehung und Beziehung müssen somit schlichtweg neu gedacht und mitunter neu gelernt werden.

Ferner stoßen Eltern bei der meist sehr engagierten und kräftezehrenden Suche nach geeigneten (externen) Hilfs- und Förderangeboten für ihr Kind häufig dauerhaft an (ihre) Grenzen und werden auf diesem Weg leider noch viel zu oft allein gelassen. Erfolgt die Installation von Hilfen und Unterstützungsmaßnahmen zu spät, vermögen viele (überforderte) Eltern ihren Kindern bisweilen nicht mehr die hierzu erforderlichen Ressourcen zur Verfügung zu stellen, die für die konkrete Implementierung und erfolgreiche Verstetigung der Hilfen innerhalb des vorgesehenen Systems zwingend notwendig sind.

Selbst in aufgeklärten Familien, die in Sachen (externer und interner) Unterstützungsmaßnahmen gut aufgestellt scheinen, kann es im Laufe der Zeit immer wieder zu Einbrüchen und handfesten Krisen kommen, welche außerhalb ihres persönlichen Einflussbereichs liegen und dennoch adäquat aufgefangen und bewältigt werden müssen, was alle Beteiligten durchaus erheblich fordern kann.

Hinzu kommt, dass sich viele Familien mit autistischen Angehörigen fortwährend bemühen, ihr Leid, ihre Ängste, ihre Sorgen und ihre Enttäuschung nicht übermächtig bzw. nach außen hin erkennbar werden zu lassen, aus Scham, um anderen nicht unnötig zur Last zu fallen und/oder auch um dauerhaft funktionabel zu bleiben. Gerade diese Familien benötigen umso mehr einen wertschätzenden, empathischen und mitunter auch gut geschulten Blick von außen sowie ein hohes Maß an Sensibilität, um zentrale Themen sowie (unsichtbare) Nöte und Bedürfnisse wahrzunehmen und darüber hinaus in einem adäquaten Rahmen vertrauensvoll an- und auszusprechen. Eltern vermag damit eine Brücke gebaut und die explizite Erlaubnis erteilt werden, auch mal schwach, verletzlich, »dysfunktional« und/oder auch »bewusst inkompetent« sein zu dürfen und sich für einen Moment fallen zu lassen.

Auch die Bewusstmachung, Anerkennung und Wertschätzung ihrer alltäglichen Leistungen und persönlichen Kompetenzen als Expert/innen ihrer autistischen Kinder kann Eltern neue Kraft und Stärke zurückgeben und sie dazu ermutigen, nicht aufzugeben und sich den Herausforderungen des Familienalltags aktiv zu stellen.

Mitleid dagegen lässt sie klein und schwach werden und erscheint damit in diesem Kontext völlig deplatziert.

Doch welche weiteren (inneren und äußeren) Faktoren werden von Eltern beim Meistern der außergewöhnlichen Herausforderungen als besonders wirksam und hilfreich wahrgenommen? Auf diese soll nun in den nachfolgenden Kapiteln kurz eingegangen werden.

4.1 Wirkungsvolle Hilfen von Anfang an

Trotz der genannten, zahlreichen Herausforderungen, die mit der Installation von Hilfen im Alltag der betroffenen Familien einhergehen können (▶ Kap. 3), gibt es auch einige zentrale Wirkfaktoren, die sich für viele Eltern als durchaus hilfreich erwiesen haben.

In einer Befragung von Schirmer und Alexander (2015) erschien vor allem der Mangel an sozialen, materiellen und zeitlichen Ressourcen für viele Eltern autistischer Kinder eine zentrale Rolle zu spielen, die sich in ihrem Alltag als sehr kräftezehrend und belastend auswirkten. So wurde in der Mehrheit der von ihnen durchgeführten Interviews in erster Linie über konkrete Hilfen aus dem Verwandtenkreis und wirksame Unterstützung durch Freunde berichtet, die zu einer wichtigen Entlastung des Familiensystems beigetragen haben.

In diesem Kontext gibt es verschiedene Möglichkeiten und Arten der Unterstützung, die von Eltern als wirksame Hilfe erlebt werden, vor allem

- die zeitweise Übernahme der Betreuung und Beaufsichtigung des autistischen Kindes und/oder der Geschwisterkinder;
- aufrichtiges und wertschätzendes Interesse an ihrer aktuellen Situation und moralischer, emotionaler Beistand;

4.1 Wirkungsvolle Hilfen von Anfang an

- aktives und vorurteilsfreies Zuhören, ohne sich erklären, rechtfertigen oder mit gutgemeinten Ratschlägen auseinandersetzen zu müssen;
- die Übernahme von konkreten Alltagsaufgaben (Einkaufen, Kochen, Wäsche machen, Putzen, etc.);
- intensive Auseinandersetzung mit der Thematik und aktive Anpassung der Rahmenbedingungen, um ihnen eine (realistische/unkomplizierte) Teilhabe des Kindes (z. B. an Geburtstagen) zu ermöglichen/zu erleichtern;
- Offenheit, Toleranz und Akzeptanz der individuellen Reaktions- und Verhaltensweisen der autistischen Kinder und ihrer Eltern;
- etc.

Auch der zeitnahe und unbürokratische Kontakt zu professionellen Fachkräften, die Eltern möglichst bereits mit Beginn der Auffälligkeiten und damit noch vor der Diagnostik des Kindes für ihre individuellen Fragen, Sorgen und Nöte unterstützend zur Seite stehen, sie adäquat, bedarfsgerecht und kontinuierlich beraten und begleiten, sensibel und verständnisvoll auf sie eingehen, ihnen Mut zusprechen und ihnen wichtige Hinweise und Empfehlungen geben, wird von vielen Eltern als besonders wichtig, wirkungsvoll und hilfreich eingeschätzt.

Eltern autistischer Kinder benötigen infolgedessen – spätestens mit Vorliegen der Diagnose – fachlich kompetente Menschen, die

- ihnen die der Diagnose zugrundeliegenden Besonderheiten ihres Kindes in Ruhe erklären,
- für ihre Fragen, Ängste und Sorgen (vorurteilsfrei) ansprechbar sind,
- fachkundige Beratung in den Bereichen Therapie- und Fördermöglichkeiten, finanzielle Unterstützungsmöglichkeiten und Antragstellungen, etc. leisten,
- sie im Alltag konkret anleiten, unterstützen und begleiten und ihrem Kind professionelle und kompetente Förderangebote unterbreiten,

- ihnen auch in außerfamiliären Belangen fachkundig zur Verfügung stehen (z. B. Schule, etc.) und im Konfliktfall Unterstützung und Rückendeckung geben,
- sie in ihren Anliegen/Bedürfnissen ernst nehmen und sie auch in schwierigen Phasen ermutigen das Besondere in ihren Kindern zu sehen,
- ihre alltäglichen Leistungen (an)erkennen und wertschätzen,
- Raum zur psychosozialen Entlastung, zum Trauern, »Jammern« und/oder auch die Erlaubnis zur Äußerung ambivalenter Gefühle gegenüber ihren Kindern geben,
- etc.

Dabei vermag bereits die Vorstellung, dass sie und/oder ihr Kind professionelle und kompetente Hilfe erhalten, Eltern enorm entlasten und ihre Sicht auf die herausfordernde Situation positiv beeinflussen. In dem Maße, in dem das Kind in der Therapie/Förderung Fortschritte erzielt, selbständiger wird und z. B. grundlegende Alltagskompetenzen erlernt, reduzieren sich bestenfalls auch die betreuungsbedingten Belastungen der Eltern.

Weiterhin wird bei vielen Familien die alltagspraktische Unterstützung durch externe Hilfskräfte und Betreuungspersonen gleichsam als »lebenswichtige« Ressource und wirkungsvolle Hilfe angesehen. Dadurch erhalten Eltern für einige Stunden eine Auszeit, in der sie sich z. B. bestenfalls ausruhen, anstehende Besorgungen erledigen, sich aktiv um ihre Selbstfürsorge kümmern, sich den Geschwisterkindern zuwenden oder auch etwas mit dem/der Partner/in unternehmen können.

In diesem Kontext erscheinen deshalb der verstärkte Ausbau und die Bereitstellung (wohnortnaher)

- spezialisierter Beratungs- und Förderstellen (▶ Kap. 2.5.1),
- familienentlastender/-unterstützender Dienste (▶ Kap. 2.1.4),
- Gesprächs-/Selbsthilfegruppen (▶ Kap. 2.5.6),

- zusätzlicher institutioneller Angebote (z. B. für Geschwisterkinder, Möglichkeiten der Wochenend-, Nachmittags- und Ferienbetreuung),
- Angebote der Kurzzeit- und Verhinderungspflege (▶ Kap. 2.1.2),
- etc.

unumgänglich und damit zwingend erforderlich, um Eltern autistischer Kinder fachkompetente Hilfen und Informationen – möglichst ohne lange Wartezeiten – (leichter) zugänglich und nutzbar zu machen.

Darüber hinaus sollte auch die Bedeutung der materiellen Sicherheit und damit die Wirksamkeit und der unbürokratische Zugang zu finanziellen Hilfen (z. B. Pflegegeld, etc.) im Alltag der Familien nicht unterschätzt werden, da viele Elternteile – aufgrund der familiären und organisatorischen Herausforderungen, die mit den Besonderheiten ihrer autistischen Kinder einhergehen – häufig (zeitweise) ganz oder teilweise aus dem Erwerbsleben ausscheiden und infolgedessen dadurch durchaus erhebliche finanzielle Einbußen in Kauf nehmen (müssen).

4.2 Eine (adäquate) Definition von Erfolgen

Der Rollstuhl
Betrachtet man das Spektrum der Menschen mit einer Gehbehinderung, erscheinen bei einigen von ihnen »Krücken« als Unterstützungsmaßnahmen langfristig ausreichend zu sein, wohingegen andere eventuell mitunter dauerhaft auf einen »Rollstuhl« angewiesen sind. Bietet man letzteren Personen jedoch lediglich »Krücken« an, wird diese Hilfe vermutlich nicht ankommen und auch langfristig keine konkreten Erfolge erzielen.

Darüber hinaus kann auch die Person, die auf »Krücken« unterwegs ist, für heikle Wegstrecken und/oder auch größere Entfernungen phasenweise bisweilen durchaus einen Rollstuhl brauchen, um die Verletzungsgefahr zu minimieren, nicht ständig an die Belastungsgrenze zu gehen, damit vielleicht einen »Ermüdungsbruch« zu riskieren und auszufallen.

Ist eine Person dauerhaft im Alltag auf »Krücken« unterwegs, kann im Einzelfall vielleicht längerfristig auch über einen »Auslassversuch« und folglich über eine Reduktion der Hilfsmittel nachgedacht werden. Genauso vermag für einige Personen im Rollstuhl unter Umständen der Umstieg auf Krücken ein Fernziel darstellen. Das Maß sollte jedoch immer die/der Betroffene selbst vorgeben, welche/r sich diesen Versuch zutrauen und im wahrsten Sinne des Wortes »mitgehen« muss. Ferner sollte dieses Experiment keinesfalls zu früh/voreilig und erst nach ausreichender Stabilisierung erfolgen, da man sonst mitunter durch Überschätzung der Leistungsfähigkeit oder zu hohem Erwartungs-/Erfolgsdruck schlimmstenfalls bereits nach den ersten Schritten schwer stürzt, erzielte, bisweilen auch schwer erarbeitete Erfolge aus der Vergangenheit gegebenenfalls zunichtemacht und die Gesamtsituation dadurch schlichtweg (noch) verschlimmert, so dass letztlich nichts gewonnen ist.

Egal, ob am Ende ohne Hilfsmittel, auf Krücken oder im Rollstuhl: Betroffene werden immer darauf angewiesen sein, dass gesellschaftliche Rahmenbedingungen (phasenweise und situationsabhängig) auf sie abgestimmt werden und das »Lauf-Tempo« an sie angepasst wird, um auch dauerhaft innerhalb der Gemeinschaft »Schritt« halten zu können.

Öffentlich finanzierte Hilfen und Unterstützungsmaßnahmen werden leider in der Praxis noch allzu häufig per se lediglich als »Überbrückungshilfen« gedacht, die möglichst bereits nach kurzer (vollumfänglicher) Implementierung wieder sukzessive zurückgefahren bzw. aus dem System »ausgeschlichen« werden (müssen), damit sich das

Kind oder die Familie bloß nicht zu sehr daran »gewöhnt« oder sich von der Hilfe am Ende noch »abhängig« macht. Infolgedessen sind die gewährten Maßnahmen (z.B. Schulbegleitung, Autismus-spezifische Förderung) – nicht zuletzt auch aufgrund der daraus resultierenden Kosten – in der Regel nicht auf Dauer angelegt, so dass sich Eltern mitunter fortwährend um deren Weiterbewilligung sorgen und auch dafür kämpfen müssen.

Wie in Kapitel 3.3 (▶ Kap. 3.3) bereits dargestellt, ist das Autismus-Spektrum jedoch keine »Teilzeit-Behinderung«, die im Laufe der Zeit durch adäquate Hilfen und Fördermaßnahmen »plötzlich« verschwindet und damit allen Beteiligten keine Probleme mehr bereitet. Im Gegenzug können beispielsweise zahlreiche (Eingliederungs-)Hilfen dabei helfen, die individuell vorhandene (dauerhafte) Beeinträchtigung der Betroffenen möglichst abzufedern und/oder auszugleichen, um ihnen damit annähernd »Chancengleichheit« und bestenfalls langfristig eine Teilhabe am Leben in der Gesellschaft zu ermöglichen.

In diesem Zusammenhang können sich die erforderlichen Hilfen und individuellen Bedarfe – je nach Ausmaß und Schweregrad der Beeinträchtigung – auch innerhalb der einzelnen Übergangs- und Lebensphasen der Person durchaus fortwährend verändern, »variabel« erscheinen und damit im Einzelfall auch äußerst unterschiedlich ausfallen, so dass auch die Erforderlichkeit sowie der potenzielle »Erfolg« einer installierten Maßnahme immer wieder individuell betrachtet und Ziele mitunter neu »definiert« bzw. angepasst werden müssen, was immer auch einer engen, vertrauensvollen und kontinuierlichen Abstimmung aller Beteiligten bedarf.

Die leidvolle Erfahrung von Eltern, dass erforderliche Hilfen und Unterstützungsmaßnahmen für ihre autistischen Kinder – nicht zuletzt mit Blick auf den Kostenfaktor – entweder gar nicht, nicht bedarfsgerecht oder auch nicht bedarfsdeckend geleistet werden (z.B. pauschal 15 Stunden Integration im Kindergarten, obwohl eine vollumfängliche Integration benötigt wird – also »Krücken« statt »Rollstuhl«), Hilfen nur vorübergehend gewährt bzw. deren Umfang viel zu früh wieder reduziert wird, macht ihnen Angst und lässt den

Austausch mit allen Beteiligten mitunter zu einem »Schlagabtausch« werden, da vorhandene (unsichtbare) Bedarfe ihrer Kinder immer wieder neu erklärt, gerechtfertigt, diskutiert und fachlich einwandfrei begründet werden müssen, was Eltern bisweilen sehr viel Kraft, Ausdauer und Durchhaltevermögen kostet.

Kostenträger blicken in diesem Zusammenhang häufig in erster Linie auf die erzielten (sichtbaren) Erfolge einer Unterstützungsmaßnahme, hier insbesondere auch auf den (vermeintlichen) Grad an Verselbständigung des betreffenden Kindes/Jugendlichen, welche durch eine sukzessive Reduzierung von Hilfen weiter verstetigt und/oder vorangetrieben werden bzw. diese vielmehr begründen und rechtlich absichern soll. Dabei werden die Begriffe »Selbständigkeit« und/oder auch »Verselbständigung« in der Praxis der Kostenträger nicht selten äußerst »inflationär« und »pauschalisiert« gebraucht, ohne dass hierfür scheinbar eindeutige Kriterien oder auch messbare Indikatoren existieren bzw. von den fallführenden Mitarbeitenden klar benannt werden und das Kind als Individuum im Mittelpunkt zu stehen scheint.

Tab. 4.1: Unterschiedliche Perspektiven auf den Erfolg einer Maßnahme

Perspektive des Kostenträgers	Perspektive der Eltern
»Ist die Maßnahme wirklich zielführend oder braucht es etwas anderes? Welche Fortschritte hat das Kind denn in den letzten Jahren gemacht?«	»Das Kind ist stabil und hat in der Summe keine Rückschritte vollzogen, das ist doch ein echter Erfolg!«
»Das Kind hat sich aber sehr gut entwickelt und fällt im Unterricht gar nicht mehr negativ auf. Dann braucht es nun auch keine Schulbegleitung mehr!«	»Er/sie kommt aktuell im Schulalltag gut zurecht, gerade weil die Schulbegleitung als Sicherheitsanker vor Ort ist und er/sie jederzeit im Bedarfsfall auf die Unterstützung zurückgreifen kann. Dass das Kind nun die Bereitschaft zeigt, Hilfe von außen zuzulassen und individuell für sich zu nutzen, ist schon ein enormer Erfolg!«

4.2 Eine (adäquate) Definition von Erfolgen

Demzufolge sollten auch die Erfolgskriterien bezogen auf eine gewährte Hilfeleistung nicht ausschließlich am Grad der Selbständigkeit des Kindes und damit an der Möglichkeit einer potenziellen Reduktion von Hilfen gemessen werden, sondern unter anderem an der

- (inneren und äußeren) Stabilität des autistischen Kindes im jeweiligen System,
- am Umfang der Teilhabe und am Ende auch
- an seiner/ihrer individuellen Lebenszufriedenheit,
- seines/ihres persönlichen Sicherheitsempfindens und
- der allgemeinen Leistungsfähigkeit im Rahmen der individuellen Möglichkeiten.

Getreu dem Motto: »*Never chance a running system*«.

Bezogen auf die genannte Metapher am Beginn dieses Kapitels bedeutet dies, dass auch ein/e querschnittsgelähmte/r Rollstuhlfahrer/in mit Hilfe der vorhandenen Unterstützungsmaßnahmen der Eingliederungshilfe nicht aufstehen und laufen können wird. Die Hilfen könnten ihm/ihr jedoch – sofern sie auf seine/ihre individuellen Bedarfe ausgerichtet sind – eine Teilhabe am gesellschaftlichen Leben ermöglichen und die Lebenszufriedenheit deutlich erhöhen.

Die Gewährung von Hilfen sollte bzw. darf – wie so häufig der Fall – folglich nicht zum Kampf um Ansprüche, vorhandene Bedarfe und Meinungs- bzw. Deutungshoheiten zwischen Eltern, Kostenträgern und sonstiger beteiligter Systeme ausarten. Damit ist am Ende niemandem – schon gar nicht dem autistischen Kind – geholfen. Dazu haftet in diesem Kontext Eltern noch viel zu häufig der Makel an, wiederholt zu viel für ihre Kinder zu wollen/zu fordern, zu überbehütend zu sein und/oder nicht loslassen zu können/wollen, obwohl sie sich insgeheim auch nichts mehr wünschen, als ihre Kinder »glücklich und zufrieden« in die Selbständigkeit zu überführen/entlassen.

4.3 Wünsche von Eltern autistischer Kinder

Eltern autistischer Kinder können in der Zusammenarbeit durchaus sehr anstrengend oder auch (heraus-)fordernd sein, da sie im Alltag meist auch einen sehr hohen Anspruch an sich selbst haben, den sie nur selten und mit sehr viel Energie zu erfüllen vermögen. Übertragen sie diesen (unbewusst) auf ihr Umfeld, vermag dies mitunter – trotz zahlreicher Bemühungen und persönlichem Engagement – zu Konflikten führen, da am Ende niemand diesem wirklich gerecht werden kann. Folglich kann es für Helfer/innen wichtig sein, sich hin und wieder zu vergewissern, welche Wünsche und Bedürfnisse insgeheim hinter diesem hohen Anspruch stecken, um Familien mit autistischen Kindern im Alltag adäquat zu unterstützen und vor allem dauerhaft auch zu entlasten, wovon am Ende wiederum alle Beteiligten profitieren können.

> *Eltern autistischer Kinder sind schließlich nicht nur »Expert/innen ihrer Kinder« und damit Fachkräfte ihres eigenen Familiensystems, sondern am Ende des Tages auch einfach nur Menschen mit eigenen Bedürfnissen, Sorgen und Nöten, die fortwährend für sich und ihre (autistischen) Kinder einen geeigneten Platz in dieser Gesellschaft suchen, an dem sich alle dauerhaft sicher, geborgen, angenommen und wertgeschätzt fühlen* (Hack, 2023, S. 151).

Doch was wünschen sich Eltern autistischer Kinder von ihren Mitmenschen? Eine Umfrage von Silke Bauerfeind, im Rahmen des Welt-Autismus-Tags 2020, kam im Wesentlichen zu nachfolgendem Ergebnis (Hack, 2023):

4.3.1 Verständnis und Aufklärung

Dieser Aspekt beinhaltet mitunter ein (vorurteilsfreies) Verständnis für die individuelle Situation autistischer Menschen (und deren Familien), ihr (ungewöhnliches) Verhalten sowie ihre Besonderheiten und die daraus resultierenden Unterstützungsbedarfe, welche in diesem Kontext nicht als »Sonderrolle« abgetan, sondern als zwingend erforderlich anerkannt werden sollten.

Verstehen hat dabei auch immer mit Wissen zu tun, was eine gesellschaftliche Aufklärung über das bzw. eine adäquate Auseinandersetzung mit dem Thema Autismus-Spektrum zwingend erforderlich macht, um die Vielschichtigkeit und die Breite des Spektrums zu begreifen und nicht nur auf medienwirksame Beispiele zurückzugreifen, die das Bild bisweilen verfälschen können.

Eltern autistischer Kinder wünschen sich darüber hinaus, dass ihre individuellen Herausforderungen nicht bagatellisiert oder ignoriert werden, sondern vielmehr verstanden, (an)erkannt und nachvollzogen wird, welche (unsichtbaren) Leistungen sie alltäglich erbringen und welchen Energieaufwand sie investieren, um ihren Kindern ein adäquates und entwicklungsförderndes Umfeld zu bieten.

4.3.2 Respekt, Wertschätzung und Anerkennung

Die Reaktionen von Eltern und ihren autistischen Kindern erscheinen in der Öffentlichkeit häufig aus dem Zusammenhang gegriffen nicht nachvollziehbar und führen infolgedessen zu entsprechenden Rückschlüssen und Vorverurteilungen (Helikoptereltern vs. Rabeneltern; überbehütetes Kind vs. unerzogenes, grenzenloses, vernachlässigtes Kind). Eltern geraten dadurch häufig in Erklärungs- und Rechtfertigungsnöte und bekommen darüber hinaus nicht selten vermittelt, dass sie es im Prinzip nie richtig bzw. auch niemandem wirklich recht machen können.

Durch zahlreiche (teilweise ungefragter) Interventionen von außen fühlen Eltern sich nicht nur in ihrer Autorität angegriffen und respektlos behandelt, sondern auch noch in ihren Erziehungskompetenzen offen hinterfragt, bevormundet und herabgewürdigt. Respekt impliziert in diesem Zusammenhang die Eltern in ihrer Expert/innenrolle anzunehmen, sich konstruktiv und offen mit ihnen auseinanderzusetzen, ihre zentrale Funktion und ihre alltäglichen Leistungen wahrzunehmen und offen zu wertschätzen. Respekt bedeutet zudem die Berichte, Erläuterungen und Argumente der Eltern nicht abzutun oder zu belächeln, sondern diese vielmehr ernst zu nehmen und sie, z. B. bei der Implementierung von Hilfen, als wichtigen Baustein zwingend zu berücksichtigen und damit aktiv zu beteiligen.

Eltern haben in der Regel einen großen Erfahrungsschatz im Umgang mit ihren autistischen Kindern, auf den das Umfeld jederzeit zurückgreifen kann, um den Kontakt mit dem betreffenden Kind zu einem positiven Erlebnis zu machen. Mögliche Interventionen, die bei dem Kind erfahrungsgemäß nicht funktionieren oder sich vielleicht sogar kontraproduktiv auswirken, können dabei vermieden und Misserfolge reduziert werden, was sicherlich allen Beteiligten am Ende zugutekommt. Dabei lernen Eltern selbst jeden Tag durch Versuch und Irrtum dazu und sind und bleiben die Expert/innen, welche die meiste Erfahrung mit den individuellen Besonderheiten ihrer Kinder mitbringen, und ohne deren ehrliche und vertrauensvolle Beteiligung jegliche Form von Hilfeprozess bereits von Beginn an scheitern wird (Hack, 2023, S. 153).

4.3.3 Toleranz und Akzeptanz

Dieser Gesichtspunkt beinhaltet die Toleranz und Akzeptanz von »Andersartigkeit«, individuellen Bedürfnissen, anderen Wahrnehmungen, Perspektiven und Blickwinkeln sowie daraus resultierenden, mitunter ungewöhnlichen Erklärungsansätzen und Denkweisen autistischer Menschen (und deren Angehörigen). Ferner enthält es den Wunsch nach Berücksichtigung ihres häufig inhomogenen Leistungsspektrums, ihrer tagesformabhängigen Leistungsfähigkeit sowie deren individueller Lösungsversuche und Handlungsmöglichkeiten.

Anders zu sein, die Dinge anders zu handhaben, Probleme anders zu lösen und als Familiensystem anders zu funktionieren, heißt nicht automatisch, sie falsch oder schlechter zu machen bzw. falsch zu sein. Dabei erwarten Eltern autistischer Kinder nicht, dass das Umfeld alles gut finden muss. Sie wollen jedoch – aufgrund ihrer individuellen Entscheidungen – keinesfalls ausgegrenzt, gemobbt oder belächelt werden. Ihre Handlungen sind in der Regel wohl durchdacht, abgewogen und nach den Bedürfnissen und dem Leistungsniveau ihres autistischen Kindes ausgelegt, was nicht bedeutet, dass auch sie im Alltag immer wieder Fehlentscheidungen treffen können und dürfen, für die sie dann jedoch auch Verantwortung übernehmen müssen und daran wachsen können (Hack, 2023, S. 153 f.).

Toleranz und Akzeptanz bedeutet jedoch auch, Menschen, die »anders« sind, nicht anpassen und normalisieren zu wollen, ihre Vielfalt zu akzeptieren und Individualität zu wertschätzen, den Blick nicht nur auf Defizite, sondern ebenso auf Stärken auszurichten, um diese damit nicht als Last, sondern als Bereicherung für die Gesellschaft zu sehen.

> *Alle Menschen haben Fähigkeiten und sind alle gleich viel wert. Verschieden zu sein, ist ein Gewinn für alle Menschen. Vielfalt ist die Basis für Lebendigkeit, Kreativität und Innovation – und sie ist eine Herausforderung. Es ist nicht immer einfach, Menschen und Situationen zu verstehen, die »anders« sind – aber es ist inspirierend und bereichernd* (Preißmann, 2012, S. 152).

4.3.4 Offenheit, Transparenz und Kooperation auf Augenhöhe

Eltern autistischer Kinder erleben in ihrem Alltag viel zu oft, dass zwar hinter ihrem Rücken über sie und ihre Kinder gesprochen, geurteilt und ausgedehnt spekuliert, sich mit ihnen selbst jedoch nur selten offen auseinandergesetzt wird. Eine Realitätsprüfung und damit eine Klärung getroffener Hypothesen findet infolgedessen im Nachgang oftmals nicht statt.

Damit fühlen sich Eltern in Gesprächen mit Helfer/innen häufig in scheinbar all ihren Entscheidungen und Aussagen analysiert und insbesondere in ihrem Verhalten und ihren Reaktionen ihrem Kind gegenüber entsprechend bewertet, was dauerhaft Verunsicherung und Frustration hervorrufen kann. Auch machen viele Eltern mit ihren autistischen Kindern wiederholt die Erfahrung, dass in professionellen und institutionellen Kontexten oftmals mehr über ihre Köpfe hinweg als mit ihnen diskutiert wird, so dass sie auf das Ergebnis der mitunter zahlreichen Gespräche (offenbar) wenig Einfluss nehmen. Ihre persönlichen Lösungsideen, Erklärungsmodelle und individuellen Interventionen werden demzufolge selten gehört bzw. ernstgenommen, bisweilen sogar (mitleidig) belächelt, denn sie sind ja »nur« die Eltern. Ihre Meinung scheint hier häufig nicht zu zählen, ihr »Expertentum« und ihre jahrelange Erfahrung mit den Besonderheiten ihrer Kinder finden keine Berücksichtigung.

In manchen Fällen werden sie sogar bewusst ausgeschlossen und nur mit den Resultaten derartiger Besprechungen konfrontiert und sollen dann – am besten laut- und widerstandslos – kooperieren, einen entsprechenden Umgang damit entwickeln und schlimmstenfalls noch die Konsequenzen (unsinniger) Interventionen tragen, ohne den Sinn oder Ursprung dahinter zu verstehen oder aktiv Einfluss nehmen zu können. Bei Verweigerung oder Widerspruch wird notfalls noch Druck auf sie ausgeübt und mit Sanktionen gedroht, die z. B. vom Ausschluss des Kindes bis hin zur Einstellung beantragter Hilfeleistungen gehen können. Eine vertrauensvolle Zusammenarbeit bzw. eine Kooperation auf Augenhöhe findet somit selten statt.

Eltern wünschen sich in diesem Zusammenhang mehr denn je, dass man sie – zum Wohle ihrer autistischen Kinder – von Beginn an in den Prozess miteinbezieht und nicht über ihren Kopf hinweg plant, entscheidet, urteilt oder bevormundend agiert. Auch vorschnelle Vorverurteilungen, ungeprüfte Hypothesen oder Missverständnisse können meist durch entsprechendes wertschätzendes Nachfragen geklärt und damit aus der Welt geschafft werden, ohne dass sie sich »verselbständigen« und sich damit nachhaltig negativ auf das Verhältnis zu den betroffenen Eltern oder auch das autistische Kind selbst auswirken. Dabei ist ein offener, transparenter und ehrlicher Umgang auf beiden Seiten unerlässlich.

Ferner wollen Eltern in Gesprächen nicht gönnerhaft oder von oben herab behandelt bzw. mit ihren eigenen Anliegen und Themen abgewimmelt werden, denn sie mögen vielleicht nicht immer wissen, was das Beste für ihr autistisches Kind ist, sind jedoch häufig dazu bereit, zum Wohle ihrer Kinder auch Abstriche zu machen und Kompromisse einzugehen. Viele haben darüber hinaus ein sehr gutes Gespür, was ihren Kindern guttut und was nicht. In der Praxis bedeutet dies gemeinsam mit den Eltern und ihren Kindern möglichst an einem Strang zu ziehen und nicht – wie es allzu oft passiert – in Konkurrenz oder auch gegeneinander zu arbeiten, um der Gegenpartei zu zeigen, dass man es (vermeintlich) besser kann/weiß.

4.3.5 Fachlich kompetente Unterstützung

Eltern wünschen sich eine Partnerschaft mit fachlichen Stellen, denen sie ihre autistischen Kinder anvertrauen, die ihre Autismus-spezifischen Herausforderungen und Bedürfnisse verstehen und ihnen adäquate und kompetente Unterstützung und Beratung anbieten können. Dabei geht es ihnen meist nicht darum, dass sie auf alle ihre Fragen sofort eine Antwort oder auch eine funktionierende Lösung zur Verfügung stellen, sondern dass sie sich in erster Linie in ihren persönlichen Anliegen und Bedarfen ernst genommen, verstanden und aufgehoben fühlen (Hack, 2023, S. 156).

Viele Eltern mit ihren autistischen Kindern treffen im Laufe ihres Lebens noch allzu oft auf vermeintliche »Expert/innen« und »Fachkräfte«, die ihnen im Kontakt und im Umgang jedoch sehr schnell offenbaren, dass sie selbst völlig überfordert und hilflos sind und dazu noch das Thema Autismus-Spektrum nicht verstanden haben. Dabei scheint es nicht ausreichend, sich ausschließlich theoretisch mit der Thematik zu befassen oder sich auf einen breiten Erfahrungsschatz im sozialen Sektor bzw. im Umgang mit Menschen auszuruhen, sondern es bedarf auch eines offenen, ehrlichen Umgangs und der anhaltenden Reflektion vorhandener Defizite und Wissenslücken in diesem Bereich, um das Vertrauen der Eltern und ihrer Kinder zu erlangen, beizubehalten und eine erfolgreiche Kooperation zu gewährleisten.

Eltern erwarten in diesem Kontext im Regelfall gar nicht, dass Unterstützer/innen keine Fehler machen bzw. Fehleinschätzungen treffen dürfen, schließlich wissen sie selbst am besten, wie hilflos und ohnmächtig sie sich oftmals im Alltag im Umgang mit ihren Kindern fühlen. Im Gegenzug dazu vermag der Wille zur Transparenz und Veränderung verbunden mit einer offenen Fehlerkultur und der zeitnahen Reflektion fehlerhafter Entscheidungen, Vertrauen nachhaltig aufzubauen und die Zusammenarbeit mit den Eltern zu stärken. Dies bietet wiederum die Möglichkeit und den Rahmen, gemeinsam und auf Augenhöhe nach einer passgenaueren Lösung für das autistische Kind zu suchen.

Eine kontinuierliche Fort- und Weiterbildung aller mit dem autistischen Kind betrauten Institutionen und Helfer/innen sowie das bedarfsgerechte Angebot von regelmäßigen Fallbesprechungen und Supervision erscheint in diesem Kontext unerlässlich zu sein, um das eigene professionelle Handeln kontinuierlich zu reflektieren und weiterzuentwickeln.

Schlussbemerkung

Eltern autistischer Kinder sehen sich neben den alltäglichen Herausforderungen und Belastungen, die mitunter aus den (Verhaltens-) Besonderheiten ihrer Kinder und dem Kampf um die Berücksichtigung derselben resultieren, im Laufe der Jahre immer wieder gezwungen, zum Wohle ihrer Kinder ungewöhnliche und individuelle Wege einzuschlagen, deren Suche und Bewältigung allen Beteiligten viel Kraft und Nerven abverlangen.

Eine maßgeschneiderte und bedarfsgerechte Hilfe und Unterstützung für Familien mit autistischen Kindern lässt sich dabei – metaphorisch betrachtet – mit dem Führen eines Guthabenkontos vergleichen.

Investiert man bei Eröffnung des Kontos einen größeren Betrag, verschafft man sich hier womöglich ein gewisses finanzielles Polster und kann im Laufe der Zeit davon zehren und bestenfalls noch mit zusätzlichen Zinsen rechnen.

Gibt man sich jedoch von Beginn an damit zufrieden, sich am Rande des Dispolimits aufzuhalten und den Guthabenstand immer wieder kurzfristig und notdürftig auszugleichen, sollte er vorübergehend mal in den roten Bereich rutschen, sind die Investitionen und der damit verbundene Stressfaktor – langfristig betrachtet – wesentlich höher.

Außerdem lebt man dazu noch fortwährend mit der Angst und in dem Risiko, dass das persönliche Guthaben bei unerwarteten Forderungen plötzlich deutlich in den Dispo rutscht und diese Ereignisse manchmal auch dazu führen, dass man dauerhaft verschuldet bleibt und das eigene Konto irgendwann – trotz hohem Aufwand – nicht mehr ausgeglichen werden kann, so dass am Ende die Kündigung droht. Ein finanzielles Polster sowie regelmäßige finanzielle Zuschüsse von außen mögen derartige Krisen immer auch abzumildern und dafür sorgen, dass das Konto dauerhaft im Plus bleibt und auf lange Sicht bestenfalls noch Gewinn abwirft.

Eltern und Unterstützer/innen sollten deshalb fortwährend dafür Sorge tragen, dass das »Konto« der Kinder immer gut gefüllt ist und sich ihr Guthabenstand zusätzlich noch auf einem komfortablen Niveau bewegt, damit die geleisteten Investitionen für alle Beteiligten – insbesondere das autistische Kind – langfristig gewinnbringend sein können, das Kind die bestmögliche Förderung und Unterstützung erhält, die es zum jeweiligen Zeitpunkt benötigt, um sich weiterentwickeln zu können, Teilhabe zu ermöglichen und am Ende ein glückliches, zufriedenes und – im Rahmen seiner/ihrer individuellen Möglichkeiten – weitgehend selbstbestimmtes Leben zu führen.

Dankesworte

Ich danke in erster Linie den Mitarbeitenden meiner Landkreisbehörde, die uns als Familie durch ihre zahlreichen kreativen und immer wieder auch überraschenden/absurden Interventionen, ihre (vermeintlichen) Unterstützungs- und Einsparangebote sowie ihre »fachkompetenten« Sichtweisen und Einschätzungen zu vorhandenen (bzw. nicht vorhandenen) Bedarfen unseres autistischen Sohnes innerhalb des Hilfeprozesses dazu motivierten, trotz aller Widrigkeiten, mit diesem Thema an die Öffentlichkeit zu gehen.

Dabei lieferten sie mir über die vielen Jahre hinweg (unbeabsichtigt) unzählige Fallbeispiele, welche die Inhalte, Darstellungen und auch Absurditäten der verschiedenen Hilfe- und Unterstützungsmaßnahmen und die damit verbundenen Herausforderungen in den einzelnen Kapiteln nochmals alltags- und praxisnah verdeutlichen und veranschaulichen, ohne dabei jedoch die (negativen) Konsequenzen für die einzelnen Familienmitglieder außer Acht zu lassen.

Ich danke in diesem Kontext auch den Familien aus meinem Beratungskontext, die mich mit ihren persönlichen Geschichten immer wieder berühren, ihre eigenen Erfahrungen mit dem Hilfesystem hier miteinbrachten, mich dadurch zusätzlich motivierten, dieses Buch zu schreiben, und damit aufzuzeigen, dass es sich bei den Darstellungen nicht nur um belanglose Einzelschicksale dreht.

Zuletzt möchte ich noch meiner Familie danken, die mir – trotz aller Herausforderungen des Alltags – die notwendigen Spielräume einräumte, mich fortwährend ermutigte dranzubleiben und nicht aufzugeben, dabei ausreichend Verständnis und Geduld für mich aufbrachte, damit dieses Buch entstehen konnte. Ich liebe Euch von ganzem Herzen!

Nachwort der Autorin

Dieses Buch ist auf der Grundlage meiner Erfahrungen als Mutter eines autistischen Kindes sowie meines professionellen Hintergrunds als Diplom-Sozialarbeiterin und Autismusbegleiterin entstanden, in dessen Kontext ich seit einigen Jahren Beratungen, Fortbildungen und Themenabende zu verschiedenen Autismus-spezifischen Schwerpunkten anbiete. Die familiären Herausforderungen und Belastungen, aber auch die Kompetenzen und Wünsche von Eltern autistischer Kinder sind mir deshalb mitunter persönlich sehr vertraut, treten aber auch in der Begleitung und Beratung von Familien mit autistischen Kindern sowie im persönlichen Austausch in sozialen Netzwerken und während Fortbildungsveranstaltungen immer wieder zutage und zeigen damit die Wichtigkeit und Notwendigkeit der Aufklärung in diesem Bereich.

Als offene Systemkritikerin, die auch behördenintern und in der Öffentlichkeit für die Rechte und die Teilhabe autistischer Menschen innerhalb der Gesellschaft beharrlich auftritt, stetig auf Behördenversagen und Systemfehler hinweist und sich trotz steigendem Druck nicht zum Schweigen bringen lässt, richtet sich dieser unermüdliche Kampf mitunter auch gegen uns als »hilfesuchende« Familie, was unseren Alltag sicherlich nicht einfacher macht.

Darüber hinaus macht jedoch der aktive Versuch von Kostenträgern, Kooperationen mit mir zu unterbinden und in diesem Kontext z.B. meinen Einsatz als Referentin und damit die »Elternstimme« möglichst verhindern zu wollen, deutlich, dass das Öffentlich-Machen dysfunktionaler gesellschaftlicher Strukturen letztlich einem »Stich in ein Wespennest« gleicht, welche zahlreiche betroffene Systeme unweigerlich zum Rotieren bringt und damit in Bewegung setzt. Getreu dem Motto: »*Steter Tropfen höhlt den Stein!*« werde ich deshalb weitermachen, in der Hoffnung, an einigen zentralen Stellen vielleicht doch zum Nach- und Umdenken anzuregen, um langfristig

Veränderung zu erzielen und das Leben für viele Familien mit autistischen Kindern dadurch nachhaltig zu verbessern.

Durch die Betrachtung der Autismus-Thematik aus der Elternperspektive in ihren unterschiedlichen Facetten und aus verschiedenen »Expertinnenrollen« heraus ist es dabei stets mein Anliegen, einen möglichst umfassenden, realistischen und »ungeschönten« Einblick in die Lebenswelten von Familien mit autistischen Kindern zu geben, um damit Betroffenen, Angehörigen, Fachleuten und Interessierten neue Blickwinkel, Erklärungsmodelle und Handlungsmöglichkeiten zu eröffnen und ein besseres Verständnis für die Thematik zu erhalten.

Ferner ist das zentrale Ziel meiner Öffentlichkeits- und Aufklärungsarbeit – als Beraterin, Autorin, Referentin und Anbieterin von spezifischen Fortbildungsangeboten –, Familien mit autistischen Kindern innerhalb der Gesellschaft eine Stimme zu geben und die Akzeptanz, Toleranz und Wertschätzung für die Unterschiedlichkeit von Menschen als Grundbausteine einer inklusiven Gesellschaft zu fördern und auszubauen.

Hinweis auf mein Beratungs- und Fortbildungsangebot (inklusive Downloadbereich):

https://www.principium-novum.de

Meine Facebook-Seite:

https://www.facebook.com/HackJudith

Literaturverzeichnis

Fachliteratur/Fachartikel

Achilles, Ilse (2018). »...und um mich kümmert sich keiner!« *Die Situation der Geschwister behinderter und chronisch kranker Kinder.* München: Reinhardt.
Arens-Wiebel, Christiane (2019). *Autismus. Was Eltern und Pädagogen wissen müssen.* Stuttgart: Kohlhammer.
Arens-Wiebel, Christiane (2021). *Erwachsene mit Autismus begleiten. Ein Praxisbuch für Eltern und Fachkräfte.* Stuttgart: Kohlhammer.
Attwood, Tony (2000). *Asperger-Syndrom. Das erfolgreiche Praxis-Handbuch für Eltern und Therapeuten.* Stuttgart: Trias.
Attwood, Tony (2012). *Ein Leben mit dem Asperger Syndrom. Von Kindheit bis Erwachsensein – alles was weiterhilft.* Stuttgart: Trias.
Bahr, Reiner (2015). *Igel-Kinder. Kinder und Jugendliche mit Asperger-Syndrom verstehen.* Ostfildern: Patmos.
Bauerfeind, Silke (2016). *Ein Kind mit Autismus zu begleiten, ist auch eine Reise zu sich selbst.* Norderstedt: BoD.
Bauerfeind, Silke (2018). *Autistische Kinder brauchen aufgeklärte Eltern.* Norderstedt: BoD.
Bauerfeind, Silke (2020). *Diagnose Autismus wie geht's weiter? Was die Diagnose bedeutet und wie du dein Kind bis ins Erwachsenenalter unterstützen kannst.* Norderstedt: BoD.
Brealy, Jackie & Davies, Beverly (2009). *So helfen Sie Ihrem autistischen Kind. Praktische Tipps für ein besseres Familienleben.* Bern: Huber.
Burtscher, Reinhard, Heyberger, Dominique & Schmidt, Thomas (2015). *Die »unerhörten« Eltern. Eltern zwischen Fürsorge und Selbstsorge.* Marburg: Verlag der Bundesvereinigung Lebenshilfe e. V.
Döringer, Irmgard & Rittmann, Barbara (2020). *Autismus. Frühe Diagnose, Beratung und Therapie. Das Praxisbuch.* Stuttgart: Kohlhammer.
Elvén, Bo Hejlskov (2017). *Herausforderndes Verhalten vermeiden. Menschen mit Autismus und psychischen oder geistigen Erkrankungen positives Verhalten ermöglichen.* Tübingen: dgvt.
Funke, Ulrike (2023). *Kinder im Autismus-Spektrum verstehen und unterstützen. Ein Wahrnehmungswegweiser für Eltern und Begleitende.* Stuttgart: Kohlhammer.

Girsberger, Thomas (2019). *Die vielen Farben des Autismus. Spektrum, Ursachen, Diagnose, Therapie und Beratung.* Stuttgart: Kohlhammer.

Girsberger, Thomas (2022). *Mit Autismus den Alltag meistern. Praktische Hilfen für Kinder und Jugendliche im Autismus-Spektrum.* Stuttgart: Kohlhammer.

Grünzinger, Eberhard (2005). *Geschwister behinderter Kinder. Besonderheiten, Risiken und Chancen. Ein Familienratgeber.* Neuried: Care-Line.

Hack, Judith (2023). *Komische Kinder, komische Eltern. Belastungen, Kompetenzen und Wünsche von Eltern autistischer Kinder.* Stuttgart: Kohlhammer.

Häußler, Anne, Tuckermann, Antje & Kiwitt, Markus (2014). *Wenn Verhalten zur Herausforderung wird.* Basel: Borgmann.

Jungbauer, Johannes & Meye, Nadine (2008). *Belastungen und Unterstützungsbedarf von Eltern autistischer Kinder.* In: Praxis der Kinderpsychologie und Kinderpsychiatrie, 57/7, S. 521–535.

Kohl, Leo M. (2019). *Warum mögen mich die anderen Kinder nicht? Elternratgeber für Kinder im Autismus-Spektrum. Asperger-Autismus. Aussprechen, worum es geht?!* Gera: Daniel Funk.

Kohl, Leo M., Meer-Walter, Stephanie & Peinel, Franka (2020). *Lehrerratgeber für Kinder im Autismus-Spektrum. Asperger-Autismus. Aussprechen, worum es geht?!* Gera: Daniel Funk.

Kokemoor, Klaus (2016). *Autismus neu verstehen. Begegnung mit einer anderen Kultur.* Munderfing: Fischer & Gann.

La Brie Norall, Cynthia & Wagner Brust, Beth (2012). *Kinder mit Asperger einfühlsam erziehen. Wie Sie Sozialverhalten und Kommunikation Ihres Kindes fördern.* Stuttgart: Trias.

Lorenz, Waltraud (2003): *Bildungsimpulse für Eltern autistischer Kinder.* Regensburg: Roderer Verlag

Matthews, Joan & Williams, James (2011). *Ich bin besonders! Autismus und Asperger: Das Selbsthilfebuch für Kinder und ihre Eltern.* Stuttgart. Trias.

Maus, Inez (2017). *Geschwister von Kindern mit Autismus. Ein Praxisbuch für Familienangehörige, Therapeuten und Pädagogen.* Stuttgart: Kohlhammer.

Maus, Inez & Ihrig, Jannis Benjamin (2024). *Familienbande bei Autismus. Wie Zusammenleben gelingen kann.* Stuttgart: Kohlhammer.

Meer-Walter, Stephanie (2021). *Schüler/innen im Autismus-Spektrum verstehen. Praxishilfe zu autistischen Besonderheiten in Schule und Unterricht.* Weinheim: Beltz.

Müller, Diane (2014). *Keine Panik, …es ist doch nur Schule! Autismus und Schule im Zeitalter von Inklusion. Ein Erfahrungsbericht aus Sicht einer Schulbegleitung.* Norderstedt: BoD

Noterdaeme, Michele & Enders, Angelika (2009). *Autismus-Spektrum-Störungen. Ein integratives Lehrbuch für die Praxis.* Stuttgart: Kohlhammer.

Poustka, Fritz; Bölte, Sven; Feineis-Matthews, Sabine & Schmötzer, Gabriele (2009). *Ratgeber Autistische Störungen: Informationen für Betroffene, Eltern, Lehrer und Erzieher.* Göttingen: Hogrefe.

Preißmann, Christine (2012). *Asperger. Leben in zwei Welten. Betroffene berichten: Das hilft mir in Beruf, Partnerschaft & Alltag.* Stuttgart: Trias.

Preißmann, Christine (2015). *Gut leben mit einem autistischen Kind. Das Resilienz-Buch für Mütter.* Stuttgart: Klett-Cotta.

Richmann, Shira (2002). *Wie erziehe ich ein autistisches Kind? Grundlagen und Praxis.* Göttingen: Hans Huber.

Schmidt, Bernhard J. (2018). *Klartext kompakt. Autismus. Flucht oder Kampf. Neue Perspektiven auf herausforderndes Verhalten.* Norderstedt: BoD

Schirmer, Brita (2006). *Elternleitfaden Autismus. Wie ihr Kind die Welt erlebt. Mit gezielten Therapien wirksam fördern. Schwierige Alltagssituationen meistern.* Stuttgart: Trias.

Schirmer, Brita & Alexander, Tatjana (2015). *Leben mit einem Kind im Autismus-Spektrum.* Stuttgart: Kohlhammer.

Schirmer, Brita (2019). *Nur dabei zu sein reicht nicht. Lernen im inklusiven schulischen Setting.* Stuttgart: Kohlhammer.

Schlitt, Sabine, Berndt, Kerstin & Freitag, Christine M. (2015). *Das Frankfurter Autismus-Elterntraining (FAUT-E). Psychoedukation, Beratung und therapeutische Unterstützung.* Stuttgart: Kohlhammer.

Schuster, Nicole & Schuster, Ute (2013). *Vielfalt leben – Inklusion von Menschen mit Autismus-Spektrum-Störungen. Mit praktischen Ratschlägen zur Umsetzung in Kita, Schule, Ausbildung, Beruf und Freizeit.* Stuttgart: Kohlhammer.

Schuster, Nicole (2020). *Schüler mit Autismus-Spektrum-Störungen. Eine Innen- und Außenansicht mit praktischen Tipps für Lehrer, Psychologen und Eltern.* Stuttgart: Kohlhammer.

Sohlmann, Sigrid (2009). *Behinderung und chronische Erkrankungen bei Kindern und Jugendlichen. Hilfe für Eltern, Pädagogen, Therapeuten und Ärzte.* Wien: facultas.

Teriete, Maik (2020). *Systemische Beratung bei Autismus. Ressourcen aktivieren, Lösungen finden, einfach helfen.* Stuttgart: Kohlhammer.

Theunissen, Georg (2014). *Menschen im Autismus-Spektrum: Verstehen, annehmen, unterstützen.* Stuttgart: Kohlhammer.

Theunissen, Georg (2017). *Autismus und herausforderndes Verhalten. Praxisleitfaden Positive Verhaltensunterstützung.* Freiburg: Lambertus.

Tröster, Heinrich & Lange, Sarah (2019). *Eltern von Kindern mit Autismus-Spektrum-Störungen. Anforderungen, Belastungen und Ressourcen.* Wiesbaden: Springer.

Vero, Gee (2020). *Das andere Kind in der Schule. Autismus im Klassenzimmer.* Stuttgart: Kohlhammer.

Internetquellen

Ellas Blog – Leben mit Autismus (2020). *Was sich Autistinnen, Autisten und deren Familien zum Weltautismustag wünschen.* Zugriff am 12.02.2022 unter https://ellasblog.de/was-sich-autistinnen-autisten-und-deren-familien-zum-weltautismustag-wuenschen/
Hamburger Autismus Institut. Aufsatz von Rautenstrauch, Sara (2018). *Leben mit einem autistischen Kind: Betroffene Eltern beraten und begleiten.* Zugriff am 21.10.2024 unter https://autismus-institut.de/wp-content/uploads/2018/06/Rautenstrauch_Leben-mit-einem-autistischen-Kind_2015.pdf
Bundesverband Autismus Deutschland e.V. (2016). *Nachteilsausgleich für Schülerinnen und Schüler mit einer Autismus-Spektrum-Störung.* Zugriff am 16.09.2024 unter https://www.autismus.de/fileadmin/RECHT_UND_GESELLSCHAFT/StellungnahmeNachteilsausleichApril2016.pdf

Broschüren

Bundesverband Autismus Deutschland e.V. (2018). *Elternratgeber Autismus-Spektrum-Störungen.*
Bundesministeriums für Arbeit und Soziales (2022). *Das Persönliche Budget. Jetzt entscheide ich selbst!* zum Download unter https://www.bmas.de/SharedDocs/Downloads/DE/Publikationen/a722-pers-budget-normalesprache.pdf?__blob=publicationFile&v=4

Weitere nützliche Internet-Links

www.autismus.de	Offizielle Seite des Bundesverbands Autismus Deutschland e.V.
www.zak-germany.de	Umfangreiche Fortbildungen und Beratungsangebote rund um das Thema Autismus-Spektrum
www.autismus-verstehen.de	Hilfen und Informationen durch ein Kooperationsnetzwerk aus autistischen Menschen, Angehörigen, am Autismus-Spektrum Interessierten und Fachkräften
www.autismus-kultur.de	Informationen und Beiträge rund um das Thema Autismus-Spektrum
www.autismus-wir-eltern.de	Online-Zeitschrift von Eltern für Eltern autistischer Kinder
ellasblog.de/	Blog einer Mutter eines frühkindlichen Autisten mit Informationen und hilfreichen Downloads für den Familienalltag mit autistischen Kindern
www.einfach-teilhaben.de	Informationsseite des Bundesministeriums für Arbeit und Soziales